凹重臣系列

李斯

大一统规划师

李元 著

辽宁人民出版社

图书在版编目（CIP）数据

大一统规划师：李斯 / 李元著. -- 沈阳：辽宁人民出版社，2025.4. --（历代开国重臣系列 / 赵毅主编）. -- ISBN 978-7-205-11303-2

Ⅰ．B226.6-49

中国国家版本馆 CIP 数据核字第 2024GV5427 号

出版发行：辽宁人民出版社

地址：沈阳市和平区十一纬路 25 号　邮编：110003

电话：024-23284191（发行部）　024-23284304（办公室）

http://www.lnpph.com.cn

印　　刷：嘉业印刷（天津）有限公司

幅面尺寸：165mm×235mm

印　　张：21.75

字　　数：270 千字

出版时间：2025 年 4 月第 1 版

印刷时间：2025 年 4 月第 1 次印刷

责任编辑：刘　明

封面设计：乐　翁

版式设计：一诺设计

责任校对：吴艳杰

书　　号：ISBN 978-7-205-11303-2

定　　价：68.00 元

"历代开国重臣系列"序

  展示在读者面前的这套"历代开国重臣系列",共收录了中国帝制时代由秦至清辅佐开国皇帝创立基业的重臣李斯、萧何、张良、王导、高颎、魏徵、赵普、耶律楚材、李善长、刘基、多尔衮、范文程12人的传记,除东晋王导外,其余11位传主均为统一型王朝之开国重臣。共计10册,由10余位史学工作者分别撰写完成。

  自秦灭六国,一统天下,至清军入关,定鼎中原,2000余年的帝制时代,王朝更迭反复无常,国运盛衰纷纭不定,形形色色的人物轮番登上历史舞台,演出了一幕幕人间悲喜剧。

  时代造就了这些历史人物,历史就在这幕起幕落中悄然前行。没人怀疑人民是创造历史的动力这一至理名言,中华民族勤劳、勇敢、睿智绝非虚语,杰出人物只有在顺应历史潮流和民众意愿的前提下,才能在时代变革中运筹于帷幄之中,决胜于千里之外。

　　但是，历史不可能将每个人的活动都详尽地加以记载，翻检正史、政书、实录，唯帝王将相、英雄豪杰之履历和业绩而已。因此，当今天的人们追溯历史、探究历史，只能披阅典籍，循着那些杰出人物的足迹去把握历史发展的脉动。

　　不仅如此，杰出人物的活动并非只是历史潮流、人民意愿的被动反映。他们是历史的灵魂、人民的代言，当关键时刻来临，他们敢于挺身而出，拔剑而起，建立不朽的功勋和皇皇伟业。

　　倘若没有这些杰出人物，历史将黯然失色，民众将无所适从。从这层意义来说，书写、研究杰出人物的活动虽然是我们认识历史的被动选择，但也是必然选择。

　　本套书所收录的 12 位开国重臣，是这类人物中的典型。他们或来自旧王朝的世家豪族，或出身旧王朝的基层属吏，或属于旧王朝的达官显宦，或是旧王朝失意的知识分子。他们所面临的形势正值新旧王朝交替。当是之时，沧海横流，匹夫兴志，群龙无首，兆庶失归，社会需要新的理念，群黎需要新的代言。

　　这些人物起于山泽草莽、陇亩幽隐之间，得逢明主，风云际会，展布平生大志。有人挟聪睿之资，经天纬地，一言兴邦；有人荷新主眷顾，克己尽忠，死而后已；有人以持重著称，审时度势，力挽狂澜；有人以刚正名世，规谏君主，勇揭逆鳞，以诤臣流芳后世；有人以博通经史为本，申明典章，恢宏治道；有人以勇略见长，深谋远虑，克敌制胜。

他们佐开国之君于基业草创，拯倒悬之民于水火，成就大业，建立奇勋，垂名当世，贻范后昆。从这一视角观察，他们是成功人物，是时代骄子。但是，从另一视角观察分析，他们中的许多人又是失败人物，难以逃脱悲剧结局。他们所生活的时代，正值专制皇权日渐强化，尊君卑臣日益泛滥。

当大业未就的创业阶段，历史与社会的局限使他们不可能完全按照理想模式重建公平与正义，如此局面之中，委曲求全，已是不可避免；当新朝既立，新皇位加九五之后，这些人虽身处国家权力核心，但地位往往微妙，甚至尴尬。功高震主，兔死狗烹者不乏其人；在权位角逐中，为佞臣诬诟，落职除爵，被赶回"高老庄"者大有人在；而因亲故失检、子孙败德受到牵连，身败名裂者更为常见。像西汉开国重臣张良佐高帝创大业，功成名就，急流勇退，保持令名者并不多见。

本套书作者探微索幽，铺排史实，目的并非仅仅在于重现12位传主的一生主要经历和功过是非，还在于透过这些人的升降浮沉，展示由秦至清2000余年间中国历史发展演变的大体脉络和基本规律；不仅使读者了解上述杰出人物对社会发展带来的推进和影响，也要使读者了解社会现实和文化环境印在这些杰出人物思想与行为上的烙印，从而获得对中国帝制时代历史较为深刻而具体的认识。该书若能在全民普及历史教育的活动中发挥作用，则是作者和编辑最大的心愿。

　　本套书曾在多年前刊印行世。此次，由辽宁人民出版社再度修订出版。书中所叙述的内容，基本依据典籍所载史实并参酌部分民间传说。对问题的看法及对传主的评价，或基于作者个人的研究探索，或吸纳学界同行的成果，力求科学、实事求是，反映本领域的最新学术认知。

　　为了使传主形象生动、丰满，使文本富有可读性，在修订过程中，尽力搜求文献资料、披阅同行论著，对传主政治、经济、军事和文化方面的建树乃至生活细节都进行了尽可能详尽的研究。在语言文字方面，力求清新流畅、简洁明快，融学术性和通识性于一体，雅俗共赏是我们期待的社会效果。

　　本套书规模较大，成于众手，风格互异，在所难免。本套书编撰之初，有的作者已是名满学界的教授，有的还是史学新兵，功力不同，水平必有参差，亦可预料。在本套书修订再版之际，我们诚恳欢迎广大读者批评指正。

辽宁师范大学　赵毅

2023 年 5 月 12 日

目　录

第一章 上蔡布衣

公元前 280 年左右，楚国上蔡县（今河南上蔡西南十里）某户李姓平民的家中，一个男婴呱呱坠地了，他就是我们书中的主人公——李斯。[①]

一个普普通通的家庭添人进口本非大事，除了给家族成员带来片刻的喜悦之外，并没有引起任何人的注意。但是，在国家掌握的户籍上从此就有了李斯的名字，按规定人从出生之日起就要定期向国家纳税，年满十五岁就得服徭役和兵役，想到这些，家中的喜悦很快也就消散了。

李斯酣睡在襁褓中，对家人的忧虑和外面天翻地覆的变化懵然无知。他怎么会知道他所在的时代正无情地踏着血腥和痛苦的脚步急促而艰难地向前走去呢？他又怎能知道这血腥和痛苦的时代也将在他那幼小的生命中注入冷酷无情的社会基因呢？他和他周围的一切人更料想不到这个小生命在后来竟凭着那冷酷无情的人格力量，做出了一番轰轰烈烈的大事业！

当李斯从襁褓中醒来，用他那双眼睛环视周围这陌生的世界时，他还不知道在他降生之际和降生之前这个世界究竟发生了怎样天崩地解般的变化。

公元前 770 年，自从西周王朝的最后一个昏暴之君——周幽王，被申侯联合缯国、外族犬戎杀死于骊山之下后，这个曾经强大无比的奴隶制王朝就此灭亡，从而也敲响了中国奴隶制度的丧钟。俗话说："百足之虫，死而不僵。"中国古老的奴隶制度注定要经过一番彻底的大破坏，始能寿终正寝。

---

① 李斯生年取钱穆《先秦诸子系年考辨》说。

西周灭亡之后，开始了诸侯争霸的春秋时代。过去那些在王权控制下的大大小小的诸侯，为了最大限度地掠夺土地、奴隶、财富，展开了长达几百年之久的大厮杀。据统计，从公元前 769 年到公元前 476 年之间，就爆发大小战争三百八十四次，战争之频繁真叫人触目惊心，这确实称得上是一场真正的浩劫！

在这场浩劫中，王权衰微了，霸权出现了，过去那些所谓的兄弟之国开始大吞小、强兼弱，厮杀攻战，毫无道义可言；各国的统治阶层中，所谓正常的奴隶制等级制度也被破坏了，子杀父、臣杀君、庶杀嫡这样的反常乱伦现象，简直是司空见惯。

然而，在这场浩劫之中，最悲惨的还是底层广大民众，他们被沉重的兵役、劳役、赋税压迫得难以喘息，而死亡的阴影又时时笼罩着他们每一个人。一方面是奴隶主阶级骄奢淫逸、醉生梦死的生活，一方面是广大民众饥寒交迫、痛苦无告的挣扎。阶级压迫激起了人民激烈的反抗，但也遭到更为残酷的镇压！

总之，历史发展到春秋时代末期，当时的中国社会似乎走进了一条无法通行的死胡同。没落的奴隶主阶级已经感到他们无法照旧统治了，广大民众同时也感到再也无法照旧生活下去了，所以，各阶级、阶层都预感到将有一场极为猛烈的暴风雨会向他们袭来，人们都在痛苦中期待着翻天覆地的变化。

公元前 453 年，发生了一件划时代的大事，晋国的赵氏、魏氏、韩氏三家卿大夫在内部的火并中，共同灭掉了晋国的卿族智伯，三分其地，然后建立起三个新的国家，从此，春秋时代结束，一个被称为"七雄争霸"的战国时代开始了。①

齐、楚、燕、秦、赵、魏、韩七大强国的对峙，给渴望和平的人们带来了更残酷的战争，这个时代由此被称为"战国"。

但是，在生死搏斗中，各国都深刻地认识到，要想生存，要想在血与火的洗礼中取得胜利，试图再走奴隶制的老路是绝对不行了。严峻的斗争形势迫使各国的统治者不得不通过改革内政以求富国强兵。因为只有富国强兵，才能克敌制胜；而只有克敌制胜，才能存在下去。战国时代的历史进程就是按照这样的逻辑逐渐展开的。

为此，各国统治者纷纷掀起了声势浩大的变法运动，如魏文侯的变法、赵烈侯和赵武灵王的变法、楚悼王与吴起的变法、秦孝公与商鞅的变法、申不害在韩国的变法、齐威王的变法、燕昭王的变法。变法的主要内容和根本目的就是要在各国内部废除没落腐朽的奴隶制，与此同时确立起新的封建制度。

李斯降生时，各国的变法运动已经基本完成了。

以变法运动为时代的轴心线，战国时代的政治军事形势也出现了下面的阶段性的变化：

第一阶段，由于魏国是最先进行变法的国家，所以它也最先强大起来。从公元前 413 年起，魏国不断发动对秦国的攻势。当年大败秦军，第二年又派太子击进攻秦国的繁庞（今陕西韩城东南），并占领其地。公元前 409 年，魏将吴起经过两年的战争，全部占领了秦国的西河之地（今黄河洛水之间），使秦国只好退守洛水流域。次年，魏将乐羊越过赵国，远征中山，打了三年，终于灭掉中山。

---

① 战国始年取金景芳说，见《中国奴隶社会史》。

然后，魏又联合赵、韩两国发动对齐、楚的进攻。公元前405年，三国联军大败齐军，次年又败齐军。公元前403年，周威烈王被迫承认魏、赵、韩为诸侯。

公元前400年，三国联军伐楚。公元前391年，三国联军败楚师于大梁（今河南开封）、榆关，从此魏占领战略要地大梁，并向黄河以南推进。

公元前370年，魏、赵、韩三国联盟破裂，魏国开始独自发展。但此时魏国改革的步伐放慢，人才大量外流，国力大不如前。公元前354年，魏、齐桂陵（今河南长垣西南）之战；公元前341年，魏、齐马陵（今山东范县西南）之战，皆被齐国打得一败涂地。此时，秦国也乘机收回被魏国占据的河西、上郡等地。从此，魏国一蹶不振，失去了独霸中原的优势。

第二阶段，当魏国的政治军事优势丧失之后，西方的秦国和东方的齐国却逐渐崛起，战国的形势由魏国独霸中原的局面转入秦齐两强对峙的复杂局面。

公元前356年，秦孝公任用商鞅进行变法；公元前348年，齐威王也开始变法，从此两国相继成为举足轻重的强国。

这个阶段，各国的斗争达到了白热化的程度。最引人注目的是合纵、连横运动的展开。当时的七大强国为了在政治和军事上取得压倒他人的优势，有时"合众弱以攻一强"，防止某一超级强国的兼并，这就叫"合纵"；有时又"事一强以攻众弱"，即"连横"，打击某个弱国，达到兼并土地的目的。

这个时期以纵横家最为活跃。

先是张仪、公孙衍的连横、合纵活动。张仪为秦搞连横，企图让其他各国尊秦。公孙衍针对张仪的连横，为其他各国搞合纵，试图削弱秦国的实力。他们一来一往，在战场和外交上演出了一幕幕惊心动魄的活剧！当时人说："公孙衍、张仪岂不诚大丈夫哉！一怒而诸侯惧，安居而天下熄。"[1]指的就是这种情况。

后来是苏秦出来搞合纵。在燕、齐的冲突中，他主要是为燕昭王用"合纵"的手段搞垮齐国。他以间谍的身份潜入齐国，取得了齐国国君的信任。他先是挑拨齐、赵的关系，然后又联合五国攻秦，消耗齐的实力。在做到这些之后，他再三怂恿好大喜功的齐湣王灭宋，以此来孤立齐国。公元前286年，齐果然吞掉宋国，但立刻引起其他五国的嫉妒和愤慨，为此其他五国联合起来攻齐。齐湣王发现苏秦的阴谋，把苏秦车裂，但为时已晚！

公元前284年，燕国大将乐毅统率燕、秦、韩、赵、魏五国联军伐齐，一举攻下齐国七十余城。齐湣王被杀，齐国被彻底搞垮。

从此秦国成了唯一强大的国家。公元前279年，秦派大将白起大举攻楚。当时楚王昏庸无能，弄得政治黑暗，民不聊生。秦军长趋直入，势如破竹，一举拿下楚国的首都郢和别都鄢，占领了楚国的大片土地。楚顷襄王被迫迁都到陈（今河南淮阳一带）。从此，楚国更加虚弱。

就在这时，李斯降生于楚国。

第三阶段，由于齐国、楚国在争斗中都垮了下来，能够与秦国抗衡的只有中原地区的赵国。在李斯十岁左右时，秦赵之间爆发了震撼古今的长平（今山西高平西北）大血战。赵国的统帅是有名的纸上谈兵的将军赵括，他除了会死背兵书之外，根本没打过仗，结果让战国时代第一流的大军事家白起把赵军打得大败。白起把被俘的四十多万赵国士兵几乎全部活埋，只放掉二百四十个年幼战俘！这一血战，使赵国也完全垮了下来，秦国统一中国仅是个时间的问题

---

[1]《孟子·滕文公下》。

了。

第四阶段，是秦灭六国统一天下的阶段。此时，我们书中的主人公李斯开始登上历史舞台，他凭借时代的风云和个人的才智，在今后的一幕幕悲壮的历史剧目中，逐渐成为一个举足轻重的角色，从而在中国的历史上留下了重要的一页。不过，在他起步之初，还不可能在时代的风云录上镌刻上自己的名字。

李斯，字通古[①]，他的家乡上蔡原为古蔡国的都城。周武王灭掉商王朝后，分封其弟叔度于蔡，这就是蔡国的起源。叔度传国到春秋时代，在公元前531年被楚灵王灭掉。楚废国立县，第一任县尹是楚王的公子弃疾，就是后来的楚平王。从此蔡就归入楚国的版图，成为楚国北方的一个军事重镇。

李斯没有什么高贵的血统，自然更谈不上出身于什么显赫的世家，他很少谈及自己的家世，他的父亲是谁、家境如何，这些在历史书籍中根本找不到任何记载。后来，当他功成名遂、权势煊赫之际，他曾偶尔提到他出身于"上蔡布衣，闾巷之黔首"[②]。那么，什么是"布衣"，什么又是"黔首"呢？搞清这两个概念，对我们了解李斯的身世是极有帮助的。原来，"布衣""黔首"，还有"百姓"之类的称呼，在李斯生活的那个战国时代，都是指平民阶层出身的人。它们主要是针对"官""君""王"这些有别于平民阶层的统治阶级而言的，从概念上看，只要不是君王、不是国家官吏，但也不是官私奴婢、罪犯以及归服中国的少数民族的其他人都可称之为"布衣""黔首"和"百姓"。

这样，李斯所出身的那个平民阶层的成分就相当宽泛了，它既可包括一般的庶族地主和那些不当权的贵族乃至王族，也可包括自耕农、国家农民、佃

---

① 据元·吾丘衍《学古编》。
② 《史记·李斯列传》。

农、雇农。所以"布衣""黔首"的社会成分是很复杂的，这里既有互相对立的阶级，又有差别很大的阶层，问题是李斯的家庭在这里面究竟处于什么样的地位。

李斯说他是"闾巷之黔首"。"闾巷"又称"闾阎""闾里"，它们都是泛指当时村镇居民区的称谓。不过，在李斯那个时代，在"闾巷"中，不同阶层的平民的住处却有着严格的划分，即分为"闾右"和"闾左"两部分。楚人以左为贵，以右为贱，因此平民中的上层分子住在"闾左"，而下层平民就居住在"闾右"，所以"闾右"也有"穷巷"之称。

李斯的家住在"闾左"还是"闾右"呢？据史书记载，李斯青年时代曾担任过"郡小吏"，"郡"是当时楚国县下的行政单位（当时县比郡大），相当于乡镇。在郡里当个小吏，相当于今天基层行政单位的小办事员，职位显然很低微。但是即使如此，当时做"吏"也是有资格限制的。首先家境贫寒者不能为"吏"；另外，品德不端者不能为"吏"；最后，没有一定文化知识者亦不能为"吏"。用这些条件衡量李斯，可以肯定地说，他的家境还是比较富裕的，很可能他父亲是个中小庶族地主，属于住在"闾左"中的平民上层分子。

战国时期，平民阶层的上层分子，虽然是被统治的对象，却也是国家依靠和争取的对象，所以国家政策常常要向他们做一些倾斜。比如，当时的兵役和劳役是广大民众最沉重、最痛苦的社会负担，在那战火连天的社会环境中，服兵役就意味着家破人亡、妻离子散，就意味着大难临头！关于兵役、劳役规定，楚国的情况很难知晓，从当时秦国的情况看，共有三种形式：更卒、正卒、戍卒。按规定男子十五岁就必须开始服役，一个人每年要到郡县服劳役一月，称为"更卒"；一生服两年兵役（战时不算）或一年在郡县服役，称为

"正卒"；余下一年，或者到边疆戍守，称为"戍卒"，或者屯卫京师称为"卫士"。对于这些规定，除特殊情况外，都绝不享有免役权。李斯所以能够担任国家低级官吏，能够来去自由，能够求学深造，除了有家庭较为富裕的经济状况作保证外，更主要的是还得有国家对这一阶层的特殊政策，否则李斯是很难沿着社会的阶梯爬到上层社会的。从这点看，李斯与那些处于社会最底层，温饱无着，受尽剥削压迫的广大贫民相比，确实还算个幸运儿。

但不管李斯多么幸运，他还是个"闾巷之黔首"，是个被压在权力金字塔底层的一个平民。因此，李斯对社会上的贫与富、有权与无权这些对立现象看得是十分清楚的，但他并没有追究造成这些差别的原因，因为他认为这种差别是天经地义的，他比一般人考虑更多的是：个人怎样逃避贫穷和无权的处境，怎样在这个世界上找到自己的最佳位置。

有一次，李斯上办公处旁边的厕所去，偶然看到躲在那里的老鼠吃的食物非常脏，加上经常有人和狗在这里来回扰动，使这些老鼠总是活得战战兢兢的。又有一次，当李斯走进官府的粮库时，他观察到那里的老鼠活得却很快活，它们有永远吃不完的好粮食，而且居住在戒备森严的大房子里，从来不必担心人和狗的惊扰。他想到为什么同是老鼠，却有着截然不同的命运，这使李斯陷入沉思之中。他想这两种不同的命运不就是它们所处的环境有区别吗？以此观之，人和老鼠又有什么区别呢？有人安富尊荣，有人贫困潦倒；有人钟鸣鼎食，有人食不果腹；有人叱咤风云，有人默默无闻；有人安闲逸乐，有人劳碌不休。所以如此，李斯认为根本的原因就是人们所处的社会地位不同。

想到这里，李斯有一种从未体验过的大彻大悟的兴奋感，没想到人生之谜竟如此简单地被自己参破了。他突然领悟到，他所在的上蔡吏舍，不就是那个肮脏的厕所吗？而"布衣""黔首"不就是肮脏厕所中的老鼠吗？当然这也包括他自己。此时此刻他痛下决心，必须改变自己的命运，而要改变自己的命运，关键是要改变自己的社会地位，只有如此才能像粮仓中的老鼠那样养尊处优，无忧无虑地生活。从此以后，他一生也没有改变这个信条！

但是，领悟人生、确立理想是一回事，而把理想变成现实则是另一回事。怎样走出上蔡吏舍这狭小的世界？如何改变"布衣""黔首"的低贱地位？又到哪儿去寻求通向权力金字塔顶端的具体途径？这些问题对李斯来说似乎还相当渺茫，但他却对自己的前程充满了信心，因为他生活在一个充满危险、挑战与机遇的特殊时代，生活在一个政治上大动荡、军事上大争战、经济上大发展、思想上大争鸣的时代！时代在变革，变革要人才，然而人才何处出？仍然依赖那些出身高贵的腐朽没落的旧贵族吗？这些人不仅在新时代中毫无进取之心，而且早已成为时代变革的对象了！因此这就迫使那些锐意改革，力求富国强兵的有为之君冲破传统观念的束缚，特别是在选任人才这件大事上废除出身、血统、门第、地域等多方面的限制，面向全社会，特别是社会底层，广开贤路，唯才是举，积极去开发人才，然后为我所用。这就彻底改变了那种世代因袭、静态、封闭的人才格局，使过去那些蛰伏于社会底层，被人贱视，出身寒微的有为之士有可能乘着时代的风云，登上现实斗争的大舞台。

李斯早已熟知，在他之前的近二百年中，那些与他出身相似的许多人物，如吴起、商鞅、孙膑、苏秦、张仪、白起、乐毅、廉颇、范雎等布衣之士，已经轰轰烈烈地做了一番大事业，成为出将入相、万人瞩目、万古流芳的英雄豪杰，像璀璨的群星般光照史册，这些铁一般、活生生的事实极大地鼓舞了李斯，这些杰出的榜样从此也成了李斯个人奋斗的精神力量的源泉，他常想，我为何不能成为"一怒而诸侯惧,安居而天下熄"的大丈夫呢?

为了把个人理想付诸实践,李斯从那些出身底层却成功地实现了人生价值的先辈身上总结了几项自己必须把握的要素:

第一,穷且弥坚,百折不挠。

如张仪。张仪在游说诸侯的生涯之初,有一次,他来到楚国,陪楚相国饮酒。酒后,楚相国突然发现自己的璧玉丢了,怀疑是张仪这个穷光蛋偷去的,于是抓来张仪,一顿毒打,然后把他放掉。回家之后,妻子心痛地说:"唉,你要不读书、游说,能遭到这样的侮辱吗?"张仪对妻子说:"你看看我的舌头还在不在?"他妻子感到可笑,说:"舌头还在。"张仪说:"舌头在,这就足够了!"张仪凭着这三寸不烂之舌,走遍各国,终于以百折不挠的精神干出一番丰功伟业,彻底改变了自己的社会地位。

第二,审时度势,捕捉时机。

如蔡泽。蔡泽游说诸侯,走遍各国,但都没有效果。当他听到秦昭王的权相范雎由于任人不当,地位危急,就立刻跑到秦国去见范雎,他对范雎说:"你现在禄位贵盛,家私百万,然而功成而身不退。你没有见到商鞅、吴起、大夫种的可悲下场吗?他们都为君主立了大功,然而贪权恋位,不思及早抽身,结果身死族灭,前功尽弃。你现在的功名也达到了极点,俗语说:'日中则移,月满则亏。'你何不在此时归相印,把位置让给更有能力的人?"这番话正击中了范雎的要害之处。数日之后,范雎向秦昭王辞职,并推荐蔡泽为相,秦昭王正要处理范雎,很快就同意他的辞职请求,然后与蔡泽交谈,大悦之,将相印交给蔡泽。蔡泽抓住有利时机,仅一席话就轻取相印,在当时传为美谈。

第三,努力向学,高价待贾。

如苏秦。苏秦游说数年，毫无结果，回到家中，遭到全家人的耻笑。但苏秦并不气馁，总结教训，认为自己学业不精，必须深造。于是打开数十箱藏书，伏案苦读，特别对于书中的纵横术，更进行了深入的研究。深夜读书，昏昏欲睡，他就拿锥子扎自己的大腿，鲜血涌出，一直流到脚下。他发誓说："我如此努力学习，岂能打不动各国之君，得不到金玉锦绣，争取不到卿相之位？"苦干一年，学业有成，从此打开了成功之路，成为战国时代最出名的风云人物。

这三点经验，也成为李斯起步之初的路标。但他认为就眼前来说，第三点，也就是用知识武装自己的头脑是当务之急。因为他看到在自己所处的这个"得士则强，失士则亡"的特殊时代，各国君主所以争相延揽人才，礼贤下士，就是看中了知识在你死我活的现实斗争中的分量，所以谁拥有知识，谁就被重视，谁的知识出类拔萃，谁就被尊为社会精英。所以一个社会底层、无尺土之封的"贱士"要想脱贫致富，猎取功名，跻身于权力社会的上层，成为治人的劳心者，知识是他唯一可以与各国君主进行政治交换的资本，当时流行着"主卖官爵，臣卖智慧"的格言，最生动地描绘出在名利场上权力与知识进行等价交换的情况。

李斯以其少有的敏锐的目光看准了这点，于是下定决心，辞掉小吏之职，离家别子，到远方去求学。

第二章 名师高徒

当李斯把自己的人生的目标瞄准到社会的最高处时，他就毅然决然地放弃了郡小吏的卑微职务，从而结束了那碌碌无为的庸人生涯，离开故乡上蔡这狭小的天地，远出求学，准备练就一身经世致用的真本领，然后在战国这风云变幻的社会大舞台上，扮演个令人瞩目的大角色，实现他那"居大庑之下，不见人犬之忧"的人生追求！

但千里之行，始于足下。李斯想，学什么才是当务之急？学什么才能更快地改变自己处于社会底层的命运？学什么才能使自己沿着社会的阶梯爬向权力的顶峰？总之，什么才是实用之学？这点，时代为李斯的选择提供了最优越的条件。

李斯生活的战国时代，是个思想空前活跃和解放的时代。当时的人们为了寻找时代大潮的走向和确立未来社会的模式，社会的各个阶层、各个阶级，无不推出自己的思想代表，陈述和鼓吹符合各自利益的各种主张，以求一售。为此，各种思想流派纷纷涌现，思想的交锋空前激烈。各派的代表人物著书立说，四处呐喊。为了证明自己主张的真理性，他们又相互攻讦，自是彼非，展开了无尽无休的大辩论，从而出现了旷古未有的百家争鸣、百花齐放的奇观。

所谓"百家争鸣"，只是形容当时思想流派之众、之杂而已。当时，被社会公认的思想流派主要有十家：儒家、墨家、道家、法家、阴阳家、名家、纵横家、杂家、农家、小说家。

但其中最有社会基础、最有影响的思想流派仅有六家。[①]

第一，儒家。它的创始人是孔子。这一派主张维护夏、商、周以来的文化传统，即所谓"祖述尧舜，宪章文武"。在政治上，他们讲"王道""仁政"；力主人治，反对酷法。在社会生活上，坚持伦理道德，宣扬谦让友爱，维护人际关系间的严格等级界限。

第二，道家。它的创始人是老子。这一派反对夏、商、周以来的文化传统，反对儒道人生，号召人类回归自然，在政治上是消极的。他们力图使社会回到"小国寡民"，甚至原始的洪荒时代，所以他们仅重视个体生命的永恒价值，主张清静无为、节嗜制欲，达到天人合一的最高境界。

第三，墨家。它的创始人是墨翟。他反对儒家严格维护等级制的要求，主张博爱、平等、民主；反对战争、特权、专制。这派要建立一个人人劳动、节俭纯朴、共同享受的理想王国。

第四，法家。最有名的代表人物是李悝、商鞅、慎到、韩非。这派反对人治，主张法治；主张变法，反对保守；主张专制，反对民主；主张赏罚，反对道德。

第五，阴阳家。这派最有名的代表人物是邹衍、邹奭。这派对天文、地理等自然科学很有研究，他们把客观世界归纳为金、木、水、火、土等五种元素的组成物，这五种元素相生相克，从而衍化出复杂的世界。然后，他们又用这阴阳五行学说解释现实政治，认为一切朝代的兴衰都是按五行顺序的循环，这就是五德终始说。

第六，名家。最著名的代表人物是公孙龙、惠施。这派主要着重研究知识

---

① 据《史记》司马谈论六家要旨。

论和逻辑学。试图通过对名词和概念的研究统一人们的认识。但由于他们钻入纯学术的研究领域，并且滑向诡辩论，因此，在当时的政治斗争中影响很小。

到了李斯求学的时代（公元前255年左右），各种思想流派已经基本定型，并且出现了在激烈的争鸣中彼此渗透的趋势。这时，不仅李斯要对眼前这些令人眼花缭乱的流派和思想体系进行认真的选择，而且时代也正在对各派的理论作最后的选择。因为在李斯求学的时期，长达数百年之久的分裂、战乱、冲突的无序状态已经有了结束的可能性，中国实现统一的曙光已在遥远的地平线那边冉冉地升起了。

就李斯而言，在求学之初，他肯定要结合自己的经验、志趣、理想以及眼前的形势，对"百家"的学说进行自己的抉择。尽管此时他对诸子百家的学说还没有系统地学习，对他们的理论内容还知之不深，但从他对诸家学说的一般了解去看，当时影响最大，人徒最众，被称为"显学"的儒家和墨家，虽然受到各国当权者的优崇和礼遇，但是，在现实的政治、军事斗争中，却未见有哪国的当权者贯彻和落实他们的主张。这些当权者几乎都是根据实际斗争的需要，出自实用和功利的目的来寻求各种理论根据，因此，当时的当权者更倾向于切合现实斗争的理论。李斯认为自己必须积极迎合这种需要，否则绝不会有什么出路。

他从切身的经历中深有体验，儒家鼓吹的仁义道德，在这个"争地以战，杀人盈野；争城以战，杀人盈城"①的世界里，实在无法找出现实的根据。至于儒家为人们描绘的"王道""仁政"这类美好的政治图画又显得那么可望而不可即！倒是儒家主张的"劳心者治人，劳力者治于人；治于人者食人，治人者

———————
① 《孟子·离娄上》。

食于人"的理论说出了天下之通义!

再看墨家,那些"兼爱""非攻""节用""非乐"之类的理论,更让李斯感到匪夷所思!墨家大声疾呼了百余年的"非攻",为什么眼前的世界仍然坚持战争解决问题?墨家拼命呐喊了百余年的"兼爱",为什么在李斯出生几年后的秦赵长平大血战中,秦将白起一次就活埋了赵国的降卒四十余万?面对这样的现实,"兼爱"又从何谈起?至于墨子倡导的"摩顶放踵利天下,为之"的大公无私精神,更是李斯无法接受的。李斯认为人从来就是自私的,他也从来没想做一个人类的解放者,他只想在时代的大潮中,做个高明的弄潮儿,获得个人的解放,别成为茅厕中一只可悲的老鼠!

说到道家的理论,有些东西倒对他很有吸引力。他看到道家的理论中讲"人君南面之术",这不正是自己千呼万唤要得到的东西吗?道家讲"圣人之治,虚其心,实其腹;弱其志,强其骨;常使民无知无欲,使夫智者不敢为",讲"鱼不可脱于渊,国之利器不可示以人",讲"将欲歙之,必固张之;将欲弱之,必固强之;将欲废之,必固兴之;将欲夺之,必固予之"。①对于这些讲阴谋权术的理论,他全都深藏于心,以备将来之用。但他认为道家的理论太消极。道家讲"无为",他李斯要有为;道家讲"清虚自守",他李斯要轰轰烈烈,实在是南辕北辙!

时代的走势、本人的出身、青年人的野心,使他在思想上更倾向于纵横家和法家。

纵横家那种因势利导、随机应变的本领,那种只有目的、不讲原则的人生信条,使他佩服。张仪、苏秦演出的那一幕幕精彩的活剧也使他永远难以忘

①《老子》第三章、第三十六章。

怀。但他也看到，纵横家致命的弱点就是没有自己的基础理论，这使他们毫无远见，看不到时代的大势所趋。结果当时风雨雷霆，身后烟消云散。

李斯则不然，他想把握住时代的走向，他想用某种理论充实自己，而且能够用这种理论打动有为之君，并且以这种理论为指导，借助君主万能的权力，建设起一座永久性的政治大厦，赢得一世的荣名。

李斯清楚地记得卫鞅（后称商鞅）只身入秦，游说秦孝公时的场面。卫鞅先以"帝道""王道"说秦孝公，秦孝公听得昏昏欲睡，不感兴趣地说："你讲的这些大道理距离现实太远了，我急着想在生前就扬名天下，怎么等得了几百年之后才能成功的帝王之业呢？"卫鞅这才以"霸道"再说秦孝公。秦孝公听后，如醉如痴，连连叫好，从此委任卫鞅变法，使秦国成为第一流的强国。

商鞅所讲的"霸道"是什么？为什么秦孝公断然以"霸道"治国？那是因为这个"霸道"讲的是怎样以法治国，尊君抑臣，奖励耕战，改革内政，以战去战、以杀去杀等现实中的问题，总之，讲的是富国强兵之术。这些内容不空疏，不荒谬，它紧密地与现实斗争相结合，它是为统治者解决现实问题而配的一把钥匙，所以深受秦孝公那样胸襟远大、锐意进取的英君明主的欢迎。李斯深切地感觉到，他所在的这个时代需要的正是这种"霸道"，这种富国强兵之术！

但是，李斯认为起源于春秋时代的"霸道"一词太陈旧，太难以体现战国的时代精神了，所以必须加以修正。"霸"在春秋时期指的是诸侯之长，它原本是王权衰微、诸侯争霸时代的产物。"霸道"推崇暴力，推行强权政治，这与法家的某些主张不谋而合，所以被商鞅借用来宣扬法家的思想路线。但是"霸道"总与分裂主义结合在一起，它仅强调一国之强，这就跟不上战国时代的要求了。战国时代统一已是大势所趋,经过激烈的兼并战争,天下最终必将实现前所未有的大一统的格局。因此,如果现在讲"霸道",就应该讲怎样使天下统一的"霸道"。这种新的"霸道"概念,李斯称为"帝王之术",而他要学的正是这种"帝王之术"。

学这种"帝王之术",最好求之于法家,但法家学派的杰出代表商鞅已经辞世五六十年之久。自从商鞅被车裂之后,法家学派无高人可言,而且在当时的理论园地中,也不如其他各家那样活跃。正是这样,他才将目光投向当时学术界声望最高的儒学大师荀子。

荀子名况,赵国人,是战国后期学界最有影响的大师。他以孔子学说的传人自居,积极宣扬儒家的主张,但同时又兼采他家之长,提出许多迎合时代要求的新观点。他的道德文章,堪称一代风范,深受时人推许,所以,常被各国君王权臣延之上座,尊为嘉宾,而从其游学者日多,可称桃李遍天下。

当李斯准备离开上蔡求学时,荀子正被楚相国春申君任命为兰陵令(今山东兰陵)。他边做官,边在那里聚徒讲学,从而使兰陵成为当时一个重要的学术中心。

李斯虽然对儒家学说持批判甚至否定的态度,但他还是从数百里之外赶到兰陵,成为荀子的一名学生,决心向他学习"帝王之术"。

李斯所以如此,那是因为他深知自己的理论水平太肤浅,不足以成其大事。若想出类拔萃,非有名师指点不可!此外,荀子是天下名流,上自各国君王,下至各国权臣,无不对他优礼有嘉,并且都与他保持着极好的个人关系。对李斯来说,做荀子的弟子,这无疑是登上当时政治舞台的最有效的通行证!

李斯来到兰陵,拜见了荀子,正式成为荀子的一名学生,从此,开始了他的学习生涯。

在同学间，有来自各地的学子。其中后来大有名气的有韩国的青年贵族韩非、齐人浮丘伯、鲁人毛亨、阳武人张苍等。这些学子虽然怀着各自的学习目的，但想学有所成，在不同的岗位能够做一番事业，则是他们共同的心声。

荀子是个大思想家，也是个杰出的教育家，他对自己的学生自然深有了解，也对他们抱有很高的期望，但他认为玉不琢不成器，所以，他特别强调学习的重要性。为此，他特意写过一篇叫《劝学》的文章，意在鼓励学生们努力学习、不断拼搏。他说："人应该不断地学习，只有这样才能青出于蓝，超越前人。所以不登高山，你就不知天是多么高；不临深渊，你就不知地是多么厚；不学习前人的知识，你就不知学问的博大精深。一个人终日自己冥思苦想，不如立刻去学习；一个人跷脚远望，不如登高远眺更见多识广。我们登高招手，手臂并没有加长，但人们远远就能看到我们；我们顺风呼喊，声音并没有加大，但人们远远就能听到我们。借车马而行的人，并非他们能走善跑，但却能远致千里；借舟船而行的人，并非他们善于游泳，但却能渡江过河。有能力的人不是生来就比别人更强，而是比别人更善于学习。"

他特别强调学习时要有恒心、刻苦、专一。他告诉学生："积土成高山，才有壮观的景象；积水成深渊，才会有蛟龙出没其间。因此，走路时如果不一步步地积累，就无法走千里之远。江海如果不一条条小溪地汇聚，就不能有江海的辽阔。骏马一跃，不会超过十步；劣马能走很远，在于永不停止。雕刻东西，半途而废，朽木也难以折断。如果不停工作，金石也可以雕饰。蚯蚓没有坚爪利牙、强健的躯体，但却能上至土表觅食，下至黄泉饮水，那是因为它专一用心的缘故。螃蟹八只利爪、两只大螯，但除了寄住于现成的洞穴中却无处可去，那是因为它用心急躁的缘故。因此没有专默精诚之志者，就不会大放光明；不肯埋头苦干的人，也不会有显赫的成功！"

老师对学习重要性的鞭辟入里的分析，以及那些生动的比喻，对刚刚踏上求学之路的李斯来说，确实产生了极大的鼓舞力量，坚定了他努力学习的决心，文中的思想成了他探索知识的指南。多年之后，当他在秦国帮助权相吕不韦编撰《吕氏春秋》时，他同以《劝学》为名，写了一篇文章，来阐发老师这方面的教育思想，可见《劝学》对他的影响之深！

荀子作为涉世颇深的老师，他不仅从学习本身的重要性方面鼓励学生努力向学，而且也体恤这些出身寒微的学生何以前来求学，所以他说："你们也许要问我，人由贱变贵，由愚变智，由穷变富，有办法吗？我说有，那就是努力学习知识，这是唯一的途径！"这番话深深打动了李斯，他热血沸腾，激动不已。这个他从上蔡吏舍中就一直思考的问题，居然让老师如此要言不烦地说了出来，实在叫他佩服不已。

但是，荀子站在儒家的立场上，紧接着对他上面的话做了重要的解释，他说："过去你是个愚昧的人，转眼与尧舜并列，这难道不是由贱变贵了吗？过去是个不能辨别是非的人，现在却知道仁义之所在，对天下事了如指掌，这不是由愚变智吗？过去可能是罪犯，现在却成了治理国家的大才，这不是由穷变富了吗？对于一个儒者来说，做一件对不起人的事，杀一个无罪的人，即使能够得到天下，我们也不干！"

至此，李斯与荀子的思想开始分道扬镳了。原来老师对愚智、贵贱、贫富的理解是这样的，这与他对这些概念的理解根本不同。李斯认为贵贱、愚智、贫富并不是对人的道德品格的评价，而是对一个人的名誉、地位、财产的评价。他认为老师说学习是由贫变富、由愚变智、由贱变贵的捷径这是对的，但仅仅让他成为一个道德和精神的富有者却绝非他追求的人生目的！

学习生活开始后，李斯是认真刻苦的，在同学之中也是佼佼者，颇受老师的重视。他对老师那博大精深的思想体系、坚持原则的操守和光明磊落的人格，特别是那具有传奇色彩的经历也渐渐有了全面深刻的了解。

荀子十五岁时就以出众的才华游学于齐国的稷下学宫，当时正是齐湣王当政时期。

稷下学宫是战国时期著名的学术中心，它始设于齐桓公（田氏）时期，位置在齐国首都稷门附近，所以称之为稷下学宫。它很类似于现在的科学院，是当时各派学者们进行学术研究和学术交流的场所。

从齐威王、齐宣王，到齐湣王，稷下学宫空前繁荣，当时许多思想家和学者都曾从各地来到这里进行学术活动。其中著名的人物有儒家的孟轲，阴阳家的邹衍、邹奭，法家的慎到，黄老学派的田骈、环渊、接子，道家的宋钘、尹文，名家的儿说，等等。

当时，齐国的君主为了招贤纳士，对这些学者相当重视，不仅给予他们政治上的优待，而且在物质生活上也十分照顾，这使稷下学宫更加名扬天下。

在齐湣王时，齐国是唯一能与秦国抗衡的强国，但齐湣王是个好大喜功的君主。他不断发动对外战争，搞得国际关系非常紧张，使齐国处于很孤立的地位。同时战争也使国内民不聊生，怨声载道，阶级矛盾十分尖锐。

荀子看到齐国一步步滑向危险的深渊，认为有必要提醒齐国的当权者，于是上书齐相国，痛陈汤武兴起、桀纣灭亡的原因。警告齐国的当权者，现在齐国国内则女主专权，奸臣当朝，贪官横行，百姓争利；国外则强楚在前，大燕居后，劲魏倚右，此乃亡国之先兆。齐国当局必须悬崖勒马，整修内政，推崇礼义，始能转危为安！然而，忠言逆耳，齐国当权者正沉醉于强大的迷梦中，又怎能理睬荀子的建议。

时隔不久，灾难降临了。以大军事家乐毅为统帅的秦、赵、燕、魏、韩联军大举攻齐，齐湣王惨死，齐国大乱，荀子也不得已跑到楚国避难。

公元前 279 年，齐将田单率兵击败入侵之敌，迎立湣王之子法章为齐王，是为齐襄王。荀子重新返回齐国，参加了稷下学宫的恢复工作，并且成为最受学界尊崇的领袖人物，曾三次担任学宫的负责人"祭酒"的职务。

公元前 266 年，范雎相秦，他约荀子来秦。于是，荀子来到秦国。

范雎曾征求过荀子对秦国的评价。

荀子说："我看到你们国家形势险要，山川秀美，自然资源丰富，这是地理优势。观察你们的风俗，百姓质朴，歌声纯正，服饰庄重，敬畏上级，服从领导，这是人文优势。观察你们的政府机关，官吏严肃认真，谦恭节俭，笃厚敬业，忠诚老实，这是吏治优势。到了你们秦国，观察上层人物，他们从家里到政府机关，从政治机关回到家中，想到的都是国家的事情。他们不搞小圈子，不结党营私，全都公而忘私，这是政治优势。我再观察你们的最高决策机关，办事效率高得惊人，绝对没有拖拉扯皮的现象，好像没人在治理似的，真是理想的朝廷！所以秦国从秦孝公保持了四代胜利的纪录，绝不是偶然的，那是有其必然性。虽然如此，还是有令人忧惧之处。秦国目前兼有这么多优势，但与名副其实的王者的功名比较起来，就实在远远不够了！什么原因呢？恐怕是不推行儒家的主张吧。我认为，纯粹用儒道才能成王，杂用他家学说的只能成霸，什么也不用的只有灭亡！用这个标准衡量，秦国政治有许多短处。"①

这番话，范雎有的能听进去，有的根本听不进去。因为他是个法家人物，讲究的是"赏必加于有功，刑必断于有罪"的法治主义，所以对荀子讲"仁义"的大道理是持否定态度的。

当时的秦昭王也因久闻荀子的大名而召见了他。

秦昭王说："我认为，儒家的学说对治国并没什么用处。"

荀子回答说："儒者效法先王，推崇礼义，谨守臣子的身份而归尊于君王。人君如果任用他们，他们就会尽职尽责把事情办好。如果不用他们，他们就会老老实实退居百姓之中，做个顺民。即使陷入到饥寒交迫之中，也不会用不正当的手段贪求富贵；即使无立锥之地，也会把国家的利益放在首位。儒者位在人上时，则是优秀的领导者；位在人下时，也是国家的忠臣。可见，儒者应是国君最宝贵的财富，怎么能说他们对国家毫无用途呢？"

秦昭王表面对荀子的话表示赞赏，但秦国从商鞅变法起，执行的就是法家路线，因此，对荀子的主张也就是听听而已，并不想有所采纳。

公元前264年，齐王建新立为君，荀子由秦返齐，但因齐国有些人无端攻击和诽谤他，公元前255年，荀子至楚，当时楚相春申君执政，他任命荀子为兰陵令。

李斯就是在这时来到兰陵求教于荀子的。

他们师徒在楚国的生活也并不平静，荀子的声望和影响在这里也给他带来了嫉妒和陷害。有人向春申君进谗言，说："历史上的商汤从亳、周武王从鄗起家打天下，地方都不超过方圆百里。现在荀子是天下知名的能人，您给了他

----

① 据《荀子·强国篇》。

兰陵这块立脚地，我私下认为对您有所不便，不知您怎么看？"春申君认为有道理，就辞谢了荀子，荀子不得已，带着李斯等学生来到赵国。赵国很尊重荀子，待荀子以上卿之礼。

公元前254年，荀子带着李斯等弟子与赵国大将临武君议兵于赵孝成王之前，李斯目睹了这精彩的一幕，也上了生动的一课。[①]

赵孝成王发问道："请问用兵的要领是什么？"

临武君抢先回答说："上得天时，下得地利，观察敌人的变动，后于敌人出兵，却走在敌人的前面，这就是用兵的要领。"

荀子反驳说："不对。我听说古时用兵之道，在于统一民众的意志。弓箭不调理好，则神射手后羿也不能射中微小的目标；驾车的马匹不协调，则神驾手造父也不能走到远处。战士百姓不拥护你，即使商汤、周武王也无法取胜。这就是说，善于团结民众者，是真正善于用兵的人，因此，用兵的要领在善于团结民众罢了。"

临武君说："不是这样。用兵时最要紧的是捕捉有利的时机，有效的手段就是变诈奇谋。善于用兵的人，应使敌人感到不可捉摸，不知你的意图何在。像孙子、吴起这些大军事家能够无敌于天下，难道非得等待万众一心才成吗？"

荀子说："不对。我所说的是正义之师，体现的是王者的志向。你所推崇的是阴谋诡计，所搞的是攻战掠夺，这是分裂主义者干的勾当。正义之师是无法欺诈的，可以欺诈的仅是那些放松警惕、疲惫不堪的军队，那些上下离心离德的军队而已。因此，用桀去欺诈桀还有些巧拙可言，用桀去欺诈尧，那就如

---

① 据《荀子·议兵篇》。

同以卵击石，用手指搅挠开水了。有如跳入水火之中，只能自取灭亡了。"

辩论长时间地进行下去，荀子引古喻今，旁征博引，层层剖析，丝丝入扣。说兵备，论选将，谈王者之兵，析成败之理，侃侃而谈，滔滔不绝，最后都归之于仁义。

这番振聋发聩的宏论终于使赵孝成王和临武君折服。

事过之后，李斯的同学陈嚣问老师："先生议兵，常以仁义为本。仁者，爱人；义者，循理。既然如此，那又要军队干什么呢？凡是想要拥有军队的人，我认为就是为了争夺！"

荀子说："这个道理恐怕非你所知。说仁者爱人，正因为爱人，因此才痛恨有人害人；说义者循理，正因为循理，因此才痛恨有人乱理。说到'兵'的作用，它是禁暴除害的工具，不是彼此争夺的工具！因此仁人的军队，使它所保护的民众，对它奉若神明，所过之处，无不被它感化，好像降了一场及时雨，没有不高兴的。过去帝尧伐骓兜，帝舜伐有苗，大禹伐共工，汤伐夏桀，文王伐崇，武王伐纣，这四帝两王，都是以仁义之师畅行于天下的。因此附近的人亲近其善德，远处的人仰慕其功德，真正做到了兵不血刃，远近来服。"

李斯听完老师的议论，仍有疑问，他举了个具体的例子，让老师解释。他说："就拿秦国来说吧，从秦孝公算起已保持四世的胜利，秦国兵强海内，威行诸侯，并非讲仁义才达到了这种优势，只不过是怎么便利就怎么干罢了！"

荀子听完李斯这番离经叛道的话后，不高兴地说："这你就不知道了。你所说的'便利'，是损人利己的'便利'；我所说的仁义，是便利天下的便利！对于讲仁义的人来说，是那些想办法把国政搞好的人，国政搞好，民众就拥护满意君上，并且极愿为之献出生命。因此，对军队来说，仁义为先，将帅的能力仅是次要的事情。秦国确实保持了四世之胜，但却常常陷入提心吊胆的状态，唯恐天下各国联合起来倾轧自己。这就是所谓的末世之兵。今天你不求之于事物的本质，而仅求之于表面现象，这就是天下大乱的根本原因！"

李斯这种只讲目的却不择手段的赤裸裸的实用主义思想遭到了荀子的严厉批判。李斯虽然表面上表示接受老师的教诲，但在思想深处却与老师的儒家学派的理论分歧越来越大。

荀子始终一贯地坚持孔子以来的以"仁义"为核心的儒家思想理论，并且把"仁义"确立为自己学说的不可动摇的原则。然而他的两个高徒李斯和韩非却坚决反对以"仁义"为核心的儒家思想理论，李斯非常欣赏韩非的这种观点，韩非说："你力量强大，那所有的人都将向你膜拜顶礼；你力量寡弱，那你就向别人膜拜顶礼，因此英明的君主把增强实力作为当务之急。严厉的家法之下，不会出现不驯服的奴隶；慈母的溺爱却会培养出败家子，我从这里看到了强权可以禁止暴乱，而宽厚却难以制止暴乱。所以圣人治理国家不仰仗人民称颂我仁慈，而是让他们不敢为非作歹！"[1]韩非的这套东西被李斯完全接受过来，而且成为李斯毕生的政治信条，直到他被这种暴力万能论埋葬为止，但那已是后话了。

那么，师生之间严重的分歧究竟是怎样产生的呢？这里面有现实的原因：战国末期，各国的斗争已经进入殊死的阶段，秦国固然很强大，但是在统一的道路上却遇到了其他六国的激烈抵抗，各国之间的斗争主要是在战场上，此时谁实力强大谁就是赢家；各国之间如此，各国之内亦然，哪个国家君权强大，法令严明，哪个国家就会建立起强大的优势。面对这种情况，李斯和韩非的理

①据《韩非子·显学篇》。

论很容易在现实中找到根据，而老师荀子的理论在现实中似乎没有它的位置。

除了现实的外因之外，荀子思想体系中某些新的内容对李斯和韩非转向儒家学派的反面也起到极大的推动作用。与李斯和韩非生活在同一空间中的荀子，虽然高扬着儒家学派"仁义"的大旗，但是为了使儒家思想能够更切合眼前严酷的现实，使之在现实斗争中更具有指导意义，作为一代思想大师的荀子就不能教条地株守一先生之言，而是要不断地注意现实与其他学派的动向，勇敢地修正自家传统的理论，在其中注入新鲜、活泼的新思想，从而使自己的学派及其主张更有生命力。在这种情况下，荀子推出了自己独有的"性恶论"思想，以及在肯定"仁义"的先决条件下，接受了法治思想。但他万万没有想到他对传统儒学的某些修正和发展，竟然使自己的学生李斯和韩非在其影响下，跑到了另一个思想极端。

"人性论"是春秋末期以来直到战国时代思想界最关注的话题之一。"人性论"回答的是人的本质究竟是什么的问题。这个问题所以引起思想家们极大的兴趣，它的根本原因就在于，强大的西周奴隶主政权灭亡之后，夏、商、周以来传统的天命观和神权思想也从根本上发生了动摇，数百年来的大混乱，无穷尽的灾难，人的价值观的错位，人的行为的失范，人的心理的失衡，这些沧桑巨变无不使人们感到天命和神权的不可靠，那么眼前的一切黑暗是谁造成的呢？是人。如果是人，那么人究竟是什么呢？问到此，人们普遍感到不揭开人性之谜，就无法在合理的人性的基础上建立起新的社会秩序，就无法由大乱达到大治，所以一些时代的先知先觉首先把关注的目光从天上转移到人间，开始了人性的研究。

对于人性是什么的问题，各派思想家各有不同的看法，就是同属儒家的思想家对这个问题也是因人而异，如孟子主张"性善"，而荀子则主张"性恶"。

什么是人的本性？荀子认为，所谓本性，就是天生就具备的，不是后天培养出来的品格。那么，人的天生品格是什么呢？他说："人的本性是'恶'，'善'是后天人为的东西。试看今天的人，生来就追求私利，顺着这种本性，互相争夺就产生了，彼此谦让也就没有了；人生来就讨厌不利于自己的事，顺着这种本性，损人利己的行为就产生了，而忠诚信义的行为也就没有了；人生来就有满足感官的欲求，顺着这种本性，淫乱无耻的事情就产生了，而礼义文明的行为也就没有了。如果社会按照人的本性欲求去发展，势必造成争夺，把违背道德和理性看成是合乎情理的行为，最后就必然归结为暴力万能。"[①]

荀子在这里对人类私有社会中的人性作了极为深刻和大胆的揭露，这确是独步千古的洞见。但荀子揭露人性的丑恶却是意在改造人性，并且在改造人性的基础上改造眼前这个丑恶的社会！

为了改造人性，他提出两个相辅相成的方案：首先，也是最重要的方案仍然是坚持儒家"克己复礼"的传统，强化人的道德自我修养的能力，但荀子认为自觉的"克己复礼"者为数甚少，只有"圣人""君子"才能践行之。于是他又提出另一个方案，即对大多数人要强制他们"克己复礼"，改变他们的"恶"的本性，他对此说道："古时圣人看到人性恶，认为这是社会偏险不正、悖乱不治的根源。因此，在广大民众之上置立君主统治他们，弘扬礼义以教化他们，颁布法令以管理他们，加重刑罚以禁止他们，从而让天下人的行为出于治，合于善。这就是圣王之治，礼义之化。"说到这里，荀子就使自己的理论陷入到一种不可解脱的矛盾中。一方面他要坚持儒家的"仁义"，一方面这种

———————————————
① 据《荀子·性恶篇》。

"仁义"又是少数人用强制手段强加于多数人头上的东西。因此，这种"仁义"也就质变成它的反面——"恶"。这种理论上的大漏洞恰恰被李斯、韩非所接受和利用，他们接受了"人性恶"的理论，却扬弃了改造人性，使之向善的目标，然后把它发展到利用"人性恶"去役使民众的另一极端。他们接受了只有少数人有权按自己意志强制推行某种制度、意识形态的理论，却扬弃了它的民本主义基础，并进而把它发展为建立君主集权政治的理论。

至于荀子的法治思想更是从实用的角度为李斯、韩非提供了法家政治的原始材料，如荀子说："世俗有种流行的说法，认为古代的太平治世没有肉刑，只有象征性的刑法，人无论犯了什么罪，仅给犯人穿上草鞋和破衣服以示羞耻就行了。我认为这是错误的。如果说古代是太平治世，人应该都很自觉，根本不会有犯罪的，那不仅不会有肉刑，就连象征性的刑罚也用不着。如果真有人犯了罪，而却仅象征性地处罚一下，这不是杀人者不被处死，而伤人者也不受惩罚吗？罪行非常严重，刑罚却十分轻微，人民就会无所畏惧，没有比这更会导致社会大乱的了。设置刑罚的目的，就是要禁绝暴行，并且防患于未然。杀人者不被处死，伤人者不受惩罚，这是鼓励暴行，宽容作恶。因此，所谓的象刑并不是古代治世的产物，而正是今天这个乱世的东西。……惩罚暴行，诛除悖乱，这是统治社会的权威所在。杀人者被处死，伤人者受惩罚，这是古今通义，没有人知道这种规定究竟是怎么产生的。因此，治世则刑重，乱世则刑轻。"①

这段论述，如果去掉荀子的名字，倒更像李斯和韩非的言论。后来，李斯和韩非背叛师道，自立门户，成为反儒的急先锋，除现实的原因之外，荀子本

① 据《荀子·正论篇》。

人的某些思想也是促成此事的重要原因。

几年的刻苦学习，使李斯感到内心空前地充实，思想也空前地成熟，特别是形成了自以为很实用的看法。更重要的是，在与老师这些年的游学生涯中，使他有机会接触到一些大国的上层人物，了解到眼前的政治形势的去向，锻炼了他从政的能力。然而，年龄与日俱增，但功名却遥遥无期，再说，他李斯与老师的思想分歧越来越大，此时不走，更待何时！

更为主要的还是当时天下形势的发展更叫李斯非走不可。李斯学习期间，秦国更加强大，秦昭王在政治家范雎的帮助下，制定了"远交近攻"的战略方针，开始了统一中国的战争。公元前293年伊阙之战，白起大胜韩、魏联军，斩首二十四万；公元前279年鄢之战，白起引水淹城，淹死楚军民数十万；公元前273年华阳之战，白起大胜赵、魏联军，斩首十五万；公元前260年长平之战，白起坑杀赵卒四十万。其他战役不算，仅白起指挥的四次大战，就消灭三晋及楚国的有生力量一百余万，严重地削弱了这些国家的基本国力，奠定了秦国取得统一战争胜利的基础。但秦国残暴的屠杀政策也激起了各国人民的义愤和反抗，在秦国准备乘长平血战之胜，一举拿下赵国首都邯郸时，魏、楚联合起来救赵，再加上秦相范雎用人不当，赵国军民同时也奋起抗击，结果秦国反胜为败，使秦东进计划暂时受挫。不过秦国始终没有伤及元气，在稍事整顿之后，又开始了未竟之业。此时，秦攻取韩二城，取赵二十余县，迫使西周君献出城池，周赧王在忧惧中死去，从此名义上的周天子也不复存在了，秦统一中国的战争开始名正言顺地进行了。

李斯当时与老师都在楚国，楚国国君是楚考烈王，执政楚国的是战国时代有名的四大公子之一的黄歇。楚国在战国时期土地最广，但自从吴起在楚悼王时变法失败后，楚国的政权就把持在屈、昭、景三大贵族手中，在这股腐败势力的操纵之下，楚国政局从楚怀王起更是江河日下，呈现出一番没落的光景。在与秦国的斗争中，屡战屡败，国土日削，到了考烈王时，楚国的力量已是强弩之末，难以振作了。而当时除秦之外的其他几国的情况也好不到哪里，天下的形势已经十分明朗，秦国必胜，六国必败。

审时度势，李斯决定离楚入秦，寻找功名的机遇。临行前，李斯决定征询老师荀子的意见。他知道老师曾去过秦国，对秦的无儒持否定态度，但是他还是再想听听老师的看法。

荀子说："我并非天生就对东方的齐、鲁两国的民众有好感，而对秦人却抱有偏见。我只是认为秦人在父子之义、男女之别等道德方面不如齐、鲁那里更能体现出孝敬之意。我认为秦人还没有改变'恶'的本性，他们放纵横暴，不讲礼义！"

李斯没与老师正面谈这个道德问题，他只说："我听说一个人若抓住时机就别放松，现在正是各国君主殊死斗争的关键时刻，也正是游说者乘机建功立业之时。秦王如今要吞并天下，自称帝王，统治宇内，像我这样的布衣之士可以到那里大展宏图。一个人身处卑贱之位却不想改变它，这与目光浅短的野兽又有何区别！只不过徒具人形，勉强会走罢了。我认为人最大的耻辱莫过于卑贱，最可悲的莫过于贫穷，长期处于卑贱贫穷境地，却不断抨击社会，讨厌荣利，自我标榜清高，这绝非有知识的人的真情，其实是自己无能的表现，所以学生我决心到秦国去游说！"①

这些话已经刺痛了荀子的心，他知道李斯是在攻击他坚持原则，清淡自守

---

① 据《史记·李斯列传》。

的处世哲学了。李斯慷慨陈词之余，觉得话说得有些不得体，既然是征求老师的意见，又何必如此意气用事呢？他将话锋一转，诚恳地问道："老师，假如我真到秦国去，应该帮助秦国做些什么呢？"

荀子仍然坚持着固有的原则，他回答："暴力手段虽进终止，仁义之术无往不行，这就是我要对秦国说的话。秦国看去似乎比历史上的商汤、周武王还强大，比虞舜、夏禹的土地还辽阔，但却忧患无穷、惴惴不安地过着日子，生怕天下人团结起来打击它，这就是暴力手段虽进终止的原因。"

李斯又问："为什么说秦国强过商汤、周武王呢？"

荀子说："说到汤、武，他们的本事仅是使那些心悦诚服的人跟他们走而已。现在，楚国被秦国打得落花流水，国君死了，国都迁了，携带祖宗的灵位，跑到陈、蔡间避难。楚国人时刻想报仇雪恨，但却无能为力。今天的秦国像奴仆般役使楚国，让它往右，它就得往右；让它往左，它就得往左，现在的楚国是在为它的仇敌服务呢！这就叫秦国的威势强过商汤、周武王。"

李斯紧接着又问："为什么说秦国的土地比虞舜、夏禹还辽阔呢？"

荀子回答说："古时一些君王统治天下，直辖的土地没有超过方圆千里的。现在秦国南有沙羡、与俱等长江以南的土地；北方与胡、貉等少数民族为邻；西有巴、戎等地；东有楚国的一部分，并与齐接壤；它占有韩国部分领土后，已越过常山，到了临虑；在占有魏国的围津后，离魏都大梁仅有一百二十里的路程了；在赵国它侵占了灵寿而据有松柏之塞。可以说，秦国土地遍天下，威力震四海，它的实力足以威胁到任何国家的存在，这就叫比虞舜、夏禹的土地还辽阔。"

李斯提出最后一个问题："在这种情况下，秦国该怎么办？"

荀子说："秦国应该节制自己的武功，返于文治。任用正派、诚实、有道德的人治理天下，让这些人参与国政，摆正是非，审理曲直，然后再对天下发号施令。对已经屈服的国家应置而不问，对不屈服的国家再仗义征伐。这样，秦国军队就可兵不血刃使政令畅通于天下！做到这些，秦国即使筑起天子的明堂，让天下的诸侯到秦国去朝拜，大概也是办得到的。我认为当今之世，开疆拓土，不如确立自己的威信更是当务之急。"

荀子的话使李斯对天下形势更了如指掌了，他深深佩服这位思想大师纵观全局的眼光，但对这位大思想家"反武功于文治"的远见卓识却不以为然。

李斯执意入秦，荀子临行前再三叮咛，并且又说了一些意味深长的话，他说："国家是天下最高权力之所在，以正道持有它，你会最安全，也会最荣耀，也是逐渐实现各种美好愿望的基础。相反，不以正道卫护它，国家又是最大的危险、最大的负担，有它还不如没有，等到危险达到极限，你恳求当老百姓的愿望，恐怕也实现不了！"

不知这些话是对李斯的劝诫，还是对他命运的预言。总之，李斯听完这些话很有些不快，他觉得荀子何出此言，难道凭我的能力不会一展宏图吗？凭我的智慧不能就吉避凶吗？难道你荀子所谓的"正道"没有使自己潦倒终生吗？

想到这里，李斯怀着雄心壮志，辞别了师友，飘然而去。

第三章 相国门客

公元前247年，李斯终于踏上了他梦寐以求的秦国的土地，并且来到秦国的政治中心首都咸阳，以求一展他的政治抱负。

他到咸阳正赶上秦庄襄王去世，庄襄王的儿子嬴政（后来的秦始皇）年仅十三岁，就嗣位登极，做了一国之君。由于秦王嬴政年纪幼小，尚无治理国家的能力，这样军国大权就落到太后与相国吕不韦的手中。

李斯初来乍到，对秦国的一切尚不熟悉，特别是对宫禁之内的政治斗争几乎一无所知，但是搞清这一切对李斯的前程却是绝对必要的。他凭借对历史知识的谙熟和敏感的政治嗅觉，立刻就意识到，每当王朝新旧交替之际，尤其是主幼母壮、权臣当朝之时，宫廷之内、朝堂之上必然会爆发一场明争暗斗，而这种权力之争往往导致残酷、野蛮、喋血宫廷内外的无情厮杀。

这场斗争将怎样展开？谁能稳操胜券？谁是可悲的失败者？虽然此时全然是些未知数，但却是李斯冥思苦想的一个主题，因为这将关系到他如何在秦国的政坛上迈出坚实而正确的第一步。既然自己决心涉足秦国的政坛，对眼前形势的任何一个判断错误，都会在刚刚起步之际，就被不知从何而来的政治风暴吞噬掉！

所以，他下定决心，一定要搞清秦国最上层的人物背景，以及他们力量的对比，然后把赌注压在可能取胜的一方。

当时，被认为能够主宰秦国政局的人物当数炙手可热的权相吕不韦了。

　　李斯在楚国时就对这个庄襄王的宠臣、秦国的权相的名声颇有所闻，到了秦国，很快就对这位左右秦国政局的大人物的传奇身世有了细致的了解。

　　吕不韦并没有什么高贵的出身，他原是阳翟（今河南禹州）的巨商，由于经营有方，成为大富豪。

　　当时，秦昭王的太子安国君有个庶出的儿子异人被当作人质抵押在赵国，由于秦国不断进攻赵国，赵国当局对待他很不礼貌。国内送来的生活费用入不敷出，生活陷入困境，前途渺茫。

　　有一次，吕不韦到赵国的都城邯郸做买卖，偶然碰到了秦国的人质异人，了解到异人的身世及处境，他突然有了个奇特的主意。为此他急忙赶回家，对他父亲说："父亲，种田能获几倍的利？"

　　他父亲莫名其妙地说："十倍。"

　　他又问："做珍宝买卖可获利几倍？"

　　他父亲说："百倍。"

　　他又问："那拥立个国君能获利多少？"

　　他父亲吃惊地说："那个就难说了！"

　　他对父亲说："如今，一个人你再努力种田，也很难吃得饱穿得暖。但建立个国家，拥立个君主，得到的好处却可世世享用。现在秦国的异人可以说是个'奇货'，我要利用他做笔大买卖！"说完，就去找异人。[①]

　　吕不韦找到异人后，神秘地说："异人，我能使你的地位发生根本性的改变！"

　　异人当时处境艰难、无人理睬，他以为吕不韦在拿他开心，就不客气地

[①] 据《战国策·秦策五》。

嘲笑吕不韦说："你还是先去提高你自己的社会地位，然后再来提高我的地位吧！"战国时期，商人的地位比农民还低，所以异人口出此言。

吕不韦并不在乎异人说什么，他只是意味深长地说："你这就有所不知了，我的社会地位正得靠你的社会地位提高之后，才会提高啊！"

异人终于明白了吕不韦的用意，于是他们之间开始密谋一个天方夜谭式的计划。

吕不韦开始分析秦国王室的情况，他对异人说："现在秦昭王已年老，立安国君（后来的孝文王）为太子。我暗地里听说安国君很宠爱他的正妃华阳夫人，但华阳夫人却没有子嗣，可有资格推举安国君继承人的只有华阳夫人。你们兄弟二十多人，你仅排行中间，又不被重视，长期被抵押在外国做人质，如果秦昭王去世，安国君成为秦国的君主，你根本没法和你大哥及其他的兄弟争夺太子的地位。"

异人听后，一筹莫展，失望地说："情况正像你说的那样，那又该怎么办呢？"

吕不韦信心十足地说："你现在很穷，又客居在外，当然拿不出什么东西孝敬父母、奉献兄弟，自然也养不起成群的宾客为你效力。我虽然不富裕，但情愿拿出千金为你做活动经费，亲自到秦国，买动安国君和华阳夫人，立你为太子！"

人生就是这么奇怪，有人觉得自己是个幸运儿，然而到头来希望却并不属于你；有人觉得自己被命运无情地抛弃了，但有时竟然会出现奇迹，意想不到你会时来运转，结果又是一番新气象。异人听完吕不韦这一席十分诚恳的话，真的感到奇迹出现了，他感激涕零，叩头致谢，发誓说："如果先生的计划真实现了，到时候秦国是我的，肯定也是你的！"

吕不韦非等闲之辈，他既有着一般商人见利忘义、敢于冒险、捕捉时机、善观时变、贩贱卖贵的商战本领，又有一般商人所不具备的那种奇想和野心，想通过权钱交易，做一笔大政治买卖，然后爬上权力金字塔的顶峰。

吕不韦倾其所有，先拿出五百金给异人，让他也豢养大批宾客，过上豪华的阔公子生活，以此抬高他的社会声望。然后，又拿出五百金购买稀世珍宝做礼品，由自己亲身携带，到秦国去进行政治交易。到了秦国，他很难见到最高层的核心人物，于是他把目光瞄准了上流社会的边缘人物，华阳夫人的姐姐。他所以要走女人这条路，那是根据多年的经验，权贵女人有时比男人更贪婪。他见到华阳夫人的姐姐，送上许多叫人几乎不敢接受的礼物，然后，再托她以异人的名义把更珍贵的礼品送给华阳夫人，并且让华阳夫人的姐姐按照他编好的话如此这般去说。

华阳夫人的姐姐收下吕不韦的礼物也就成了吕不韦的工具。她把以异人名义买的礼品很快送到华阳夫人那里，并当着华阳夫人的面，开始夸奖异人的为人，说："异人是个德才兼备的人才，他结交的诸侯遍天下，门下的宾客多不胜数，异人还常常说：'我异人身在他乡，把华阳夫人看成是我的依靠，我日夜流泪想着父亲和华阳夫人。'"这些吕不韦编排的假话华阳夫人听了却非常高兴，从此对异人就另眼看待了。

吕不韦见计划的第一步落实了，就指使华阳夫人的姐姐去走最重要的一步棋，劝华阳夫人收异人为子。华阳夫人的姐姐来到华阳夫人家，劝说道："我听说用美色取悦于人的人，当她不漂亮的时候也就失去宠爱了。安国君十分宠爱你，你却没有儿子，你何不趁现在得宠时，在他的许多儿子中选择个又贤又孝的，收为养子，待机立他为王位继承人？安国君在时，你会因为有了儿子而更受宠爱；安国君不在时，你的养子当了国君后，你的地位永远也不会动摇。我这番话对你来说有万世之利！你不在风华正茂时为自己设计退路，等到色衰爱弛之后再作打算，岂不是晚了？现在异人是个品德不错的人，在诸子的排行中选立嫡子，还轮不到他，他的母亲又不得宠，所以想攀你的高枝。如果你真能让他成为嫡子，他将永远忘不了你，那你就会一辈子有宠于秦君了！"华阳夫人认为这番话非常有道理，就动了收异人为养子的心。

与此同时，吕不韦又去求见华阳夫人的弟弟阳泉君，双管齐下，进行游说，他开始就恫吓阳泉君说："你有犯死罪的大祸了，你知道吗？你家里的人没有不是权势显赫的，但安国君的大儿子子傒的家势却很冷落。你的府库里装满了珍珠宝玉，你的马厩里全是良驹骏马，你的家中美女如云，如果君王一旦去世，子傒以长子身份继承王位，你就会危若累卵，甚至招来杀身之祸。但是我有办法让你一切平安，永享富贵，而无任何灾患。"阳泉君急不可耐地想听听吕不韦的办法是什么，吕不韦说："安国君年事已高，华阳夫人又没儿子，长子子傒却有继承权，又有秦昭王之相士仓辅佑他。将来子傒如果立为太子，华阳夫人的家族那可就惨了！我听说异人是个人才，现在被抛弃在赵国，抻着脑袋向西眺望，希望有机会回到秦国。华阳夫人真要请求立他为太子，我看，异人当然是无国而有国了，华阳夫人也是无子而有子了。"阳泉君恍然大悟说："对！"赶忙跑到他姐姐华阳夫人那里，劝她收养异人。

华阳夫人在姐姐、弟弟的劝说下，觉得事不宜迟，她乘安国君心情愉悦之时，装作若无其事的样子，随便地说："我听说那个被当作人质抵押在赵国的异人是个难得的人才，来来往往的人都交口称赞他，不知道你知道不？"说到这儿，她突然失声痛哭起来，抽噎地说："我有幸来到你的后宫，却不幸没有儿子，我想收养异人，立他为嫡子，我好在以后也有个依靠。"

安国君非常宠爱华阳夫人，可以说有求必应，于是就答应了华阳夫人的请求，并且把诺言刻在玉符上，作为信物。然后派人赠给异人大量钱物，还特地聘请吕不韦做他的师傅教导他，准备有机会就接异人回国。在安国君、华阳夫人和吕不韦的维护下，异人声望日高，成为当时的大名人之一。

吕不韦踌躇满志，因为他的计划基本上有了成功的基础。他开始寻欢作乐，在邯郸的歌舞场上，他选了个能歌善舞的绝代佳人与之同居，这个歌舞伎很快有了身孕。

有一次，异人到吕不韦家去喝酒，与这个绝代佳人相遇，一见钟情，在给吕不韦祝酒时，异人提出把此女赠给他的请求。吕不韦十分生气，但是想到自己已为这笔政治买卖下了倾家荡产的赌注，为了一个女人与异人闹翻，岂不前功尽弃？所以他压下怒火，索性把此女赠给了异人。此女不敢对异人说自己有了身孕，竭力使孩子晚些降生，结果过了十二个月孩子才生下来。此后，异人立此女为夫人，而这个孩子就是嬴政，即后来的秦始皇；异人的这个夫人就是李斯到秦国时垂帘听政的王太后。

公元前257年，秦昭王命大将王龁围攻邯郸，赵国在局势危急之际，想杀掉异人这个秦国的人质。异人忙与吕不韦商量办法，吕不韦拿出六百斤黄金贿赂守城官吏，二人才得以逃出邯郸，先跑到秦军中，然后回到秦国。因华阳夫人是楚国人，回国后异人更名为子楚。赵国当局得知子楚与吕不韦逃掉了，就想杀掉子楚的夫人和儿子，子楚夫人的娘家在赵国社会底层也很有各种关系，就把她们娘儿俩藏了起来，因此娘儿俩算捡了性命！

公元前251年，秦昭王去世，太子安国君立为秦王，华阳夫人成为王后，子楚为太子。赵国见子楚成了太子，不敢有所得罪，也把子楚夫人和儿子嬴政送回秦国。

俗语说"时来天地皆同力，运去英雄不自由"。验之以历史，确实如此，吕不韦此时若有天助，真是心想事成，安国君仅当了一年君王就去世了，被谥为孝文王。公元前249年，太子子楚继位登极，这就是庄襄王。庄襄王尊养母华阳夫人为太后，尊生母夏姬为夏太后，任命吕不韦为丞相，封为文信侯，把河南洛阳十万户作为吕不韦的封邑。吕不韦看去难以实现的梦想到此全部实现了，他从地位卑贱的商人一跃而为强秦之相，成了战国后期政治舞台上的风云人物①，这简直是想都不敢想的政治奇迹！

吕不韦上台之初，马上准备大干一番，决心要把统一战争进行到底。他先是派兵灭掉小国东周，然后命令名将蒙骜伐韩，夺得成皋、荥阳，把它们与原先灭掉的西周、东周连成一片，在此设置三川郡。公元前249年，他乘魏、赵、燕之间发生战争，夺取了魏国的高都（今山西晋城）、赵国的榆次（今山西太原东南榆次）、新城（今山西朔南南）、狼孟（今山西太原北阳曲）等三十七城。但也就在这年，魏国的信陵君无忌率五国联军败秦军于河外，追至函谷关而还，吕不韦的雄心壮志严重受挫。

庄襄王于公元前247年五月去世，仅当了三年的君主。吕不韦被新君秦王政尊为"仲父"。春秋五霸之一的齐桓公曾尊大政治家管仲为"仲父"，现在吕不韦也以管仲自居了。

当李斯把这些情况摸透以后，又把目光投到太后那边。太后在邯郸时是

---

① 上皆据《史记·吕不韦列传》。

吕不韦的相好，秦王政到底是吕不韦的儿子还是庄襄王的儿子，到现在还有争议，传统的说法都认为，秦王政也就是以后的秦始皇是吕不韦与太后在邯郸时的私生子。

太后来到秦国后，仍然纠缠吕不韦，吕不韦怕事情闹大了惹出祸来，于是让他手下的门客嫪毐伪装成宦官，送进宫去，侍候太后，太后非常喜爱这个假宦官，而且怀了孕。太后怕事情泄露出去，假托求签问卦后有兆示说她应当避居他地，于是就带着嫪毐等亲信跑到离咸阳数十里的秦故都雍城（今陕西凤翔）的宫殿中去住。从此名义上是太后听政，实际上大小事宜皆由嫪毐决断。

通过观察了解，李斯发现在秦王政尚无力亲政的情况下，当时秦国的最高权力层实际已经分裂为以吕不韦和太后、嫪毐相对峙的两个政治集团和两个政治中心。前者依据咸阳，后者依据雍城，他们都想控制国家最高权力，都想按照自己的意志去安排国家政治生活，都想把孩子般的秦王政当作自己的傀儡，通过他发号施令。为此，双方暗中开始了加快扩充自己实力的活动，于是展开了一场广招天下贤士的竞赛。

战国时代各国为了争夺人才，形成了一种特有的"养士"之风。所谓"养士"，就是各国的统治者，上自君王，下至权臣，以其雄厚的经济实力和显赫的地位，网罗各处的以知识分子为核心的底层人士，为他们的政治斗争效力。因此这些人被称为食客、门客、宾客、舍人等。这些人成分十分复杂，有各学派的学者，也有鸡鸣狗盗之徒、抱关击柝之辈、引车贩浆之流。总之，有一技之长者皆可入其流。在吕不韦时期，关东六国中以养士闻名天下的有所谓的"四大公子"，即齐国的孟尝君田文、赵国的平原君赵胜、魏国的信陵君无忌、楚国的春申君黄歇。他们以养士为名，各自形成了数千人的强大的私人集团，成为国中之国，气焰十分嚣张，很多历史的悲喜剧都是在他们的支配下演出的。

吕不韦凭借自己的实力和声望早已宾客盈门，现在为了与太后、嫪毐集团一决雌雄，他发誓要把门客扩充到三千人以上，成为雄踞四大公子之上的私人集团！

然而，太后、嫪毐集团也决不甘落后，他们四处网罗，广泛征召，决计要走在这场竞赛的前面，经过努力，嫪毐已经成为家童数千人、食客四千人的政治大户，实力终于超过了吕不韦。

时机有时比个人的能力更重要。两大集团的养士竞赛给刚到秦国来寻找政治出路的李斯创造了天赐良机，像他这样的大思想家、荀子的高足弟子必然成为两大集团争相延揽的对象！可是双方的势不两立也给他出了道政治难题，究竟投向哪个集团，这可不是闹着玩的事情！有道是"覆巢之下焉有完卵"，历史证明，一个人选择的错误所导致的后果往往是不可收拾的！

经过反复思索和比较，他决定投身于吕不韦集团。他认为吕不韦在秦国政治基础雄厚，不仅身为丞相，大权在握，而且是秦王政之"仲父"，实际政由己出，更重要的是吕不韦占据京师咸阳，这就控制了秦国的政治枢纽，拥有高屋建瓴之优势。

反观太后、嫪毐集团却无此政治优势。李斯认为历史上的女主、宦官专政都有悖于中国的政治传统，因此缺乏道义的基础，难得舆论的支持，虽然有时搞得气焰熏天，但大都以惨败而告终。此外，太后、嫪毐舍咸阳而居雍城，无疑是放弃政治优势，资人以柄，雍城远离政治中心，在此动作，很难影响全局。最根本的还是太后、嫪毐集团的腐败荒淫的生活，在社会上造成极为恶劣的影响，成为民众首先唾弃的对象。

对比之后，李斯毅然投效吕不韦门下，成为吕不韦的一个门客。从此，他就身不由己地卷入到秦国政治斗争的险恶旋涡中。

双方的门客平时互相攻击已经发展到水火不容的严重程度，而且恶劣影响逐渐波及秦国的各阶层。秦国四境之内，上自各级当权者，下至平民百姓，都被双方日甚一日的恶斗搞得不知所从，手足无措，从而严重地扰乱了秦国的正常社会秩序。如果两大集团再这么斗下去，他们的内耗将使秦国几代人取得的政治成果付之东流，甚至国际形势很可能发生不利于秦国的逆转。

此时，其他国家也都把目光投向秦国的内争，并且为这种内争暗自叫好，因为如此一来，秦国的实力就会削弱，这样其他各国在秦国咄咄逼人的军事压力下就会获取难得的喘息机会。有些国家甚至则更进一步，图谋插手秦国两大集团的斗争，从中渔利，捞到战场上难以得到的好处！

邻近秦国的魏国最先行动，有人给魏王策划说：“今天秦国之强，天下无敌，而魏国越来越弱。魏王你却只知死拼，还不能以土地换和平，这你就犯了双重错误。现在你如用我之计，虽然损失点土地，并不损伤国家的根本利益；虽然损失点尊严，却不足以让你蒙羞，然而灾患却解除了，怨仇也报复了。你想必知道，秦国四境之内，上上下下，都在指问：‘是站在嫪氏这边呢？还是站在吕氏这边呢？’现在你可以通过嫪毐割地以贿赂秦国，把功劳算在嫪毐的头上；委屈自己尊崇秦国，以此让嫪毐出风头。你倾魏国之力支持嫪毐，然后就可借助嫪毐之手战胜秦国了。秦、魏之间的关系是，交往一百次，互相欺骗一百次。今天通过嫪毐去友善秦国，这种交往的妙处天下无比，各国看出这里的奥妙后，哪个不抛弃吕不韦而跑去支持嫪毐？各国如果都抛弃吕不韦而去支持嫪毐，嫪毐一定会败亡秦国，那么我们的怨仇也就算报了。"魏王听后，果然采纳了这个建议。

嫪毐在魏国的暗中支持下，气焰更加嚣张。吕不韦在这场生死斗争中，也使出全身的招数，但他比太后、嫪毐清醒，他没有完全陷入简单的意气之争中，也没有无耻到与外国势力相勾结。他看到了秦国统一的希望，想到统一后将构建一个怎样的新社会的大问题。如果能够及时制定出一整套关于统一后新王朝的施政纲领，能够搞出一套综合百家之长的新理论体系，这不仅会极大地树立自己的权威，不仅是打击太后、嫪毐的最有力武器，更主要的是给尚未成年的秦王定个调子，让他成年之后也得按照他吕不韦的路子走！那样在今后的大一统的天下中，自己仍然是整个社会的主人！

在这样的设想下，他召集李斯等众多门客，指示大家尽快搞出一部超越前人的理论巨著，这一巨著必须迎合天下统一的需要，跳出以往诸子百家那种独尊一家之言的狭隘传统，结束那种自是相非的陋习，兼采百家之长，兼容百家之说，形成一种能为天下人都予认同的新思维。他还特别强调文章的理论水平要达到李斯老师——那时思想界的最高权威——荀子的高度，使这部理论巨著光照千古，与日月争辉，以便向天下证明他吕不韦不仅是个权势显赫的大政治家，而且还是个与孔子、墨子并驾齐驱的大思想家。

参加写作的学者很多，几乎包括了战国时代如黄老、阴阳、墨、法、名、儒、农、道、纵横等各家学派的人马，真可以说是人才济济，盛况空前。由于这种原因，历史上习惯把吕不韦的思想归类为杂家，其实这是一种不了解情况的误解。这次空前规模的理论创造活动，是一次有目的、有纲领、有分工、有协作，特别是有主导思想的集体理论创造活动。吕不韦是主编，写作的安排是由吕不韦的主导思想来决定的，最后的取舍，皆由吕不韦定夺。而吕不韦的主导思想主要是依据战国中晚期新兴起的黄老学派的主张，它是这次写作思想的中轴线，其他一切思想都要围绕它旋转，所以我们不能认定吕不韦的思想是杂家。

黄老学派的主张是什么呢？

从社会政治思想这个角度说，首先，主张文武并用、刑德兼行。儒家的政治观点是鼓吹王道、仁政，因此崇尚文治；法家却力主霸道、暴力，因此崇尚武功，它们成为先秦政治学说的两个极端。而黄老学派却兼采两家之长，文武并用、刑德兼行。其次，以道为源，以法为符。道家只讲道而不讲法，法家却专讲法而不讲德。黄老学派认为社会无法不治，但法应顺民，不得滥用。最后，黄老学派主张保民、养民，以民为本。总之，从黄老思想的社会政治理想已经看出它对各家思想的综合趋势，可见吕不韦以黄老学派的主张为主导思想是有其深刻内在含义的。

李斯当然是这次写作任务的主要参与者。他自从参加吕氏集团之后，就以其出众的才华脱颖而出，颇为吕不韦赏识，成为吕不韦的得力助手。他对初到秦国就获得如此满意的收获很是喜出望外，他想大树底下好乘凉，有吕不韦做靠山，何愁不会达到自己的人生目的？但从参加这次理论创作活动中，他渐渐摸清了吕不韦的思想脉络，也渐渐把握了吕不韦的政治倾向。他首先感到自己仍然是个可悲的小人物，他必须绝对服从吕不韦的思想意图，虽然他的学问是法家的"帝王之术"，但是这个货色并不被吕不韦欣赏。由于他冠以荀子高足的帽子，因此包括吕不韦在内的所有人都认为他是个儒家人物，所以分配他写儒家方面的文章，这就使他感到非常尴尬。

写作过程中，他与吕不韦的思想处处发生碰撞，他们的思想分歧终于变成一条不可逾越的鸿沟。这种分歧至少体现在这几个方面：

第一，对天下统一的看法。他们都拥护天下统一，结束战乱不已的分裂局面，也都赞同天下统一的任务应由秦国来完成。当吕不韦灭掉周室之后，他曾感慨地说："现在周室已灭，连名义的天子也没了，没有比没天子更有害的了。没有天子，就会强凌弱、暴欺寡，就会战乱不断，人民不得休息。"所以他喊出"天下必有天子"的口号。其实"天下必有天子"不仅是吕不韦、李斯的心声，也是当时天下所有人的心声。

问题是这个"天子"是个什么样的天子。吕不韦在这里坚决反对君主集权，坚决反对"家天下"，即把天下视为"天子"的私产。他说："君主治理天下，先要考虑全社会的利益。只有公，才能平。平来自于公，这是因为天下非一人之天下，乃是天下人的天下。"正因为如此，吕不韦甚至主张必要时，人们可以把不合格的君主废掉，而拥立能行君道的君主，强调"诛暴君而振苦民"。

对于试图利用商鞅留下的法家遗产，在秦国推行"帝王之术"以谋取个人富贵的李斯来说，这些观点是绝对不能接受的。同时他似乎感到吕不韦要在统一天下之后，彻底扭转秦国传统的法家路线，以另一种方式来进行统治，那么为天下人废立君主的主张是否还蕴含着吕不韦对年轻的秦王政的警告呢？李斯出现了疑虑。

第二，对民意的看法。吕不韦主张即使在君主的统治下也应该尊重民意。治理天下，虽然无法不行，但法并非万能的东西，他承认人民的存在就是一种强大的社会力量，所以他倡导"顺民心"，"凡举事必先审民心，然后可举"，"宗庙之本在于民"，"当世之急，忧民之利，除民之害"。

因此他尖锐地批判法家严刑酷法的主张。他说："权威不可没有，但不足依赖。权威必须有基础才能被人接受。这个基础是什么？这个基础就是爱人利人。爱人利人之心有了，权威才能被人接受；权威太重，爱人利人之心就要消失；爱人利人消失了，就会以权压人。这样灾难就要殃及其身，这是夏商所以灭亡的原因。"

李斯在荀子那里早就领略了这套说教，所以他对这种理论不以为然。李斯眼中没有民众，不仅没有民众，他更蔑视民众，这种思想是根深蒂固的。从上蔡吏舍到与荀子离别前的慷慨陈词，再到他生命的结束，蔑视民众的思想可以说贯穿了他一生的活动。在李斯的眼中只有强者与弱者，只有成功与失败，只有强权与奴役，除此之外，天下什么也没有。所以他只相信个人的解放，只相信天下是强者和英雄的舞台，而民众不过是强者和英雄实现个人目标的工具。吕不韦这样高高在上的人物居然大谈"天下非一人之天下"，大谈"爱利之心"，他实在感到惊讶、困惑、反感。

第三，对君道的看法。法家主张"君道无为"，黄老学派也主张"君道无为"，在这点上他们似乎完全一致。其实不然，黄老学派主张的"君道无为"是指在一个安定的社会环境中，上自君主、下至各级臣民都要各自承担起自己应负的责任，君做好君的事，臣做好臣的事，民做好民的事，君主不要过分干预臣民的事情，要顺其自然行事。

但李斯理解的"君道无为"则是法家的"人君无为，人臣无不为"的法术之学，具体就是："英明的君主无为于上，群臣恐惧于下。明君之道，是让聪明人尽智，而君主借此作决策，因此君主就有用不尽的智慧；是让有能力的人效力，而君主借此使用他，因此君主就有用不完的能力。有功归君，有过归臣，因此君主永放光辉。这样，没能力的君主反倒可以让有能力的臣下尊重，不聪明的君主反倒可以给聪明人作榜样。臣下劳碌，君主获功，这就是贤主之道。"李斯这套东西是法家理论中最阴暗的东西，但他却认为这是法家的独得之秘，准备有朝一日贡献给专制君王。

除了这些思想上的分歧，李斯还特别注意到吕不韦在他的理论体系中公然鼓吹"禅让制"，用吕不韦的话说，禅让就是把政权交给贤者，而不是君主的子孙。这是什么意思？难道吕氏和太后、嫪毐集团的斗争仅仅是一场更大斗争的序幕？难道吕不韦还有更大的野心？如果是这样，在吕不韦设计的这场极其危险的政治游戏中，我李斯将被安排在什么位置上？是冲锋陷阵，还是运筹帷幄？这场斗争的后果将是什么？

李斯是历史通，因此他喜欢借助历史上相类似的事情进行反思。"禅让制"传说是"五帝"时代传递政权的方法，但这实在是太遥远的事情。自从国家出现后，王位的传递始终是父子相承，从来没有搞过什么"禅让制"。如果说有，那不过是战国时代燕国的野心家子之搞的一个篡夺国家最高权力的大骗局。

事情是这样的，公元前320年，李斯出生前四十年左右，燕王哙即位，想变法图强，他任用子之为相。子之是个大野心家，他为了篡夺燕国的王权，就与当时的纵横家苏代、鹿毛寿等人相勾结，导演了一出让燕王哙自动交出政权的"禅让"闹剧。

子之指使亲家苏代在从齐国出使燕国时，对燕王哙施以骗术。苏代到了燕国，见到燕王哙。

燕王问苏代："贵国君主齐宣王是个怎样的人？"

苏代回答说："他成不了什么气候！"

燕王说："为什么呢？"

苏代说："他不相信他的臣下。"

燕王哙果然中计，从此把大权交给了子之。

子之又指使鹿毛寿出面劝说燕王哙："你不如把国家让给子之。从前人们都称颂帝尧是贤者，能把天下让给高士许由，许由却没接受。帝尧一举两得，既有让天下的美名，又没有失掉天下。现在你把国家让给相国子之，子之一定不敢接受，这你就和伟大的帝尧齐名了。"

燕王哙对这些政治骗子的话深信不疑，竟然真把国家让给了子之，自己退居臣位。

但结果如何呢？子之的美梦并没有成真。燕国大乱，百姓恐惧抱怨，将军市被与太子平合谋，起兵攻打子之。齐国也乘燕国的内乱，派兵攻燕，在内外力量的夹击下，燕王哙死掉，子之被擒后，也被处以极刑。

想到这里，李斯突然感到恐惧，历史的教训说明"禅让"篡权是不会成功的，如果今后真发生这种事情，后果是不堪设想的！尤其像他这种亲信，下场也许更惨！

李斯第一次体验到功名之路的险恶。

他要为自己铺设新路，必须在灭顶之灾来临之前，找到更安全的地方。然而，这时的李斯仅是相国的一个门客，在秦国还是个默默无闻的小角色，除了吕氏集团之外，他根本无处可去，而且他也清楚离开吕氏集团毁灭得更快，除非逃出秦国。但李斯沉着稳重、不露声色的性格，并没有使他乱了方寸，他是"进取之士"，从没想到后退，再说离他既定的目标还远着呢，他在此时只能伺机以待。

吕不韦并不知道李斯在想什么，他的兴奋点完全集中在这部凝聚着他多少心血，寄托着他多少殷切希望的理论巨著上。他必须赶在秦王政行成年礼之前把它抛出，必须在与太后、嫪毐集团斗争的紧要关头把它抛出，这就是此书战略意义之所在。

公元前241年，这部洋洋洒洒二十余万言的理论巨著终于杀青了。他为此书取了个响亮的名字，叫《吕氏春秋》，意思可与孔子作《春秋》一事并肩比美！全书体制严谨，共分《八览》《六论》《十二纪》，并附有吕不韦亲自写的序言，共一百六十一篇。吕不韦得意地称这部书是"备天地万物古今之事"的鸿篇巨制。[1]

为了产生轰动效应，吕不韦命令把这部书挂在首都咸阳的城门上。不仅如此，还把千金悬挂在书的上面，延请各国的头面人物、游说之士和宾客提出批评意见，如果有能增损书中一字者赏以千金！

多威严的权势，多宏大的气派，多傲慢的举动，谁人不知这是一种示威，一种宣扬，一种自我抬高！

秦王十九岁了，在深宫中能不知道吗？太后、嫪毐正在磨刀霍霍，欲置其死地而后快，能不知道吗？秦国的文武百官、布衣黔首早已唯相国马首是瞻了！

吕不韦想，我就是让全天下的人知道我的主张。

但是这种大吹大擂预示着什么呢？吕不韦把效果想得很美好。但李斯却另有看法，他只是没有说出来。

---

[1]《吕氏春秋》成书年取陈奇猷说。

第四章 初说秦王

权相吕不韦不仅在思想路线上发动了猛烈凌厉的攻势，及时地公布了代表他的政治主张的《吕氏春秋》，从而引起天下的瞩目，激起秦国的震动，而且他更没忘记秦国两大集团之间那盘没有下完的棋。他与太后、嫪毐集团的斗争处在一种胶着状态，胜负还一时难见分晓。所以，他决定再走一步妙棋，以便使自己处于绝对优势。

他想到秦王政已经成人了，趁此机会，必须把他牢牢控制在自己手中，让他沿着自己设计的思想路线和政治路线走下去，即使亲政之后，他也将是一个听话的政治工具。

他心生一计：把自己信得过的一些心腹门客名正言顺地推荐给年轻的秦王，表面是向秦王荐贤举能，实际上却让这些人完成两方面的任务，一是灌输自己的思想，二是监视秦王的行动，必要时他好及时采取对策。

在这批推荐的人选中就有李斯。

不过，吕不韦万万没有想到他苦心设计的这条妙计，在以后的事态的波谲云诡的发展中，竟然变成了毁灭自己、成全李斯的一条伏线。古往今来多少所谓的英雄豪杰，往往自恃予智予雄，搞出些神机妙算，结果却是"机关算尽太聪明，反送了卿卿性命"。吕不韦即是一例。

李斯走进巍峨高耸、金碧辉煌的咸阳王宫，他的心情自然是难以名状的激动。这不就是他昼思夜想的地方吗？现在居然真的走进了这梦幻般的所在。王官那恢宏的气势、奢华的排场、森严的警卫都没有引起他更多的注意，他只感到自己在飘然上升，升到了权力金字塔的峰端，此时放眼四望，真是心胸豁然、眼界洞开，大有一览众山小之感！李斯认定，此地才是做大文章的佳处！

很快，秦王任命吕不韦推荐的这批人为郎，时间是在完成《吕氏春秋》的公元前241年。其时秦王政十九岁，李斯年近四十岁，思想已经相当成熟。

郎是一种什么职务，这里有必要说明一下。郎的职位并不高，也没什么权力，它仅是君王周围的侍卫，主要的任务是掌守宫中门户，在君王外出时充当仪仗队和卫队成员。郎里面又有议郎、中郎、侍郎、郎中之别，郎无定员，可多可少。其中议郎、中郎地位较高，俸禄与六百石的中下级官吏相当，侍郎与四百石相当，郎中与三百石相当。郎中令是郎的总负责人。

郎的职位虽然不高，也无实权可言，然而这个职位却是不容忽视的，对一个想要跻身高层，并想有个远大前程的人来说，郎的位置却是至关重要的。道理很简单，郎可以经常直接接触决定所有人命运的君王，所谓"近水楼台先得月"。只要你在与君王的接触中，君王对你产生好感，然后被赏识、被肯定，你就会在人生的旅途上找到一个腾飞的起点，如果你还能利用这种特殊关系去影响君王的思想和行为，那你就更会身价倍增，平步青云。了解到这些，我们方能理解李斯进宫时的兴奋激动心情。

李斯凭借荀子的高徒、吕不韦的亲信门客的身份和资格自然而然担任的是议郎的职务。这种职务类似于以供君王谈说或以备咨询的低级顾问，对这个职务李斯是最佳人选。

李斯觉得自己有如神助，否则为什么能在对吕不韦的忧虑中出乎意料地找到一个如此难得的摆脱潜在危险的机会呢？有趣的是，这个机会竟是吕不韦送给他的！不仅如此，如今他站到了君王的身旁，每天都守候着他，这不是难以得到的机遇吗？但他却得到了，他仿佛看到了自己的锦绣前程、荣华富贵。

但是郎这种低级职位很快又让他的热情冷却下来，熟知古今历史的李斯深知自己站在何处，这里自古以来就是利益角逐的焦点、权力厮杀的战场！历史上在这里搞过多少成功和失败的阴谋，宫廷喋血、王冠落地的惨剧还少吗？这里可以让一个人青云直上，也可以让一个人身败名裂！更何况目前宫外的世界还在剑拔弩张地进行着斗争，此外他李斯的主人权相吕不韦仍然在不停地注视着他。至于眼前这位十九岁的君王，对他来说还仅仅停留在宫外的猜测和传闻得来的印象上。那时，李斯认为这个年少的君王不过是"仲父"手中的玩偶。

现在这位秦王就在他面前，最初的印象确实有些出乎意料，这位君王并没显示出那种仪态万方的气度。相反，他相貌不雅：眼睛超长、鼻梁高隆、鸡胸，声音嘶哑尖厉，表情抑郁冰冷，透露出对他人的怀疑和憎恶，他似乎在用某种傲慢的神情掩饰着内心深处的自卑，因此大有一种拒人于千里之外的气势。

最初的印象向李斯发出了这样的信息：小心行事！李斯通过过去对吕不韦的了解，自然对这位年轻君王的身世了如指掌了，相应也对这位君王那种抑郁、冷漠、傲慢、憎恶的神态能够给予足够的理解。他深知这位年轻的君王始终生活在难堪和屈辱中。

童年时代，这位君王在赵国过的是不堪忍受的人质生活，如同囚禁。母亲是低贱的歌舞伎，使他经常受到蔑视目光的鞭挞。当父亲异人与吕不韦死里偷生，逃回秦国之后，他和母亲在赵国当局的追杀中，东避西藏，受尽凌辱，总算虎口余生，活了下来，每当想到那时的遭遇，他立刻怒从心头起，恶向胆边生，他要报复！这成了他人生追求中的一个重要目标。后来父王谢世，把秦国的江山作为遗产送给了他，使他荣登大宝，成为万民之上的君王，然而他扬眉吐气了吗？仍然没有，"仲父"吕不韦成了太上皇，一切都由他做主，一切都由他安排，他仅仅是在写好的诏书上盖上玉玺而已，其他的一切都没必要由他过问了，这是君王吗？更有甚者，关于他那暧昧出身的传闻已经由街谈巷议传到宫中，说什么他是吕不韦的私生子，奇耻大辱！现在这个吕不韦又搞出一部什么《吕氏春秋》，挂在咸阳城头，招摇炫耀，而且在里面大谈什么"天下非一人之天下，乃天下人之天下"，鼓吹什么"禅让"制。这究竟意欲何为？

说到他的母亲，当朝的太后，他实在只把她看成是个下贱的女人，她只知寻欢作乐、荒淫无耻。而今为了淫乐，又离开了咸阳，远远地跑到雍城逍遥去了，据说竟和一个宦官嫪毐鬼混，闹得丑闻四溢，乌烟瘴气！即使你不顾惜自己的名声，难道也不想想自己儿子的处境吗？

想到这些，他感到他无时无刻不在遭受精神上的折磨，他的心态渐渐扭曲了，他变得郁郁寡欢、孤僻、自卑、猜忌、粗暴，但他也练就了克制自己冲动的本领。他知道他虽为君王，就目前的情况，实难有所作为，但总有一天他要算总账！

随着不断地接触，李斯对年轻的秦王有了更深的了解。这位君主由于有着坎坷艰难的经历，他并不是那种养在深宫，不晓世事的凡庸之辈。他有理想，有抱负，想成就一番事业。他不仅密切地注视着周围世界发生的一切事件，而且抓紧时间伏案苦读，增长知识。

有一次，李斯发现秦王的案头放着《孤愤》《五蠹》这两篇文章的简册，当时秦王正沉浸在阅读的快乐中。看到某处，秦王突然激动地说："啊，我要能够见到作者，与他交谈交谈，那死也无憾了！"

秦王见李斯站在身旁，随便问了一句："你知道这两篇文章的作者是谁吗？"

李斯急忙躬身上前，低声答道："是韩非。"

秦王又问："韩非是个怎样的人？"

李斯暗想，这真是问着了，他不仅熟悉韩非，而且还是一师之徒呢。既然秦王如此激赏此人，交代一下与韩非的关系，显然有利无弊。想到这里，他回答说："韩非是我的同学，我们都是荀子的学生。"

秦王听后，显得很惊诧，但很快就恢复了常态，仔细地倾听着李斯对韩非情况的介绍。

韩非是韩国的贵族，与李斯同学于儒学大师荀子门下，但后来却学习了黄老之学，在此基础上综合商鞅的法、申不害的术、慎到的势，建立起自己的法家思想体系。他是个口吃的人，口才不行，但文章写得相当好，他著书五十五篇，名之曰《韩非子》，秦王读的《孤愤》与《五蠹》仅是其中的两篇。现在此人正在韩国，想以法家思想振兴韩国，但韩王却并不怎么信用他。

听到这里，秦王对韩非的处境很是惋惜。

李斯不想详谈韩非的事情，因为他不想让韩非冲淡自己在秦王面前的形象。不过，他心里清楚，就理论水平和理论修养而言，他实际远在韩非之下。韩非已经是个学界闻名的大思想家了，他呢，仍然是个名不见经传的小小的议郎。但是，韩非的思想居然能如此引起秦国君王的震动，甚至发出与之交游、死而无憾的慨叹，却实在叫李斯震惊，同时也感到嫉妒和惭愧。李斯想，自己倘若有如此大本领，岂不大功告成！

然而现实毕竟是现实，他没忘记自己的身份，因此还得一步步地往前走，操之过急是绝对不行的。

李斯认为，在今天与秦王的接触中，最大的收获是摸清了秦王的思想倾向，这位尚被两大集团轻视的年轻人已经接受了法家思想，这意味着什么呢？从小处说，这意味着他与秦王有着共同的思想基础，这将是把他们联结起来的纽带。如果从大处说，怎样拯救这个分裂混乱的世界？老师荀子那套仁义道德的说教早就被他否认了。还是韩非说得好："当今争于气力。"他李斯也认为只有暴力才能够收拾这个破碎的乾坤，必须"以战去战，以杀去杀，以刑去刑"[①]，为此，他们都在寻找一个集强权于一身的铁腕君主，为未来开路，使天下太平。现在，李斯预感到，这位当今天下最强大的国家的年轻君主就是他理想的人选，因此，他必须把命运托付给他。

过去，李斯已对韩非的思想非常熟悉，他们没有什么原则性的思想分歧，不过他还是找来《孤愤》和《五蠹》，下决心研究一下这两篇文章何以引起秦王如此强烈的共鸣，并试图以此为线索摸清秦王的思想底蕴，这对李斯今后如何游说秦王来说是至关重要的一步。

《孤愤》固然是韩非个人的孤愤，然而又何尝不是年轻秦王的孤愤！屈辱和难堪，冷落和孤独，伴随着复仇的愤怒和对权力的焦渴，于是就激起了不可遏抑的孤愤，并与韩非的孤愤产生了强烈的共鸣！

韩非在《孤愤》之始，劈头便讲："智术之士，必须有远见卓识，能明察秋毫，否则就不能洞悉一切阴私；能法之士，必须意志坚强，刚正不阿，否则就不能矫正一切奸邪。人臣按命令办事，依法律行政，这是合格的人臣。不是

---

① 《商君书·画策》。

我要说的那种'重人'。这种'重人'，没有君主的命令擅自行动，枉法营私，损国便家，有能力使君从己，这就是所谓的'重人'。"

秦王看到这段文字会怎么想？谁是秦国的"重人"，难道年轻的秦王心中没有数吗？韩非的文章有如一个高明的引路人，将年轻的秦王引到了他要去的地方。

韩非接着说："'重人'大权在握，国内外所有人都成了为他服务的工具。国外的诸侯不通过他就办不成事，因此国外的诸侯就拼命替他吹嘘；国内的百官不通过他就得不到提拔，因此国内的百官就竭力为他服务；君主旁边的郎官不通过他就靠近不了君主，因此君主左右的郎官就全力庇护他；朝中的学士不通过他待遇就会下降，因此朝中的学士就为他歌功颂德。这四类帮凶全是权臣用来伪装自己的工具。'重人'不能尽忠人主举荐贤才，人主不能越过四凶而了解臣下。这样一来，人主越来越被蒙蔽，奸臣的权力就越来越大。"

秦王读完这段话，一定会用怀疑的眼光环视一下四周的人，魏国称颂嫪毐的话该怎么解释？天下众口皆碑的《吕氏春秋》又该怎么解释？吕不韦送来的郎官又该怎么解释？感谢韩非，这一切他都作出了正确的解释。

李斯读完这段文字却是截然不同的另一种心情，其他的话他几乎都忘光了，他只牢牢地记住："君主旁边的郎官不通过他就靠近不了君主，因此君主左右的郎官就全力庇护他。"并且把郎官说成是"四凶"之一。一想到这段话，他顿时感到似乎秦王的目光已落到他的身上！他不正是"重人"送进宫中的郎官吗？他不是也在这里极力称颂"重人"吗？那么秦王该如何处置他呢？想到这里，他眼前一阵晕眩，真有些支撑不住了。他心里暗自咒骂这个韩非，为什么偏偏指定他是"四凶"之一？

然而，韩非的话还没有完，他接着说："大国之患，在于大臣权势太重；小国之患，在于过分信任近臣，这是人主的公患。人臣权重，必有大罪恶，人主也必有大失误，君臣之间的利益是不一致的。为什么这么说呢？我的看法是，人主以量能任官为利，人臣以无能得位为利；人主以论功行赏为利，人臣以无功受禄为利；人主以用社会精英为利，人臣以结党营私为利。由于这样的原因才会出现国家土地削减而私人的财富却在增加，人主地位下降而大臣大权在握等反常现象。所以人主一旦丧失权力，权臣必然控制国家，最后是君臣易位，权臣成了国家的主人，这就是臣下为什么欺骗人主的原因。但据我观察，当今之世，欺君罔上的重臣，有好下场的不到十分之二三。这是什么原因呢？我认为他们的罪恶太大了。人臣最大的罪恶就是欺君罔上，那是罪不容诛的！所以那些富有远见、非常明智的人，害怕和奸臣同归于尽，决不会盲目地跟他跑；那些品德高尚、清廉职守之士也必然羞与奸臣为伍。只有那些热衷名利、卑鄙无耻、不知死活的愚顽小人才会追随在奸臣左右。

"这些奸臣带着些愚顽小人，对上欺诈人君，对下坐收其利。他们结党营私，侵害社会，互相勾结，众口一词，迷惑君主，败乱法纪，扰乱民心，使国家削弱，使人君劳苦屈辱，这不是最大的罪恶吗？

"臣下有大罪恶，人主不禁绝，这是最大的失误！假使人主在上有大失误，人臣在下有大罪恶，想让国家不灭亡，那是办不到的。"

韩非那高视阔步的议论到此戛然而止，但年轻的秦王却仍然觉得它掷地有声，余音绕梁！他认为韩非不仅是他思想上的引路人，从他那尊君抑臣，痛斥权奸误国、小人乱世的坚定立场看，他也愿与其人结为净友！

李斯读过此段文字之后，也十分感激韩非在他困惑之际，能够指点迷津，使他决心弃暗投明。他也曾考虑到君臣之争，权臣下场很好的实在很少，今日在韩非的点拨下，更坚定了他尽快与吕氏集团脱钩，向秦王积极靠拢的决心！

再说《五蠹》篇。

韩非指的"五蠹"，是五种应该清除的社会"害虫"，它们是儒家、纵横家、墨家、近侍之臣、商工之民。但此篇文章主要是从历史发展的角度，鼓吹变法，反对传统的礼治（即人治），主张建立以君主集权为基础的法治，为未来的封建大一统王朝提供一份可操作的政治纲领。它对秦王政、李斯这些未来新王朝的缔造者影响极大。

首先，韩非肯定了历史是不断发展的，他说："远古时，人口少而禽兽多，人类难以战胜禽兽等有害的动物，维持生存。此时杰出的人物出现了，他发明了用木建房，从而躲避害虫，人民对此很感激，让他统治天下，号称有巢氏。当时民众生吃植物和动物，气味难闻而且伤害胃肠，所以患病者很多。此时杰出的人物出现了，教以钻木取火，把食物做熟，人民对此很感激，让他统治天下，号称燧人氏。中古时，天下洪水泛滥，鲧和禹父子就领导民众治水。近古时，夏桀和商纣荒淫暴虐，商汤和周武王就起而讨伐他们。

"如果有人用木建房、钻木取火于夏代，必然为夏代的鲧禹所嘲笑；如果有人像鲧禹那样治水于商周时代，也必然为汤武所嘲笑。同理，今天有赞颂尧舜禹商汤周武之道的人也必然为新时代的杰出人物所嘲笑。

"这很像宋国的一个庄稼汉，他看到一只野兔偶然撞死在一棵树前，就放下锄头，守在树下，希望再在这里得到撞死的兔子，可他却一无所获，被周围的人嘲笑。今天想用前世的办法，治理当今之民的人，都与这个守株待兔的宋国人没什么区别。

"因此，杰出的人物，不期望恢复以前的治道，不按老办法办事，只根据目前的具体情况制定解决的办法。"

主张变法，这是从商鞅以来的秦国政治传统，但商鞅那时的变法旨在消灭奴隶制，确立封建制，重点打击的对象是奴隶主贵族，今天封建制已经牢固地在秦国确立了，那么，变法的新内容该是什么呢？年轻的秦王把目标瞄准到天下统一后的政权建设上，但是究竟怎么搞，他还十分模糊，不过他认为将来的大一统格局肯定不能走夏商周的老路，而应该是一种前无古人的新模式。这倒是从韩非的论述中得到的启发。

韩非的变法主张有强烈的反传统色彩，所以他走上一种极端，即把传统与现实对立起来，试图割断现实与传统的联系，在否定传统的基础上凭空地建立一个所谓的新社会。这个社会不讲道德，只讲功利；不要文化，只要刑罚，只有君主的意志，没有人民的权利。他把这归结为用法治反对传统的礼治。如果说商鞅在变法时还对传统的礼治有所保留，那么到了韩非的时代，他认为传统的礼治已经完全丧失存在的意义了。韩非说："古与今风俗不同，治理的方法也不应相同。如果今天以仁义治理乱世之民那就像不拿鞭子驾驭一匹烈马那样，是极其危险的。所以高明的君主必须严刑酷法以治天下。

"小民为争夺一段布头争吵不休。然而黄金万两，大盗却不敢贸然去偷，为什么？没有法律限制，布头大家也争；有法律限制，黄金万两也不敢动。

"这就告诉那些英明的君主必须执法以治天下。奖励要丰厚而确定，以使民众知道守法有利；惩罚莫如严酷而不能逃避，以使民众知道违法之可怕。

"法律莫如统一、稳定而公开，让人人皆知。明君施行奖赏不要拖延，执行惩罚不能赦免。把荣誉作为奖赏的补充，把罪责作为惩罚的依据。做到这点，无论好人坏人都会尽力为君主服务了。

"明君治理下的国家，应销毁一切书籍，而以法律为准绳灭绝传统文化，以官吏为教师。严禁民间械斗，以杀敌为勇士，让全社会的人言谈者必符合法律，行为者必纳于功绩，逞强者让他从军打仗。这样，和平时期则国富，战争时期则兵强，这叫作统一天下的资本。一边积蓄统一的资本，一边利用敌国的疏漏，想超越五帝，与三王并驾齐驱，只有这种办法。"

韩非的这段长篇大论因为是给君主出的主意，让他们怎样有效地压迫人民，所以年轻的秦王对此读得津津有味。也正因为秦王对此津津有味，所以李斯对此也牢记于心，甚至把它背诵下来，当成他赢得秦王信任的法宝。李斯后来确实是照韩非的这段话去干的，而且经常引用这段话的词句，当成自己的主张去贩卖，可是把韩非的这套东西落实到秦王朝的政治后，其结果如何呢？只有后来的事态才能回答这个问题。

自秦王政继位以来，秦国是个多事之秋，天意人事都不顺遂，秦统一战争的势头受挫，主要的原因就是吕不韦忙于与太后、嫪毐集团斗争，而忽视了内外的政事。

秦王政元年（公元前246年），晋阳（今山西太原）发生叛乱，将军蒙骜费了很大力气才将其平定下来。这年，天气反常，夏天出现霜冻。

第二年的三月，有流星大小西行，不可胜数，直到天亮才停止，搞得人心惶惶。

第三年，歉收，发生大饥荒。

第四年，蝗虫蔽天。这年颗粒无收，紧接着瘟疫流行。

第五年，战场形势喜人，大将蒙骜进攻魏国，取二十城，初置东郡。

但第六年，也就是李斯入宫为郎的这年，形势开始吃紧，关东的韩、魏、赵、卫、楚联军向秦大举进攻，夺取寿陵（约在今河南洛宁附近），经过苦战，五国罢兵。

这些年内政不修，战场失利，都一一被年轻的秦王看在眼里，忧在心上。然而，吕氏和太后、嫪毐两大集团却厮杀得难分难解，甚至有人还借助外国势力搞内争，这使他如何不义愤填膺！

李斯在与秦王的一年接触中，基本上摸透了秦王的思想、行为、心理、性格等方面的特征，李斯意识到，处于孤愤中的秦王现在正是最需要有人理解、有人支持、有人帮助他的时候，因此，李斯决定开始行动，推行他的"帝王之术"。

秦王政六年（公元前241年），吕不韦忙着搞他的《吕氏春秋》。此时发生了以楚国牵头的五国伐秦的战事。这次战事虽然以五国联军的失败而告终，但对秦王政的震动却很大，秦国由攻人到被攻，这使秦王政深感到秦国的战略必须进行大调整。

李斯借秦王关注五国联兵攻秦一事，大胆地向秦王政进谏，劝秦王政彻底改变自秦孝公以来的蚕食渐进政策，变渐进为急进。秦孝公变法图强到秦王政即位，其间共历六世，为时一百一十三年。在这期间，秦国以其僻远之地、寡小之国，而欲与天下争衡，就只能采取稳扎稳打的渐进政策，这种政策秦昭王的相国范雎说得好："得寸则王之寸，得尺则王之尺。"但是，到了秦王政时期，秦国的羽翼早已丰满，国力之强，天下无与伦比，但却仍然固守传统的渐进战略，与之陷入拉锯战，使秦国在统一事业上裹足不前。所以，秦国传统的战略方针到了非改变不可的时候了，否则统一的时间不仅要拖延，而且很可能给其他六国造成喘息之机，出现不可预料的逆转情况。随时揣度天下大势的李斯，根据这些事实情况，向秦王政提出了他酝酿已久的"统一天下论"。

他说："一般庸人看不到，也抓不住时机，因此一事无成。但那些想成大功的杰出人物，却能够耐心地等待时机，时机一到，决不迟疑。过去秦穆公的霸业，所以不能最终吞并六国，原因何在？主要是诸侯国还很多，周王室的权威还没丧失殆尽。因此，五霸接连兴起，都打着尊重王室的幌子。但从秦孝公和商鞅变法以来，周王室已经气息奄奄、日薄西山了，各国互相吞并，函谷关以东现有齐、赵、魏、韩、燕、楚六国。秦国在与他们的较量中，保持对他们的优势，从秦孝公、惠文王、武王、昭王、孝文王到庄襄王，已有六代之久了。今天诸侯臣服于秦国，不过像秦国的几个郡县罢了。

"现在以秦国强大的实力，以您无可比拟的才能，消灭各诸侯国，就如同在厨房进行大扫除那样轻而易举。利用此时完成亘古未有的伟大帝业，实现数百年人们切盼的天下统一，这是一万年才会碰到一次的难得机遇。如果今天我们松松垮垮，不马上抓住这次机遇，各国又强大起来，像今天这样互相联合，结成同盟，您就是有黄帝那样超人的才能，也难以实现统一天下的宏愿了！"①

李斯的这番话，言简意赅，切中要害，把数百年来秦国与天下的形势，明明白白地展现在秦王的眼前，并且突出了历史将把统一天下的机遇和重任都赐给秦王的这一主题。李斯的这番高论，对秦王来说，有如拨云见日，茅塞顿开，过去那些其乱如麻的天下事，而今却洞若观火，了如指掌。与此同时，李斯的这番高论也使秦王热血沸腾、雄心勃勃，千载难逢的机遇、时代的重任，一齐落到他的肩上。列祖列宗的梦想也将由他来变成现实，一个统一的王朝将

---

① 据《史记·李斯列传》。

巍然屹立于数百年战乱之后的今天。真是"天将降大任于是人也"！一种横扫六合，建立旷古未有之奇功的强烈冲动控制了他，但他很快又平静下来，他扪心自问，不清除内部的毒瘤，这一切不是空谈吗？

他发现李斯是个奇才，不仅思想可引为同调，而且远见卓识有先我者，他正需要这样的人。他又想李斯为权相吕不韦的亲信，很可能怀着特殊使命而来，但他既然愿意为我所用，我何不反客为主，把他再派到吕不韦的身边，让他监视吕不韦，以此来考验他呢？

想到这里，他立刻任命李斯为丞相府的长史（相当于今天的秘书长）。李斯怀着不可告人的目的又回到了吕不韦的身边，但此次李斯已经不是吕不韦的门客了，而是参与吕不韦政务的国家官吏。

第五章 大清君侧

李斯得到秦王政的赏识之后，想到的自然是如何处理秦王、吕不韦、太后及嫪毐这三者与自己的关系。

此时，他的政治地位并不高，不过是丞相的属官。与秦王的关系虽然迈出了可喜的第一步，但也谈不上非常密切，他知道秦王政还在看着他。而他与太后、嫪毐集团则是处于敌对立场上。只有与吕氏集团的关系很密切，他不仅是这个集团的成员，而且仍然深得吕不韦的信任。

自从接触到秦王之后，他对秦王政已经有了全面深入的了解。这个被两大集团都忽视了的年轻人决不是像人们想象的那么幼稚单纯，相反，他是个雄心勃勃，但又很能控制住自己感情的人君。他很像一头凶猛的野兽蹲伏在密林深处，窥视着周围的一切动静，耐心地等待着时机，只要目标出现，他会毫不犹豫地一跃而起，把猎物制服于地。

李斯在想，秦王政最先会将目标瞄准谁呢？李斯知道他的那番如何统一天下的议论，虽然打动了秦王，博得了秦王的赏识，但秦王要想将那番议论付诸实践，却还有一段路要走，他在上次的谈话中，已经向秦王政发出暗示："攘外必先安内。"想必秦王对此是心领神会了。

但是，在"攘外必先安内"之际，李斯目前还不希望秦王把目标首先瞄准文信侯吕不韦，尽管他与吕氏有这样那样的思想分歧，尽管他似乎看穿了吕氏有谋权篡位的意图，尽管他想找机会摆脱吕氏的控制，尽管他已接受了秦王政的特殊使命回到吕不韦的身边，但是在目前各集团的复杂斗争中，究竟鹿死谁手，仍是个未定之数。秦王政仍然是个孤家寡人，他如何翦除心腹之患还需要观察，所以回到现实中的李斯仍然是采取首鼠两端、左右逢源的稳妥政策，不急于有所行动。他时刻提醒自己：他毕竟与吕氏集团有着千丝万缕的利害关系，而且眼前他就在吕不韦的直接领导下工作，这位"仲父"始终还是秦国政坛上最强大的政治力量的代表，现在决不是与他分道扬镳的时刻！再说，如果太后、嫪毐集团在斗争中处于优势，他的下场不会比吕不韦更好。所以，他希望把年轻的秦王关注的目标首先引向太后、嫪毐集团，以便借秦王之手把他们消灭掉，然后再根据情况做脱身之计。

公元前 240 年（秦王政七年），彗星先出东方，然后又出现在北方，五月份彗星再次出现在西方达十六天之久。古人认为彗星的出现有"除旧布新"之象，所以，当时秦国人都预感到上层统治集团将有大变动。然而"除旧布新"者为谁，在浮动的人心中则是个拭目以待之谜。

此怪异天象，自然也会引起当权者的极大关注，不同的利益集团自然也会作出对自己方面有利的解释，甚至以此来影响他们的决策。

秦王政认为这是上天在助己，使其"除旧布新"，然而吕氏、太后及嫪毐何尝不认为天命归己呢！因此，双方更加肆无忌惮地扩大自己的实力，竭尽全力加速夺权的步伐。

这时，最使秦王愤怒不已的事情是，自己此年已经二十一岁，然而母后与"仲父"却迟迟不给自己举行冠礼，他们是什么意思？

在古代，贵族男子在二十岁时要在祖庙举行隆重的冠礼仪式，这是古代最重要的礼节，被称为"礼之始也"。这个礼仪所以重要，是因为举行冠礼之后，一个人就被看成是成年人，从此就可摆脱父母亲的监护。对秦王政来说从此就可以亲政，即按自己的意愿独立地处理事务。这对年轻的秦王来说该是多么重要的时刻！他太需要权力了，只有权力这根魔棒到手才能使他深藏于心的屈辱、仇恨、理想、尊严奇迹般地变成现实！但是权力从何而来？"仲父"也好，母后也好，都借口他是个不懂事的孩子，把本应属于他的最高权力给蛮横地霸占了！所以他只能借助传统的力量，让他行完"冠礼"之后，成为一个公认的可以亲政的成年人，到那时，看你"仲父"和母后还有什么借口不还政于我？

然而，母后、"仲父"为了他们各自的私利，竟然敢于违背祖宗之成法，将他的冠礼无限期地拖延下去，让他有志不能伸，有国不能治，是可忍，孰不可忍！

"行冠礼"这事儿，吕不韦当然不能不知道，但他有他的打算，他必须在秦王亲政之前做好一切应做的准备工作，为了加重政治斗争的筹码，他决定先扩大自己的封邑。

公元前239年（秦王政八年），吕不韦命秦王之弟长安君成蟜带兵进攻赵国，企图从赵国那里夺取一部分土地，以此来扩大自己在河间一带的封地。不幸的是，长安君却在屯留（今山西屯留）发动叛乱，吕不韦费了九牛二虎之力，总算把这次叛乱镇压下去，长安君自杀，叛军全被处死，并把支持叛乱的当地民众流放到大西北的临洮（今甘肃岷县）。

这次失败对吕不韦不啻是个沉重的打击，使他的威信受到了严重的损害，但吕不韦仍不甘心失败，决定孤注一掷，联燕攻赵，挽回影响。

吕不韦指派秦国老将张唐，出使燕国为相，让张唐唆使燕国与秦国联合进攻赵国，夺取河间这片土地，扩大自己的封邑。

但张唐拒绝接受这一使命。

他说："我从秦国到燕国必须经过赵国，我过去曾带兵数次进攻赵国，赵国对我恨之入骨，悬赏于众，说：'能得张唐者，赏给百里的土地，此次前往，我不是成了赵国的俘虏吗？'"

吕不韦大为不快，拂袖而去。

吕不韦的亲信甘罗说："您为什么这么不快？"

吕不韦说："我让张唐使燕，他却拒不从命！"

甘罗说："让我去劝劝张唐。"

甘罗见到张唐，问他："你的功劳与大将白起哪个更大？"

张唐说："白起战胜攻取，不计其数，我的功劳无法与白起相比。"

甘罗又说："当年的秦相范雎与而今的文信侯吕不韦哪个权势更大？"

张唐回答说："范雎不如吕不韦权势大。"

甘罗说："想当年范雎想进攻赵国，白起阻挠他，结果被范雎绞死。今天文信侯让你相燕，你却百般推脱，我不知道你该死在何处！"

张唐听罢，马上奉命出使燕国。

赵国在秦、燕大军的夹攻下，不得不把河间的土地献给吕不韦，吕不韦终于用诡诈的手段，为自己夺来了一大片土地！[1]

试想，此时的李斯面对着吕不韦这般显赫的权势怎敢轻举妄动？再说，凭着他那种超乎寻常的洞察力，怎敢显露出自己真实的倾向来！

吕不韦利用国家军队扩大自己的势力，太后与嫪毐那边自然也不甘落后，他们甚至比吕不韦走得还远。

---

① 据《战国策·秦策五》。

就在吕不韦忙于扩大自己地盘的同时，太后逼迫秦王政封嫪毐为长信侯。不仅如此，还逼迫秦王政把山阳（今河南修武西北）这块地方赐给嫪毐作为他个人的领地，且任凭他在那里大兴土木，修造宫殿园林，驰骋田猎。太后甚至迫使秦王政把国家大事都让这个宫廷奴隶来决断。这样还嫌不够，又把河西太原郡加封为嫪毐的封国。按照秦国的法律，没有军功与事功者，即使皇亲国戚也不得授爵禄，更何况一个太后豢养的家奴了。再说，依照惯例，为了根除类似分封制度下的割据势力，一般封爵时，只有爵名而无封土，使之无土可私、无民可子，至多能统几个亲兵而已。像大封嫪毐的情况在秦国的历史上实在罕见，据统计从秦孝公以来的一百多年中，只有为秦立大功如商鞅、魏冉、范雎、吕不韦等少数几人，才获封土之殊荣。而嫪毐无尺寸之功，身为低贱的宫廷奴隶，仅仰仗太后的偏爱和私情，竟然授爵封土，权势甚至大有凌驾于仲父吕不韦之上的趋势，这不能不激化秦国统治集团内部的矛盾，引起社会舆论的反感。可是，太后、嫪毐对此却全然不顾，他们像丧失理智的疯子一样，在卑劣的情欲的怂恿下，拼命地向极权奔去！

李斯把这一切都看在眼中，他认为多行不义必自毙，为了加速太后、嫪毐集团的灭亡，他与其他一些围绕在秦王政身边的人，不断地把太后、嫪毐的活动传报给宫中的秦王政，以此强化秦王政除掉太后、嫪毐集团的决心。

于是，这样的消息纷纷传到了宫中，传到了秦王政的耳朵里：嫪毐和一些王公贵臣赌博，然后酗酒，彼此大打出手，嫪毐瞪眼大叫："我乃是当今秦王的养父，你们这些贱东西胆敢与我对抗！"和他打架的人听到此话后全都吓跑了。

可想而知，年轻的秦王听到这样的消息后，该会怎样！他的怒火有如喷薄欲出的火山岩浆，在胸中澎湃涌动，他真想用烈火把这个可恶的世界全部毁掉，以逞一快！但是，这位年轻的君王在屈辱中已经炼就了钢铁般的意志，为了达到某种远大的目标，他已经能够不动声色地忍受一切侮辱，一点点积聚力量，耐心地等待时机。现在，他已经团结了一批像李斯这样愿意死心塌地为他服务的死党，所以，他不再感到自己孤单了。他知道，目前他的力量还不足以除掉秦国政坛上的两个大毒瘤，尽管怒火中烧，然而还得忍耐！

公元前238年（秦王政九年），彗星再次出现在秦国的天空上。它火亮如炬，划过整个长空，于是又引起人们的一阵惊惧和一番猜测。

秦王政已经二十二岁了，举行冠礼大典一事再也不能拖延了。当时，无论是吕不韦，还是太后、嫪毐都觉得自己的势力足以应付今后局势的变化了，他们认定即使秦王亲政之后，他们也会控制住这位君王。

对太后、嫪毐来说，他们更想借行冠礼之机，酝酿一次更大的政治阴谋。按祖制规定，秦王的冠礼大典必须在祖庙中举行，而秦国的祖庙全在秦的旧都雍城，这里正是太后、嫪毐集团的大本营。只等秦王及满朝文武一到，他们便准备借举行冠礼大典之机，将对立之敌一网打尽，借此除掉秦王及吕氏集团，然后让自己与太后生的孩子即位称王，实现独霸秦国政治的梦想。

这年四月，秦王政与满朝文武从咸阳出发，来到雍城。秦王住在秦穆公时修建的祈年宫中，四月己酉这天，秦王在祖庙中举行了隆重的冠礼大典。

冠礼大典是古代诸礼之中最重要的礼仪，因为通过冠礼的举行就可以使社会承认一个人正式社会成员的身份，从此这个人就有权利与其他成人参与一切社会活动，并且享受社会赋予他的权利，履行社会要求他履行的义务，所以冠礼又被称为成人礼。

冠礼对秦王政的意义就更为重大了，古人说："可以为人而后可以治人。"

就是说，当秦王政行冠礼之后，就意味着他从此摆脱仲父与母后的控制而能够亲政了，这也意味着今后他可以按照自己的意志办事了，到那时……

冠礼的主持者本应是秦王的父亲庄襄王，但庄襄王已去世，因此，主持者就应是一个德高望重的嬴姓成员了，典礼的来宾的资格也必须经过卜筮才能决定。当时究竟谁参加了这次冠礼，史无名文，然而吕不韦、李斯等人肯定是这场庆典的目击者。

在举行冠礼时，第一次戴缁布冠，第二次戴皮弁冠，第三次戴爵弁冠，按规定一次比一次尊贵。

加冠完毕，开始举行命名式，给秦王政起个名之外的字，以示他已成人。

然后，佩上宝剑。

再然后拜见母后和兄弟。

母后因是女人，按规定不得进入宗庙，只能在宗庙侧门等待。当她见到秦王政走来时，还必须向自己的儿子礼拜。这是因为妇人有三从之德，所谓"未嫁从父，已嫁从夫，夫死从子"。现在太后礼拜秦王，它的象征意义就在于，从即日起太后将自动放弃听政的权力，还政于子，从此治人之权就自动回到秦王政的手中。

典礼的最后仪式是，穿上礼服，戴上玄冠拜奠先君，接见族中之长者，大会宾客，人们沉浸在喜庆祥和的气氛中。

典礼很晚方才结束，秦王政与随从回到祈年宫。就在这时，有个十分重要的情报传到秦王这里：长信侯嫪毐将要发动叛乱，攻打祈年宫！

秦王得知这一消息后，并不惊讶，他清楚这一天迟早要来的，现在来得正是时候，因为从今天起他无须别人在自己头上指手画脚了，他也无须征得任何人的同意就可以行使君王的最高权力了，嫪毐的谋反正是对他到手的权力的最好考验。但他不想留在嫪毐的大本营中与他一决雌雄，在这里嫪毐的势力太大。他当机立断，指挥群臣和队伍，连夜返回咸阳，并且马上做了相应的严密部署，静观太后、嫪毐的动静。

嫪毐在阴谋败露之后，决定先发制人，准备发兵进攻咸阳。为此，他伪造了秦王的御玺，并且拿到了太后的用玺，以秦王和太后的名义，调动了地方部队、国家骑兵、少数民族军队加上自己数千门客，气势汹汹地杀进咸阳城。然而秦王政早已有了准备，他命令昌平君、昌文君领兵前去反击。双方在咸阳城内展开激烈的巷战，经过一场血战，忠于秦王政的军队取得了胜利，嫪毐的军队被斩首数百人。事后，凡在这次平叛中有功的人员都按功拜爵，连宫中参加反击嫪毐的宦官也每人拜爵一级。

嫪毐的军队战败后，被迫退出咸阳。秦王政下令，秦国如有人生擒嫪毐者，赐钱百万；杀死他，赐钱五十万。于是又经过一番苦斗，终于把嫪毐等首恶分子全部擒获，其中包括高级官吏卫尉竭、内史肆、佐弋竭、中大夫令齐等二十余人，秦王将他们枭首示众，然后将其五马分尸，并把他们的家族成员满门抄斩。对嫪毐的门客，轻者沦为苦役犯，有些削掉爵赏，其余流放到四川房陵（今四川成都）地区的有四千余家。

秦王政命令把太后迁出雍城，幽禁在冷宫中，使其失去了自由。然后又命令把太后与嫪毐所生的两个孩子（秦王政的异父同母弟）装在麻袋中，一顿乱棍打死。

在追查嫪毐反叛案的过程中，秦王政授意司法部门加紧追查嫪毐的来历，调查的结果证实嫪毐出自吕不韦门下，是吕不韦为了满足太后的淫欲，特意送给太后的假宦官。这条重要的证据为秦王政决心除掉吕不韦找到了借口！

公元前 237 年（秦王政十年），也就是平定嫪毐叛乱的第二年，秦王政下令免掉吕不韦的相国职务，吕不韦的末日也降临了。

秦王政先命令吕不韦回到河南他的封邑去住，这种宽容的处理主要是考虑到吕氏的势力十分强大，吕不韦经过多年的惨淡经营，朝廷内外几乎都是他安插的人手，现在急于搞大规模的清洗，恐怕激起事变。再说，吕不韦并没谋反，仅是给太后献了个情夫，双方又是政治对头，所以，硬说吕不韦参与嫪毐的反叛也缺乏根据。特别是当处理吕不韦的消息传出后，为他说情的人几乎络绎不绝。基于这些政治压力，年轻的秦王政表现出宽大为怀的姿态，下令说念其有大功于自己的父王，免于追究他的罪责，秦王政就这么轻易地把曾经十分憎恨的"仲父"从自己的身边一脚踢了出去。

但李斯并不把此事看得如此简单，他了解秦王绝不是个宽大为怀的人，现在对吕不韦的处理仅仅是清洗吕氏集团的信号，大规模的清洗只是个时间的问题。因为秦王政不彻底除掉这块心腹之疾是决不会善罢甘休的。李斯暗想：大难临头之前，必须及时找到脱身之计！

就在这个时候，两件对李斯极为不利的事情发生了，这些坏消息对李斯来说简直是雪上加霜，使他有些绝望。

第一件事是，太后、嫪毐集团不甘心自己的覆灭，试图利用秦王与太后的母子亲情，说动秦王，解除对太后的幽禁，以此来挽救太后、嫪毐集团追随者倾巢覆灭的命运。

秦王针对这点，曾下令警告说："有人胆敢为太后一事上朝劝谏者，格杀勿论，且将劝谏者肢解、陈尸宫门之前！"但即使如此，太后、嫪毐的余党仍然纷纷冒死前去劝谏秦王，因此而被处死的已有二十七人之多。

在尸陈宫门、血染丹墀的情况下，太后、嫪毐的死党齐人茅焦困兽犹斗，舍命再次来到宫前，要求秦王接见他。

秦王使者说："你难道想为太后说情吗？"

茅焦说："对。"

使者回去向秦王报告说："有人想为太后说情。"

秦王命令使者说："你们去告诉他，他没看见宫殿门前堆积的尸体吗？"

使者以此责问茅焦，茅焦说："我听说天上有二十八宿，现在已死了二十七人，我今天来，就是想凑满二十八这个数。我不是怕死的人，请你们再次向秦王转告我的来意！"

秦王听罢大怒说："这家伙居然故意来触犯我的禁令，应该用大锅把水烧开，烹了他！这家伙真想积尸宫前吗？那好，先把他召进来！"

秦王按剑而坐，气得面红耳赤。使者把茅焦召进宫来，茅焦不肯快走，使者在后面催促他，茅焦对使者说："我到了秦王之前也就是我的死期，难道你们就不能容忍我多活一会儿吗？"使者们听罢，都很可怜他。

茅焦走到秦王面前，拜了又拜，然后从容地站起来陈述自己的来意。他说："我听说，有生命力的人不怕提到死，强大的统治者不忌讳提到国家灭亡，因为怕死的人反倒活不了，怕亡国的人反倒会亡国。人的死生，国家的存亡，英明的君主都急欲想听，其中的道理不知陛下是否也愿意听我说一说？"

秦王说："你想说什么？"

茅焦说："陛下有违背人性的疯狂行为，不知陛下是否知道？"

秦王说："有哪些？我愿意听一听！"

茅焦回答说："陛下车裂自己的养父，说明你有嫉妒之心；杀死自己的两个弟弟，你有不慈之名；把母亲幽禁在萯阳宫，你有不孝之行；你把劝谏你的人陈尸宫前，你又和暴君桀、纣有什么两样！现在天下听到你如此残暴，都会与你离心离德的，不再向往秦国了。我很担心秦国会因此灭亡，我很为陛下感到危险！我的话全说完了，请杀掉我吧！"说完脱下衣服，等候处理。

秦王急忙下殿，用左手扶起茅焦，右手指挥左右说："赶快赦免他。先生请穿上衣服，现在我愿意按你的话去办！"

于是拜茅焦为"仲父"，并且封之以上卿之爵。

秦王马上带着成千上万的车马，直奔萯阳宫，把太后接回咸阳，安置在甘泉宫中。[①]

这种戏剧性的转变说明什么？秦王真的要复活太后、嫪毐集团吗？当然不是。秦王有秦王的打算，他所以接受了茅焦的建议，自然是考虑到舆论的压力，因此，做出个母子和好如初的政治姿态，给天下人看。但更主要的是太后、嫪毐集团在自己的血洗之下，已彻底覆灭，太后已成为掌中之物，不会再对自己构成威胁了。这样，他对太后、嫪毐集团的假宽容，正是为了腾出手来，集中清洗更大的隐患——吕氏集团。

不过，从此之后，太后、嫪毐集团的残余分子的日子确实好过多了，相反，吕氏集团的厄运却步步逼近，李斯的命运也被笼罩在这个阴影之中。

第二件对李斯非常不利的事情是一桩大间谍案的曝光。

事情是这样的，与秦国紧邻的韩国，日见秦国的强大，迫于秦国的军事压力，韩国的统治者想出一个消耗秦国实力的办法，企图用此阻止秦国向东方进

----

① 据《说苑·正谏篇》。

攻。这个办法是他们派了一个叫郑国的水利工程师，带着特殊使命潜入秦国。郑国到了秦国之后，就积极游说秦国当局，开凿连接泾水到洛水三百余里长的运河。这个工程的规模十分浩大、艰巨。秦国在接受郑国的建议后，确实投入了大量的人力与物力去开凿这条运河，为此，秦国的确消耗了巨大的国力。

在工程进行中，郑国的间谍身份被识破，秦国要处死郑国。

郑国说："我确实是韩国的间谍，但是这条运河修成之后，那也是对秦国有利的一大事业。"秦国当局觉得他的话有道理，仍然让他负责工程的完成。经过千辛万苦，这条三百余里长的运河胜利竣工了。它可灌田四万余顷，每亩高产达一钟之多，于是关中平原成为水利丰富的沃野，消除了灾年的危害，秦国因此更加富强，成为统一天下的一项重要举措。为了纪念郑国的功劳，人们将这条渠命名为郑国渠。

然而，这仅是秦国从经济上的考虑。从政治角度看，郑国间谍案却引起了秦国统治集团的警觉和政策的变化。特别是那些本来排外情绪很强的秦国宗室大臣，借机纷纷出台，力劝秦王排外，把在秦国服务的外国人统统驱逐出境，以便保障秦国的安全。年轻的秦王政在大清洗之后又遇到"韩国间谍案"，真是让他感到应接不暇。在眼前国内外这种复杂的斗争中，他感到到处都是敌人，到处都是隐患，那么怎么对付呢？宗室大臣的排外情绪和掀起的排外浪潮也影响了他。他感到纷至沓来的外国人都不可靠，吕氏集团也好，嫪毐集团也好，其成员都是些外国来的游说之士，这些年秦国政坛上的狂风恶浪不都是他们掀起的吗？看来还是本国人可靠。因此，他由对吕、嫪两大集团的仇恨转为对一切外来人的仇恨，于是他下令逐客！

不幸的是，李斯也被列入被逐者的名单！

第六章 谏逐客书

天有不测风云！谁能想到血雨腥风之后，秦王母子和好如初；谁能想到太后、嫪毐的残余势力得生之后，又使吕氏集团的成员处于被消灭的地位；谁又能想到郑国间谍案的曝光，引起了秦国前所未有的排外浪潮，而李斯自己竟在其中！李斯被这一连串的爆炸性政治事件搞得晕头转向，无所适从，他第一次感到个人在政治海洋的狂涛巨澜中的渺小无助。

李斯来到秦国已经十年，回想起这十年的经历，李斯不无得意。他凭着自己的智慧，小心谨慎，惨淡经营，逐渐在秦国的政治舞台上站稳了脚跟。他已经接触到秦王，并且得到了这位有为之君的赏识，他为此曾何等喜悦，何等得意！他觉得自己已经离上蔡时的理想仅有一步之遥了。那梦寐以求的荣华富贵、腰金衣紫的生活似乎已唾手可得，他仿佛看到了富贵荣归时的令人激动的场面，父老的奉承，老师的惭愧，同学的羡慕……然而，突如其来的政治大风暴把这些幻梦吹得无影无踪。不仅如此，他现在将很快像条野狗似的被人无情地逐出秦国的国门，重新回到原来的起点上，又成了个布衣之士，成为被所有人嘲弄的笑柄！

但更可怕的是，他知道离开秦国将意味着什么！天下的形势越来越明显，其他各国积弱积贫之势已无法逆转，等待他们的只能是灭亡的命运，而统一天下的历史重任必然地落到秦国的肩上，那么，他在这千载一时的关键时刻突然离开秦国，也就等于宣判了他政治生命的死刑！

多么可怕，简直是一场噩梦，李斯第一次真正品尝到搞政治游戏的苦涩滋味。此时，他恨命运，他恨自己，他恨吕不韦，他恨秦国的宗室大臣，恨秦王，恨一切人！

在绝望之余，他顿时想到，自己决不能坐以待毙，决不能！想到这里，他又冷静下来思考对策，他深知解铃还须系铃人，必须说动秦王，让他回心转意，取消逐客的错误决策。茅焦能做到的事，我李斯为何做不到？与茅焦那种死而不惧的精神相比，他感到一阵惭愧，也突然产生了勇气，他决定殚精竭虑写一封谏书，冒死劝谏秦王政。

人和人不一样，面对绝境，更多的人是恐惧、退缩、逃避，最后在绝望中走向毁灭；少数人却不然，在惊惧之余，反倒激起了他们拼搏的勇气，坚定了他们斗争的决心，点燃了他们智慧的火花，结果是命运之神突然向他们微笑，使他们绝处逢生，找到了重新腾飞的起点。这一次，李斯属于后者。想到这孤注一掷的决定，他反而感到无比的轻松。他想到，自我得之，自我失之，如此而已。于是他援笔疾书，一气呵成写出了一篇堪称千古绝唱的文字，内容是：

"我听说政府官员正在讨论驱逐外籍人员的决定，我私下认为这是十分错误的。回顾秦穆公网罗人才时，取由余于西方的戎族之中，得百里奚于东方的楚国宛地，迎接蹇叔于宋国，招丕豹、公孙支于晋国。这五个贤人，皆非秦人，而穆公用之不疑，结果吞并二十余国，于是称霸于西方各族之中。"

李斯在文章一开始，劈头就批评秦国目前的排外政策是根本错误的，他依据秦国的历史事实，言之凿凿地说秦国远自春秋时代的秦穆公，之所以能够由弱变强，遂成为当时的强国之一，主要是秦穆公正确执行了一项开放的人才政策，不拘一格引进人才，帮助秦国走上富强之路。这里有必要对当时五个引进的杰出人物做一番介绍。

一、由余：属秦国西部的少数民族，曾为戎王出使秦国，由余见到秦穆公生活奢侈，对此提出激烈的批评，并提出勤俭建国的建议，被秦穆公采纳。秦穆公为了得到由余这个贤才，千方百计离间戎王与由余的关系，后来由余不得已投降秦国，在由余的帮助下，穆公"益国十二，开地千里，遂霸西戎"。

二、百里奚：虞国人，春秋时初事虞公，后来晋献公灭掉虞、虢，流亡到秦国，以五张羊皮作代价卖身为奴，后得事秦穆公，被称为五羊大夫。后为相，他勤劳公事，不辞劳苦，深受秦人爱戴。

三、蹇叔：百里奚的朋友。蹇叔在宋游学时，百里奚把他推荐给秦穆公，穆公曾想劳师远袭东方的郑国，然而蹇叔坚决反对这种冒险行动，穆公不听，结果全军覆没，从此开始重视蹇叔的意见。

四、丕豹：晋国人。晋国内乱，流亡到秦国，在秦与晋的冲突中，曾率秦军大败晋师于韩原。

五、公孙支：姓嬴氏，初游学于晋国，穆公闻其贤，求之，他来到秦国。他是百里奚的知己，他不惜牺牲个人的利益，积极支持百里奚管理国家，由于他和其他人的共同努力，秦国得以强大。

李斯从春秋时代一直说到他所在的战国时代："秦孝公用商鞅变法，移风易俗，秦民因此殷实，秦国因此富强，百姓归心，诸侯服从，击败楚、魏大军，拓疆千里，至今秦国犹保持强大的优势。"

接下来又写道："秦惠王任用张仪连横之计，结果秦军东占韩国的三川之地，西并巴、蜀之壤，北收魏国上郡十五县，南取楚地汉中六百里，各方蛮族无不向化宾服，楚国都城在秦军控制之下。秦国东据成皋之险，六国割让肥沃土地，于是，六国联军土崩瓦解，迫使他们西面听从秦国之命，张仪之功，至今犹存。

"秦昭王得到智术之士范雎，才得以废掉外戚魏冉的大权，放逐大贵族华阳君，使王室从此强大，权臣势力从此削弱，使秦国得以蚕食诸侯土地，从此打下统一天下的基础。

"这四位君主都是依靠外籍客人，为秦国打下雄厚根基。从这些铁的事实看去，外籍客人有什么对不起秦国的地方？假如秦穆公、秦孝公、秦惠王、秦昭王这四位君主拒不接纳外籍客人，疏远人才而不任用，这定将使秦国得不到富国强兵之利，因此秦国也不会有数世强大的崇高声望。"

讲到眼前的现实，李斯更振振有词、理直气壮了，因为普天之下的人，谁都知道秦国是怎么富强起来的。没有商鞅、张仪、范雎这样的杰出人物行吗？然而商鞅是卫国人，而张仪和范雎都是魏国人，李斯由此向秦王政发出"外籍客人有什么对不起秦国"的指问，确实铿锵有力。可以想见，秦王政读到此处定然哑口无言，无理以对！

下边李斯开始围绕自己的主题，任意驰骋自己的想象，挥洒着自己的文采，妙语连珠，比喻精彩。似指斥，是揭露，是炫耀，也是说理，确实显示出荀子高足的大手笔。他说：

"今天，陛下您拥有昆山产的名玉，随国、楚国产的宝贝。您戴着明月之珠，佩着太阿之剑，骑着纤离之马，竖起翠凤之旗，击响灵鼍之鼓，这些无不是稀世罕见的珍宝，然而，没有一样是秦国出产的东西，但陛下您却爱不释手，原因何在呢？如果什么东西必须是秦国所出产的才行，那样一来，夜光之璧就不会装饰秦国的朝廷；犀角象牙的精美制品就不会成为陛下您的观赏品；

郑国、卫国的美女就不会充实陛下您的后宫；驭驶那出奇的良马就不会充实陛下您的厩房；江南的黄金、锡矿就不会满足秦国的使用；西蜀的绘画材料也不会给秦国增添光彩。如果装饰后宫、充实嫔妃、娱乐精神、取悦感官的东西都必须是秦国出产的东西才行，那么，随国价值连城的装饰品、齐国精美绝伦的服装，就不会摆在陛下您的面前，而且那些容貌佳丽、体态窈窕的赵国美女也就不会站在陛下您的身边了。

"说到敲击陶瓷、叩打瓦罐、弹起土筝、掷起骰子、唱起土调民谣以快耳目，这确实是秦国纯粹的娱乐方式。至于郑、卫那样优美的歌声，昭、虞、武、象那样典雅的乐曲确实又是外国的音乐。今天秦国人抛弃敲击陶瓷、叩打瓦罐的取乐方式，而去追求郑、卫之声，不再玩弄土筝而去欣赏昭、虞之乐，这是什么原因呢？这是因为外国的音乐让你更快乐、更适合你的心境罢了。

"但今天选用人才却不是如此，不问能与不能，不论曲直是非，只要不是秦国人，一律驱逐出境。这样看来，陛下您所重视的只是那些明珠宝玉、赏心乐事，而所轻视的却是人才。我认为这绝不是削平群雄、一统天下的好政策！

"我听说土地广阔，粮食才会丰富；家族盛大，人口才会众多；军队强大，士兵才会精勇。因此，泰山由于不让一寸土地，它才能如此雄伟；江海汇起无数涓涓细流，它才能那样深广；英明的君主因他不怕人多势众，所以他才更伟大。

"现在，陛下您却采取抛弃百姓去资助敌人，逐驱客卿去成全他国的错误决策！使天下贤士退避三舍，不敢西向。裹足不前，离秦而去，这就叫作'把武器借给敌人，用粮食资助强盗'。

"我认为，物产不出于秦国，可宝贵者实在很多；贤士虽是外籍客人，愿意为秦国服务的也不在少数。现在陛下您却驱逐外籍客人去资助敌国，捐弃百姓去增加仇人的力量，对内自我削弱，对外树怨于敌，执行这种错误路线，指望秦国没有危险，实在不可能！"①

文章到此陡然而止，但却有金声玉振、余音绕梁之效，随便什么人读后，都会因此感悟。李斯重读一遍自己的这篇力作，大有一吐为快之感，多日的焦虑、郁闷心情顿时轻松了许多。人到此时，除了背水一战之外还有什么办法呢？至于此篇文章是否能有回天之力，那就听天由命了。这篇文章写完之后，李斯通过他人把它交给秦王政；然后，打点行装，离秦国而去。他想，倘若以此能说动秦王，秦王还会召回他来，若说不动秦王，不如早早离开，免得在更大的政治风暴中被无情地清洗掉！

李斯离开秦国时，心情极其悲凉而沮丧。此次离秦而去，不知什么命运在等待着自己，但有一点他是清楚的，此时到哪个国家去都毫无前途可言，因为这些国家与秦国相比已经到了日薄西山的时刻了，所谓大厦将倾，非一木所支，那你又能有何作为呢？他沿咸阳古道东行，这正是他十年前兴冲冲从楚国跑到这里走过的那条路，放眼四望，南面是逶迤数百里的秦岭，它重峦叠嶂，高峰入云，宛如一道铁铸的长城巍然屹立着；北面是滚滚向东流去的渭河水，它滋润着八百里秦川，使这里土沃民殷、人杰地灵，此处确实是帝王之基，此处也确可一逞"帝王之术"，然而这一切都与自己毫无关系了！抚今追昔，触目伤情，李斯禁不住潸然泪下。他只感觉自己的脚步越发沉重，而咸阳古道竟是那样漫长。

再说秦王政接到李斯的《谏逐客书》后，一气读了下去，当读到"现在陛

---

① 据《史记·李斯列传》。

下您驱逐外籍客人去资助敌国，捐弃百姓去增加仇人的力量，对内自我削弱，对外树怨于敌，执行这种错误路线，指望秦国没有危险，实在不可能"这段结语时，他突然感到自己实在是犯了一个最危险的大错误！现在是什么时候？关东六国正虎视眈眈地看着秦国的一举一动，武力统一天下的战争还没有真正开始，秦国经过一番内乱还有待于恢复和整顿，自己亲政才刚刚一年，此时正是用人之际，但自己却把难得的人才送给敌人，去增加敌人的力量，自己何其愚也！想到这里，他又拿起这篇文章重读下去，他边读边肯定，李斯的每句话都是正确的。尤其是李斯指出，秦国所以渐渐强大起来，就是执行了一条开放的人才政策，积极引进人才，为己所用。然而这条正确的立国之策却被自己葬送了，秦国的优势还会保持下去吗？显然不能！此时他痛恨自己的糊涂，痛恨自己受了宗室大臣的愚弄。宗室大臣是些什么东西？韩非不是在他的《孤愤》中警告过他吗："所谓的国家的宗室重臣，常常是没有国君的命令却擅自行动，违背法律以谋求私利，损害国家而便捷自己，利用国君达到个人目的，这就是宗室大臣。而那些智术之士却能洞察一切，并且他们忠于人主，能看透宗室大臣的阴谋；而能法之士则刚正不阿，能够制止宗室大臣的邪恶。因此，智术能法之士一旦得到任用，贵重之臣的势力就必然被削除，所以智术能法之士和当朝宗室大臣是不可并存的仇敌！"现在一切都明白了，秦王立刻断定这次甚嚣尘上的排外浪潮是秦国宗室大臣借"郑国间谍案"暗地里策划的一次政治阴谋，而自己却意气用事，成了这帮家伙达到他们个人目的的工具！秦王政气得拍案而起，他深为自己刚刚亲政就铸成如此大错而懊悔。同时他也感谢李斯及时把他从错误的道路上拉了回来，这才有可能挽回这次错误造成的损失。与此同时，他又想到李斯任郎官时向自己陈述的"统一天下论"的战略思想是那样的精辟，现在不正是应该实施这个战略思想的时刻吗？他突然感到自己丧失了一件最最珍贵的宝物——李斯。

他大吼一声："来人！"卑顺的侍臣鱼贯而入，他又大吼一声："追李斯！"于是侍臣们骑着一匹匹快马，风驰电掣般冲出咸阳城，顺着咸阳古道向东追去，跑道上冲起一团团尘烟……李斯刚刚走到离咸阳不远的骊邑（今陕西临潼），秦王派去的马队就把他追上了，李斯知道自己成了赢家，内心悲喜交加。

李斯再次回到秦王的深宫之中，君臣见面，胜于初逢，李斯官复原职，秦王宣布废除逐客令，排外的浪潮终于平静下来。

李斯绝处逢生，重新在秦国的政治舞台上站稳了脚跟。不过，他清楚地知道，危险并没有过去。秦王与太后，母子和好如初，说明秦国政治势力的又一次消长，显然，亲政后的秦王在消灭了嫪毐集团的势力之后，已经把消灭吕氏集团的任务提到日程上来，吕不韦被罢官仅是完成这一任务的开始而已。他这次应该如何把握住局势的发展呢？无须思索，他下定决心，今后无论发生什么变化，他都要坚定地站在秦王政一边。这不仅是感激秦王政的知遇之恩，更主要的是在与秦王的长期接触中，他认定这位年轻的君王将是天下的主人，因为他具备时代所需要的专断、铁腕、理智的品格。他又有强大的秦国作后盾，虽然在政治上尚未完全成熟，但从他这次知过必改、从谏如流的行为看去，他必然会走向成熟。

所以他决定与吕氏集团彻底脱钩，不仅不再参与他们的活动，而且要帮助秦王彻底清除吕氏集团的势力，是急流转舵的时候了！

公元前236年（秦王政十一年），秦王政命令仍然滞留在咸阳的吕不韦立刻回到河南他的封邑去。吕不韦当然不甘心自己的失败，回到河南封邑，他曾派手下的亲信门客司空马去游说赵国的统治者，让赵国牵头，联合其他国家，搞一次连横运动，来对付秦国，使自己能够从中渔利。但那时的赵国已经是朝不保夕了，再加上政治腐败，因此对吕不韦的建议根本不感兴趣。于是他又想到学茅焦和李斯那样去打动秦王，使之回心转意，重新起用他。

吕不韦首先想到了李斯，他应该是挽救自己命运的最佳人选，因为他既是自己的亲信，如今又是秦王政的座上宾，只要他肯于伸出援救的手，秦王政是会回心转意的。于是他多次求助于李斯，但却是石沉大海，杳无音信。他逐渐明白了，李斯背叛了他！他恨李斯，恨他忘恩负义，他也恨自己看错了人，正是他吕不韦让这个负义的小人找到了秦王政这个新的大靠山。他更怕李斯，怕这个小人落井下石……

但吕不韦并没彻底绝望，李斯虽然背叛了他，使他欣慰的是更多的门客仍然忠于他，愿与他休戚与共，风雨同舟。就在他被遣送回封国的这年，很多人自告奋勇地站出来，愿为他冒死到咸阳去游说秦王政，劝说他能够与吕不韦和好如初。

秦王政为这么多游说者向他而来而感到吃惊，一年之中，一批批、一群群吕氏的说客奔走于河南通往咸阳的道路上，真是络绎不绝！秦王看到这一切，感到问题的严重性，吕不韦的势力这么大吗？一旦我不答应他们的要求怎么办？这些疑虑不能不迫使秦王重新考虑对吕不韦命运的安排。

秦王对游说者发出警告，为了杜绝这类事情的发生，赐书一封，痛斥吕不韦："你于秦国有何功德，秦国封你为十万户侯？你是秦国的什么宗亲，却号称'仲父'？我命令你与你的家属全部迁往蜀地处置！"寥寥数语，表达了秦王坚决抛弃吕不韦的态度，也扑灭了吕不韦的最后幻想。

公元前 235 年（秦王政十二年），吕不韦恐怕即便自己与家属真流放到蜀地去，秦王也不会放过自己，与其客死穷乡僻壤，不如死在封地，想到这些，他举起一杯毒酒一饮而尽，结束了自己的生命。这位搞政治投机的大商人，凭着聪明过人的头脑和十分敏感的政治嗅觉，把自己的身家性命当成赌注，全部压在秦国的政治赌桌上，所谓"时来天地皆同力"，世间最大的奇迹居然出现了，他立了个君主，生了个君主，一跃而成为天下瞩目的巨人。不过成功却招来了野心，他曾想尝尝自己君临天下的滋味，然而野心却又招来了毁灭。正当他处于权力的巅峰之际，命运之神突然将他推下死亡的深渊，如果没有那部传世的《吕氏春秋》，恐怕他将永远是历史上的一个丑角！

吕不韦死得很凄凉，既无国葬的重典，也无吊唁的来宾，始终追随着他的门客，偷偷地将他埋葬，他们在暗地里举行了追悼仪式，当然李斯是不会出现在这种场合的！

秦王得知有人窃葬吕不韦的消息，十分震怒，他决定借此机会给予吕氏集团以最后的打击。秦王作出这样的决定：

第一，凡参加葬礼者，外籍人一律驱逐出境。

第二，秦国人参加葬礼者，六百石以上的官吏，剥夺爵位，流放外地；五百石以下官吏，凡属吕氏集团者，即使不参加葬礼，也要流放外地，但不剥夺爵位。

第三，从今以后，不忠于国家如嫪毐、吕不韦者，要灭其族，按此办理。

在严厉镇压吕不韦集团的同时，这年秋天，秦王政却把流放到蜀地的嫪毐集团的成员全都赦免，允许他们回到内地。这是为什么呢？这就是李斯"帝王之术"的内容之一。人主要会使用权术治国，打一派，拉一派，别让反对派拧成一股绳来对付自己，如此而已。同时秦王政很清楚，清洗运动到此也该告一段落了。秦国的官僚集团中的成员，这些年不归于吕氏，就归于嫪氏，你能全部把他们消灭吗？如果全部消灭之，整个的国家机器不就瘫痪了吗？那么谁将为自己服务呢？所以，他对两个集团的成员采取首恶顽固分子消灭之，悔过自新者赦免之，立功者重用之的方针，于是吕氏、嫪氏留下的人才遗产就转化为秦王政的统治基础。

李斯不仅因其叛变吕氏集团而成为幸存者，而且因为积极参加镇压吕氏集团有功而成为一颗冉冉升起的政治新星。

第七章　同窗相煎

　　秦王政一举清除了吕不韦和太后、嫪毐两大集团的威胁之后，秦国内部权力斗争问题基本解决了，他终于实现了大权在握、政由己出的夙愿。因此，他重又记起早些时候与李斯纵论天下形势的那番谈话，当时李斯对天下形势的分析以及相应的战略思想如今仍余音在耳，他特别记住了李斯所说的"夫以秦之强，大王之贤，犹灶上扫除，足以灭诸侯，成帝业，为天下一统，此万世之一时也"这段精彩的宏论。但当吕氏和嫪氏两大集团十分猖獗之时，他被掣肘其间，统一天下的大业还显得是十分遥远的事情，仅是君臣之间的谈资而已。而今，他已成为秦国真正的主人，凭他的雄才大略，当然决不能放过"灭诸侯，成帝业，为天下一统"这万世一时的难得机遇，他要利用这一机遇做一件超越祖先，甚至超越历代名王的恢宏壮丽的大事业，让普天之下、四海之内的人全都臣服在他的脚下，让所有的人都来品尝一下自己曾经尝过的屈辱！想到这里，他决定从今以后集中全力实现统一天下的伟大战略目标。

　　秦王政在开始他的统一天下的伟大事业之初，没做什么新的战略调整，仍然沿用吕不韦过去制定的方针，把打击的目标集中到赵国。

　　公元前234年（秦王政十三年），也就是吕不韦死后的第二年，他命令大将桓齮率秦军猛攻赵国的平阳（今山西临汾西）地区。秦军经过苦战，斩杀赵国名将扈辄，杀敌十余万，秦军大获全胜。秦王政十分振奋，亲临前线视察，他因在赵国当人质时所受的屈辱，而对赵国有一种刻骨铭心的仇恨，所以他对赵国势在必得而后快！这场战役遇到了赵军的猛烈抵抗，一直拖延到第二年才稍有进展。这年秦军又攻占了宜安（今河北藁城），但赵军的抵抗也越来越顽强，秦军每前进一步都要付出极大的代价。当秦将桓齮赶到平阳和武城（今河北临漳县境）时，遇到了由名将李牧率领的赵军主力，双方在肥下（今河北藁城西南）展开了一场大会战，结果秦军被打得溃不成军，秦将桓齮侥幸逃跑。

秦王政灭赵的战略被赵国名将李牧的胜利击得粉碎，他为自己亲政后不久竟遇到如此大的失利而恼怒。但这次失败也使他认识到实现统一天下的伟大战略目标绝非易事，攻一赵国尚且如此艰难，攻灭六国又该如何？看来自己过于乐观了。

他决定重新调整战略部署。

这时，李斯又出现在他的面前，力劝他不要最先把打击的目标放到实力尚强的赵国身上，而应该首先选择一个实力最弱的国家开刀。李斯把这个目标定为与秦毗邻的韩国，解决了韩国，再乘战胜之余威依次收拾其他国家。

为此，李斯给秦王政分析了韩国的形势。他说："在战国七雄之中，韩国地瘠民贫，地处天下之中，四面受敌，处境最为艰难。纵横家张仪曾说：'韩国地理环境十分险恶，境内多山。五谷之中，只长豆子和小麦，百姓的食物十分粗劣，如有一年歉收，百姓只好以糟糠度日，土地又过于狭小，国家连两年的粮食蓄积也没有。'但它的战略位置却极重要：北有巩（今河南巩义西南）、成皋（今河南荥阳西北）之固；西有宜阳（今河南宜阳西）、商阪（今陕西商县东南）之塞；东有宛（今河南南阳）、穰（今河南邓县）、洧水；南有陉山（今河南漯河东南）。是秦国向东方进军的必经之路。"

李斯继续分析下去："从政治形势来看，韩国虽然在韩昭侯时（公元前

362年—前333年）依靠法家思想家申不害进行过变法，但远没有商鞅变法彻底，很快腐败的政治势力又把持了政权，结果韩国积贫积弱的局面始终没能扭转过来。到了今天它就更不堪一击了，所以是秦国统一天下战略应该优先选择的目标。"

秦王政认为李斯分析得有理，经过考虑，决定采纳李斯的建议，以韩国为最先打击的目标。

秦王政从来就很轻视弱小的韩国，再说大军事家孙武子曾说："百战百胜，非善之善者也；不战而屈人之兵，善之善者也。"现在秦强韩弱，最好是兵不血刃，拿下韩国。想到这里，秦王政决定展开外交战，派李斯到韩国劝降。

李斯尚未出发，消息已经传到韩国。秦国灭韩的意图昭然若揭，致使韩国朝野上下惊恐万状，不知所措。此时，韩王安突然想到李斯的老同学韩非尚在韩国，于是立刻派人把韩非召入宫内，共商对付李斯和秦国的办法。

韩非与李斯不同，他出身于韩国的贵族，所以与韩国的利益紧紧地连在一起。也正因为他的血管中流着韩国贵胄的血液，所以他对自己的祖国也很有感情。这些因素都促使他在荀子那里学成之后，没有像李斯那样，离开祖国，选择到强大的秦国去一展才华，而是回到了自己的家园。也许这在李斯看来，回到韩国这个毫无希望的国家，等待他的只能是灭亡的厄运。但是韩非却对韩国充满了信心。

当然韩非十分痛恨韩国腐败的政治，在大敌当前之际，统治者不积极整顿内政、实行法治，不为富国强兵而广招贤才，反而宠信一些腐败分子，让其凌驾于为国效力者之上。昏聩的韩王在局势缓和时，宠任浮夸之徒，等到局势一吃紧，才想到利用前方的将士去冲锋陷阵。韩非面对着韩国邪臣当道，忠臣难容的腐败局面，陷入长期的思索中。经过深思熟虑，他决定结合现实的情况、历史的教训和法家的理论，创建起属于他自己的法家思想体系，从而能为有为的君主提供富国强兵的指导思想。他决定以韩国为自己理论的试验园地，以法家理论去改造韩国，让韩国从此变成政治清明、经济发展的强国，彻底改变眼前这种积贫积弱的现状。为此他曾多次上书韩王安，希望韩王安能采纳他的主张。可是胸无大志、昏庸无能的韩王安却听不进韩非说的大道理，依旧与一些腐败分子为伍，这使韩非十分痛心。他曾写了一篇十分感人的文章《说难》，在这篇文章里谈到他在韩国推行自己主张时的各种切身体验。他在文中说："游说的困难之处，不在于难以找到表达自己主张的方法，也不在于难以辨明自己主张的宗旨，更不在于是否敢于直截了当地推行自己的主张。最困难的问题是，你所游说的对象是否能领会你的思想。"

韩非在推行自己的主张时就遇到了韩王安这个糊涂蛋；李斯在这点上却是幸运儿，他与秦王政的每次谈话都可以说是一拍即合，这次使韩，不就是秦王政接受了自己的建议后，所作出的一个决定吗？

韩非认为，与韩王安这样的昏庸之辈大谈治国之道的苦衷在于："你与他谈论高尚的人，他以为你在影射他是小人；你与他谈论什么是小人，他认为你在借机陷害别人；你谈论到他的爱好，他认为你在迎合他的胃口；你谈论到他的憎恶，他又认为你在试探他的意图；你说得太简单，他会曲解你的意思；你说得太烦琐，他又会感到厌烦；你顺着他说，他认为你因胆怯而不说真话；你逆着他说，他又认为你太放肆而不尊重他……"

韩非感慨地说："龙这种东西，有时可以骑着它嬉戏，但是它喉咙下有片逆鳞，如果不小心触碰到那里，就会惹出杀身之祸！世上的君主都有逆鳞，推行自己主张的人能够不触逆鳞，那就成功了。"

韩非通过实践，看透了统治者的阴险、狡诈、卑劣、无耻和愚蠢，也看透了名利场中的险恶、黑暗、腐败、肮脏，同时也深深体会到游说之士推行主张时那种艰难、屈辱、危险的处境。这种滋味李斯何尝没有尝到！不同的是他们各自游说的对象不同，因此境遇也截然不同。

从李斯的角度看，如果他碰到韩王安这样的人物，早就应该弃之他去。对他李斯来说，一个布衣之士不应有什么祖国的概念，他的目的很简单，即用自己的能力谋取个人的荣华富贵。为此他必须认真选择好合作的目标，俗语说得好，"凤凰非梧桐不栖，谋臣非明主不事"。

李斯知道韩非是个很有抱负的人物，他曾说："要以自己的智慧，解救民众于大乱之中，返天下祸乱于太平；使强者不凌弱者，势大不欺寡少；使老有所归，幼有所养；边境无侵扰，君臣相和睦，父子相亲爱，人们再也没有死亡和囚虏的威胁。"这是何等博大的胸襟！但是这样宏伟的理想能通过韩王安这类的昏君来实现吗？李斯实在不解他这位老同学，这位曾经以他的理论感动过秦王政的大理论家韩非竟是如此固执和愚妄，其处境竟是如此地可悲！

然而当韩非听说韩王安为了李斯要出使韩国一事召他入宫商量对策时，立刻激动不已，平时那些怨尤霎时一扫而光。他感激韩王安在国难当头之际想到了他，这使他热血涌动，大有一种临危受命之感，报效祖国的时候到了！他建议韩王安，允许他上书秦王政，晓之以义，喻之以理，让秦王分清敌友，把打击的对象指向他国，使韩国获得暂时喘息之机，再作计较。韩王安与满朝文武此时也别无良策，只好把希望寄托于韩非的一简书信上。

韩非在给秦王的书信中写道："韩国侍奉秦国已有三十余年。战时，韩国是秦国的屏障；平时，韩国是秦国的仆从。现在秦国却有意派出精锐部队来攻取韩国的土地，这样做，随之而来的则是天下对秦国的仇恨，而强大的赵国将乘机坐收渔利。况且韩国臣服于秦国，简直和秦国的一个郡县没什么两样。最近我私下听说秦国的某个地位很高的大臣（指李斯）为陛下出谋划策，打算举兵进攻韩国。现在赵国正积聚力量，加强战备，试图联合所有国家的兵力反秦。并晓喻其他国家，秦国不被削弱，各国必然灭亡！赵国这种对付秦国的战略，已非一日。现在陛下您忽视赵国这样的腹心之患，却来打击已经臣服于秦的韩国，这样一来，所有国家都要接受赵国的计谋了！说到韩国，它从来就是个小国，却处于四战之地，国君臣下同处忧患屈辱之中，因此，他们长期以来一直上下同心，休戚与共，加强守备，警惕强敌，蓄积物资，修筑城池，作固守的准备。我估计，秦国不可能一年之内灭亡韩国。如果秦国仅攻下一座城池就退兵而去，那秦国的地位就要被天下轻视，那时，天下之兵就要一起来摧毁秦国的军队了。在这种情况下，韩国必然要背叛秦国，韩国叛秦，魏国立刻就会响应，赵国也会依仗齐国的援助来增强实力。您现在的做法，分明是要把韩、魏两国推到赵、齐联盟之中，而使反秦战线更加巩固了。在这种情况下，秦国与反秦战线争胜斗强，只能是赵国胜利，秦国失败！到那时，秦国进不能攻取赵国，退不能侵占韩国，秦军精锐消耗于野战之中，后勤供应疲于奔命，在这种情况下，秦军不过是一群疲惫软弱的乌合之众，想以此灭亡强大的赵国，那仅仅是幻想。如果真按某大臣的计谋去做，秦国真要成了天下的打击目标了！陛下您即便万寿无疆，恐怕也难以看到统一天下的那天！

"现在依我之见，陛下您应派人出使楚国，用重礼拉拢当权之臣，揭露赵国欺骗秦国的原因，再与魏国交换人质，稳住魏国，联合韩国以进攻赵国，赵国虽然与齐国结成联盟，那也不足为患了。赵、齐两国的事情告一段落，到那时韩国只要发一纸公文就会平定。秦国按照联韩攻赵的战略行事，赵、齐两国离灭亡的时刻也就不远了，与此同时，楚、魏两国也就自然屈服于秦了。常言道：'兵者，凶器也。'所以制定战略计划不能不慎重！

"以现在的力量对比看，秦国与赵国势均力敌，赵国再加上齐国的力量，韩国也跑到他们一边，而楚、魏的立场又不坚定，在这种情况下，秦国只要打一次败仗，灾难就要降临了！制定什么样的战略，是决定事业成败的关键，不可以不极其慎重。依我看，秦国力量强弱的转化，今年就可看出。

"况且赵国与其他国家早就暗中勾结想倾轧秦国，如果一着不慎，事情就危险了，由于战略错误而使他国有乘秦之心，那就更危险了！出现上述两种疏忽，秦国绝对难于比他国更强大。我希望陛下您认真考虑我的分析，免得由于战略的错误，而使他国有机可乘，那就后悔也来不及了！"

秦王接到韩非的书信，反复阅读，觉得韩非说的也并非毫无道理。再说他对韩非有一种特殊的感情，那就是他非常佩服韩非的法家理论，认为韩非是个超越所有人的奇才，所以很渴望韩非能够为自己服务。这次韩非的信，看上去处处为秦国着想，竭力让秦国从李斯攻韩的战略上退回到吕不韦时的攻赵战略上去，这么做究竟会有什么后果呢？这可是关系国家命运的大事。想到这里，他决定让大臣们围绕韩非这封信进行广泛的讨论。

李斯使韩之前就成了韩非不点名的攻击对象，但李斯对自己攻韩战略思想的正确性却深信不疑。他了解了这封信的内容之后，立刻看透了这位老同学的企图——想把秦国拉到一条错误的战略路线上来。韩非那些似是而非的形势分析，那些巧舌如簧的辩解，那些软弱无力的恫吓，掩盖着一个真正的意图，即利用秦国可能犯的错误，来保住灭亡在即的韩国。奇怪的是秦王为什么会相信这些鬼话呢？

从理论的建树去看，李斯远不如韩非，这点他自己早就清楚，但观形势、抓机遇、在政治舞台上大显身手，他自认为韩非远不如他李斯。李斯觉得必须在秦王面前揭穿韩非的真实意图，坚持自己提出的攻韩战略，这既是为了秦国，也是为了自己。

李斯对秦王说："秦国旁边有个韩国，就像人体内潜伏的疾病一样，很难去除。你安静时，它处于潜伏状态；你若激烈运动，它马上就发作。现在韩国虽然臣服于秦国，但未尝不是秦国的潜在威胁，目前如果有突发性事件，韩国就不可靠了。秦、赵两国斗争时，我们曾派荆苏出使齐国，但不知后果如何。依我看，齐赵联盟，荆苏未必能破坏，这样，秦国就得全力对付两个大国。这将是很困难的事情。

"再说，韩国并非从内心服从秦国，而是服从于秦的强大。现在我们全力对付齐、赵两国，韩国必然成为我们的心腹大患。倘若这时韩国与楚国暗中勾结，其他国家也起而响应，那时秦国将重演穆公时代在崤塞全军覆灭的悲剧了！

"韩非这次寄信来，目的是保存韩国，信中似乎是处处为秦国考虑，实际是在为韩国打算，花言巧语，玩弄诈术，跑到秦国来找便宜，为了韩国的利益来试探陛下您的意图。按韩非的说法，秦、韩两国结好，对两国都有好处，实际是便宜了韩国自己。我看完韩非的信，觉得确实写得文采飞扬，振振有词，看出他是个非常有才干的人，正因为如此，我才怕陛下您被他蒙蔽而误中其诡计，从而误了秦国的大事！

"现在我提议，秦国坚持出兵统一天下，但不明言攻打的对象，这样韩国当局就会把亲近秦国当成既定方针。我请求让我立刻到韩国去见韩王，说服他来见陛下，见过之后，把他扣留在秦国，不放他走，然后把韩国的决策大臣全都召到秦国，用他们的生命来交换韩国的土地，到那时，韩国就会被分割殆尽。然后让大将蒙武征发东郡之兵，陈兵于边境之上，但不要说出确切地点。齐国就会因恐惧而听从我们的使臣荆苏之计。如此一来，我们大军尚未出境，就用威慑力量制服了韩国，强迫齐国真心服从秦国。这样的消息传到其他国家，赵国就会心惊胆战，楚国就会不知所措。楚国一旦不敢行动，魏国就不足为患了，其他国家我们就可以一点一点搞掉它。这时，秦国就可以集中力量对付赵国了，希望陛下您认真考虑我的建议，不要掉以轻心。"

秦王听完李斯的建议和分析，终于明白了韩国和韩非的意图，当时就批准了李斯的请求，派李斯率领一个使团，到韩国去晓喻成败利害，让韩王马上来见他，然后，就一切按李斯的建议办，实现兵不血刃，灭亡韩国的计划。

李斯带着挟持韩王入秦的使命，来到韩国的都城郑（今河南新郑）。韩非见李斯亲自入韩，邀请韩王到秦国去，立刻就明白了李斯的险恶用心。因为他最了解这位老同学，有能力，有才华，写得一手好文章，能言善辩，稳重沉着。然而，此公最缺乏的就是道德责任感，他的人生目的只有一个：一切为了自己。他办事的原则是有用即真理。李斯此次来韩不过是想用欺诈的手段，得到战场上要得到的东西而已。

韩非立刻把李斯的为人、他在秦国的地位以及他这次使韩的真正意图一一说给韩王听，并且建议韩王不要接见李斯，让他空手而回，无法向秦王交代。

韩王听到李斯要以秦王的名义邀请他到秦国去，不禁感到一阵恐惧。秦国被天下人称为虎狼之国，最不讲信义。韩王还记得秦昭王时，楚怀王被骗入秦国，当作人质被扣留，最后死在秦国的事情，即使韩非不劝阻他入秦，他也决不会到虎口中去冒险的。

韩王下令不得给李斯通报，李斯作为强秦之使，在韩国吃了闭门羹，遭到前所未有的冷遇，十分震怒，天下第一强国的使臣被如此轻视，韩国意欲如何！再说，见不到韩王，又如何向秦王交代呢？他在使馆中度日如年，非常焦躁，他清楚这一切都是老同学韩非的安排，所以对韩非恨之入骨。

没办法，眼见自己的阴谋将要落空，时间又很紧迫，李斯只好给韩王写上一封书信，说明自己的来意，信的内容如下：

"过去秦、韩两国团结一致，互不侵犯，所以谁也不敢侵犯我们，这种友好的传统已经保持好几代了。前些时候，赵魏联兵共同进攻韩国，秦国发兵救韩，八日而至，大败来犯之敌。

"韩国位置在天下之中，四面受敌，面积很小，方圆不到一千里。然而韩国却能与其他强国平起平坐，君臣相保至今。原因何在？难道不是韩国世世代代与秦国结成盟好，借助了秦国的实力吗？

"过去，五国诸侯曾一起进攻秦国，韩国反而与五国联合，充当反秦的排头兵，一直把联军领到函谷关之下，与秦军对垒。可是各路反秦兵马困于坚城之下，力量尽耗于战斗之中，寸步难行，无可奈何，只好罢战退兵。

"当时杜仓为秦相，他点将发兵，决心要打击五国联盟，出这口怨气！他准备先打击楚国。楚国的令尹（相当于秦相）为此非常焦虑，他说：'韩国明知秦国是个不讲信义的国家，却与它结为兄弟之国，一起蹂躏天下。现在又背叛了秦国，成为反秦的急先锋。韩国地处天下之中，四面受敌，究竟它跟谁

跑，很难预测，现在我们几个国家迫使韩国割让出十座最好的城市，向秦国谢罪，好让秦国放弃报天下之怨的计划。'

"从这就可以看出，韩国只要一背叛秦国，立刻就会国危、地侵、兵弱。这种不利的状况至今没有改变，其原因是什么？我看就是你韩王常常误听奸臣的煽动蛊惑之辞，所以不能正确地分析形势。到了这个地步，你就是杀了奸臣，也不能再让韩国强大起来！

"目前，赵国正扩军备战，打算进攻秦国。我听说，赵国已派人到韩国，请求让赵国的军队通过韩国的领土，去攻打秦国。我以为这是很危险的，从形势看，赵国必先借此灭掉韩国，然后才轮到秦国！

"况且，我听说，有句唇亡齿寒的成语，所以秦、韩两国一定要休戚与共，风雨同舟！这个道理是十分明显的。过去，魏国进攻韩国时，曾派使臣到秦国游说，秦国毫不犹豫将魏国的使臣绑送到韩国。现在秦王派我前来访问，陛下却拒不见我，我担心您又中了左右奸臣的诡计，这样做下去，会使韩国再次有割让土地的危险！

"我现在得不到谒见陛下的机会，只好回去把情况汇报给秦王，如此，秦、韩两国的友好关系就要断绝了！我这次出使韩国，本来是带来了秦王的友善之意，并愿意在您的面前顺便给您出出主意，哪里想到陛下竟然拒我于宫廷之外！

"现在我再次请求您，让我见您一次，在您面前说说我自己的看法，即使身受斧钺，我也在所不辞，切望陛下答应我的请求。现在您将我在韩国处死，陛下的国家也不会因此强大起来。如果没有听到我说些什么，那就大祸临头了！秦国军队现在正整装待发，韩国的命运可堪忧虑！如果我李斯暴尸韩国街头，即使您想考虑我的建议，也为时已晚。等到秦军突入韩国边境，韩都指日可下，当您听到战鼓之声不绝于耳时，什么都晚了！韩国军队的战斗力之弱天下皆知，今天又背叛强秦，面对城将破、兵将败这种形势，韩国内部的叛徒必将袭取城池。城池陷落，积聚散弃，那就要溃不成军了！秦军必借机兴兵，围困韩国的各大城市，然后将各处交通要道掐断，这样，韩国统一谋划就会失灵，这种危局是很难挽救的。但现在陛下您周围的人却没想到这些，希望陛下您再好好考虑考虑。

"如果我的话与事实不符，请求陛下您让我当面把话说完，然后处死我也为时不晚！现在秦王饭不思、水不想，无心游乐，一心一意想解决赵国的问题，派我前来商议此事，希望我亲自见到陛下您，与陛下把事情立刻定下来。然而，直到现在我也没见到您，那么韩国的意图也就难以知晓了。如此一来，秦国必然会放弃进攻赵国的计划，移兵于韩国，所以我衷心请求陛下对此深思熟虑，让我向秦王有个交代。"

李斯这封信弥漫着一个强国恃强凌弱的野蛮态度，充满了一个大国使臣对一个小国的讹诈、威胁、恫吓的口气，同时也隐藏着一旦自己阴谋被识破后如何是好的胆怯。他并不恨韩王安，因为他知道韩王安不过是个昏庸之辈。他最恨的是韩非。这位老同学现在正与自己斗法呢，在千方百计地让他李斯失败，然后两手空空地回到秦王面前，受到秦王严厉的惩罚！

李斯深信他能打动韩王安，想当年他的一封《谏逐客书》不就让秦王回心转意了吗？难道韩王安会如此顽固，在存亡危难之时，也不想见他一面，听听秦国的意图？

但是，他的信却如石沉大海，杳无消息。他与使团的成员焦急地等待着，度日如年地挨着日子，可韩王安却始终没传来召见他们的命令！

李斯苦心设计的诡计又被韩非识破，韩王安不仅没有被骗入秦，而且连李斯的面都没有一见，李斯此次出使终于以失败而告终。[①]

李斯走后，韩非对韩王安说，我韩非愿意亲自到秦国去面见秦王，劝说他坚定攻赵的战略方针，以便使韩国能够赢得喘息之机，做好应急的准备工作。韩王安听罢大喜，大有疾风知劲草、危难见忠臣之感，悔恨过去没有重用韩非这个人才。

公元前 233 年（秦王政十四年），韩非离开韩国，带领使团向秦国进发。他深知此次入秦关系到韩国的生死存亡，也深知此次入秦的危险。且不说秦王的为人究竟如何，就拿老同学李斯来说吧，也不会轻易饶过他。李斯上次入韩，一无所获，羞惭而归，这次自己入秦，他能善罢甘休吗？

但是他想到韩国岌岌可危的处境，想到韩王对自己的期待，想到自己终于等到一次在政治舞台上亮相的机遇，他又坦然了。他深信凭着自己理论上的优势，他会在艰难的处境中开辟出一条希望之路。

秦王政听说韩非率使团来到秦国，大喜过望，马上接见了韩非，这使韩非感到极其意外，没想到事情竟会如此顺利！他哪里知道，秦王是那么酷爱他的著作，熟读《韩非子》中的各篇文章，是他的一个最重要的崇拜者！他当然也不会知道当他踏上秦国的土地之后，秦王就已经下定决心，把他留在秦国，让他为秦国服务。至于李斯，自然极不希望秦王召见韩非，更不愿意看到韩非成为秦王的亲信，取自己而代之，但李斯是个聪明人，他深知秦王对韩非的仰慕之情，是任什么人也阻止不了的，此时此刻若冒天下之大不韪，到秦王面前去

① 据《韩非子·存韩篇》。

说韩非的坏话，成全的是他韩非，而倒霉的则是他李斯，秦王会把他当成嫉贤妒能的小人，一脚踢开，闹到这样的局面，恐怕什么都完了。

李斯压抑着对韩非的极度仇恨，采取听其自然的办法，静观默察，窥视事态的发展，抓住时机，以求一逞。李斯想，凭着我在秦国十余年的苦心经营，到处都是我的人，谅韩非也不会逃出我的手掌，现在先让他得意几天吧！

韩非见到秦王，目的还是劝秦王放弃攻韩的计划，转而攻赵。但韩非事先想到，绝不能让秦王看出自己是为韩而不是为秦，话要说得巧妙，要把真实的意图掩饰在雄辩的辞藻中，但听者却又能不知不觉把自己的意图当成正确的意见而接受。为此，他将要与秦王说的话斟酌了好久。

遗憾的是秦王政已经肯定了李斯的攻韩战略，对他前来劝秦攻赵的游说根本不感兴趣。秦王政更感兴趣的倒是这位大思想家的理论，所以希望和韩非谈谈这方面的问题，并且明确表示韩非就不要再回韩国了，留在秦国将会大有作为的。

韩非回到使馆，对秦王政这种高深莫测的态度感到恐惧，他始终不知道秦王政对他的话及他本人有什么看法，但他并没气馁，仍然密切地关注着事态的发展。

这一年，传闻其他各国要联合攻秦，秦王政召集群臣以及宾客六十多人开会，讨论应急的办法。秦王问道："关外各国要联合攻秦，我如今困于内政的纠缠，百姓近年也被战争搞得困苦不堪，现在该怎么办呢？"

这时一个从赵国被驱逐出境，刚到秦国的游说之士姚贾站起来说："我愿意出使各国，必能破坏他们的阴谋而让他们按兵不动。"他的意见得到了李斯的大力支持。于是，秦王政给姚贾乘车百辆，黄金千斤，又把自己的衣服帽子穿戴在姚贾身上，把自己的佩剑赠给姚贾，以示鼓励，催促他到各国进行离间活动。

来到秦国的韩非得知这一重要消息，十分担心姚贾将会破坏反秦联盟，如果那样，韩国就危险了。想到这里，他借秦王政召见他的机会，开始在秦王政面前诋毁姚贾，以此来破坏姚贾的计划。

他对秦王说："姚贾拿着陛下给他的珍珠宝贝，南到荆、吴地区，北到燕、代地区，时间已经过去好久了，然而关东各国并没有因此靠近秦国。现在陛下的珍珠宝贝却都快用光了，实际是姚贾假借陛下的权势和宝贝，在外面为自己结交各国的君主，希望陛下明察！

"况且，姚贾是个出身低贱的人，他父亲是大梁城的看门人，自己也曾在魏国当过盗贼，后来跑到赵国寻找政治出路，事事不成，被赵国驱逐出境，现在又跑到秦国来搞政治诈骗。陛下让一个看门人的儿子、一个盗贼、一个逐臣和自己共商国家大事，我看这不是激励群臣洁身自好的办法！"

秦王听后，勃然大怒，立刻召回姚贾，并质问他："我听说你拿我给你的财宝自己去结交各国君王，有这回事吗？"

姚贾回答说："有。"

秦王恼怒地说："那你还有什么脸来见我呢？"

姚贾不动声色地回答说："我听说，曾参最孝敬他的父母，天下人都愿有他这样的好儿子；伍子胥最忠于他的君王，天下人都愿有他这样的好臣子；贞洁的女子手很巧，天下人都愿有这样的好妻子。今天我姚贾忠于陛下，陛下却不知道我的忠心。我想说我不到各国去游说，我该到哪里去呢？如果我姚贾对陛下都心怀二意，其他国家又有谁会任用我呢？夏桀听信谗言而诛杀了他的良将，商纣听信谗言而诛杀了他的忠臣，以至于身死国亡！现在陛下听信谗言，那就没有忠臣了！"

秦王政不屑地又问道："听说你是个看门人的儿子、魏国的大盗、赵国的逐臣？"

姚贾激动地说："我听说姜太公是齐国被赶出家门的女婿、朝歌地方下贱的屠户、子良家的放逐之臣，在棘津欲做家奴而不得，然而文王用之而统一天下；我又听说春秋时期的管仲，是个出身卑贱的商人，曾经被困于南阳，当过鲁国的俘虏，然而桓公用之而称霸天下；我还听说秦国的名臣百里奚，是虞国的奴隶，身价只值五张羊皮，秦穆公用之而独霸西戎；我还听说晋文公任用中山大盗咎犯，而有城濮之战的大胜利。这四个人，都有丑名声在天下传扬，但英明的君主任用他们，知道他们可以与自己成其大事！至于像卞随、务光、申屠狄这类所谓的道德高尚的人，君主难道能用得了他们吗？所以，英明的君主在用人时，决不挑剔他的污点，决不听信别人对他们的非议，只考察他是否能为自己服务，不过如此而已。因此，那些能够使国家强大的人，虽然有人诽谤他们，君主也不会听信；那些空有好名声的人，如果没有功劳，人主也不应奖赏他们，这样群臣才不敢对陛下抱有不切实际的幻想。"①

秦王政听完姚贾的这番话，只说了个"对"字。

此时韩非的悲剧也就拉开了序幕。

这时，李斯和姚贾二人都担心韩非待在秦国对他们实在不利，他们也看出秦王逐渐对韩非冷淡了，于是决定联手设计，陷害韩非。

李斯谒见秦王政说："韩非是韩国的贵族公子，现在陛下想要统一天下，

---

① 据《战国策·秦策五》。

韩非的一切活动表面上似乎是为了秦国，实际他是为了韩国，不过，这也是人之常情。现在陛下一时又不想用他，却让他长期待在秦国，最后还得让他回到韩国，这不是自己给自己留下祸患吗？不如找个过错把他杀了！"

秦王政认为李斯的话很对，马上命令把韩非押在云阳狱中，听候审查。

李斯、姚贾二人害怕夜长梦多，万一秦王幡然悔悟，放出韩非，岂不可怕！于是李斯派人给狱中的韩非送去毒药，逼他自杀，韩非却执意要见见秦王，陈述自己的冤枉，李斯哪容得了这位老同学做垂死挣扎，在他的授意下，狱吏强制韩非喝下李斯送来的毒药，韩非就这样惨死于秦国的监狱中！

秦王后来对关押韩非的做法感到后悔，派人赦免韩非，但韩非已经死于非命。

李斯用卑劣的手段除掉了韩非，这既是为了秦国的利益，也是为了自己的安全。自古以来，在政治斗争中是根本不讲什么亲情和友谊的，因此，李斯除掉韩非似乎也在情理之中。李斯虽然除掉了韩非，却全盘接受了韩非的理论遗产，并把它用之于未来的以君主专制为核心的统一的封建王朝的建设上，这也算是对这位老同学的一种纪念吧。

第八章　沙场谍影

　　李斯阴谋诳诈韩国的计划虽然失败了，却越来越得到秦王政的信任，他很快被拜为"客卿"。"客卿"是战国时期各国专门为招揽外籍人员而设置的一种职位，它的地位很高，仅次于相国。在秦国一旦被聘为客卿，就很有可能升任为相国。比如在李斯之前的外籍人员中，像张仪、范雎、蔡泽等人都是以客卿一跃而为丞相的。李斯被拜为客卿，这固然说明秦王政对他的极度信任，同时也标志李斯在秦国权力的阶梯上又迈进了大大的一步，从而也预示着他仕途的美好远景。

　　那么，人们不禁要问：他究竟为何如此被秦王政赏识呢？这里面自然有他背叛吕氏集团，并反手参与镇压吕氏集团的拥立之功，有"统一天下论"对秦王政的启迪，有他的法家思想与秦王的共鸣，有攻韩战略的制定，等等。另外，还有世人鲜知的一件事情，那就是李斯为秦王秘密制定了对其他国家进行间谍战的庞大计划。

　　进行间谍战，并非李斯的独创，在春秋末期，大军事理论家孙子就在《孙子兵法》十三篇中，特辟《用间》一篇论述这个问题，可见间谍战在战争中很早就被人们重视了。

　　孙子在《用间篇》中说："凡是兴兵十万，出征千里，百姓的耗费，国家的开支，每天都要耗费千金之巨。全国上下扰动不安，后勤供应疲惫于道路之上，为此而有七十万家耽误农活。这样相持几年，只为争一日之胜，如果吝惜爵禄和金钱而不重用间谍，以致不能了解敌情而失败，那就是最不仁慈的人，就不是合格的将领，就不是国君的辅佐，就不是胜利的主帅。开明的国君，优秀的将帅，其所以动辄战胜敌人，超出于众人之上，就在于事先了解情况，要事先了解情况，不可用祈求鬼神去获取，不可用相似的事情做类比去推测吉凶，不可用夜视星辰运行的度数去验证胜败，一定要从深知敌情的人口中去取得军事秘密。

"使用间谍有五种，有'因间''内间''反间''死间''生间'。五种间谍同时使用起来，使敌人莫测高深，这是用间谍的最高境界，也是国君的克敌制胜法宝。所谓'因间'，是诱使敌方土著为我所用。所谓'内间'，是诱使敌方官吏为我所用。所谓'反间'，是诱使敌人间谍为我所用。所谓'死间'，是先散布假情况，使我方间谍知道，然后传给敌方，但我方间谍要献出生命。所谓'生间'，就是能活着汇报敌情的人。

"所以在军队中，没有比间谍更应受到高度重视，奖赏没有比间谍更优厚的了，然而事情也没有比间谍更秘密的。不是高明的智者，是不能利用间谍的；不是仁慈慷慨的人，也不能指使间谍；不是用心微妙，不能取得间谍的真实情报。微妙，微妙啊！在战争中，间谍神鬼莫测，无处不在啊！假如间谍的工作尚未进行，先就泄露在外，那么间谍和听到秘密的人都要被处死。

"凡对要打的敌方军队，要攻的敌方城堡，要杀的敌方官员，必须先打听那些守城将官，左右亲信，掌管传达通报的官员，守门官吏和宫中近侍等的姓名，使我们的间谍一定要侦察清楚。

"必须搜索出前来侦察我军的敌方间谍，要用重金收买，优礼款待，诱导安置，使为我用，这样'因间'就可以为我所用了。由此而了解情况，这样

'反间''内间'就可以为我所用了；由此而了解情况，这样就能使'死间'传假情报给敌人；由此而了解情况，就可使'生间'按预定时间汇报敌情。五种间谍的使用方法，决策者都必须懂得。了解情况最主要的在于'反间'，所以对'反间'是不可不厚待的。

"从前商朝兴起，伊尹曾经在夏；周朝兴起，姜尚曾经在殷，所以明智的国君、优秀的将帅，如果能用高级的有智慧的人做间谍，一定能建树大功，这是用兵重要的一着，整个军队是要依靠它来决定行动的呀！"[①]

李斯是孙子《用间篇》的痴迷者，也是《用间篇》最成功的实践者。李斯认为单凭战场上的角逐固然可以取胜，但若辅之以"用间"，事情就会事半功倍，大大缩短战争的进程。

在公元前241年（秦王政六年），楚、赵、魏、韩、燕五国联合攻秦之际，李斯曾借机在秦王面前纵论如何用武力统一天下，因而取得信任，被任命为长史。与此同时，他还向秦王建议在敌对国家中积极开辟地下战场，即进行间谍战的设想，以配合正面战场的攻势。其内容是："暗地派遣间谍带着足够的钱财潜入敌对国家，用重金收买敌方的重要人物，让他们暗中替秦国服务。不接受收买者，就用利剑暗杀之，以此离间敌方君臣。然后派良将紧随其后，发起攻击，达到消灭敌人的目的。"

由于当时秦王政还没有亲政，秦王就将此事交由吕不韦来办理。吕不韦早就着手做过这方面的工作，对李斯的建议自然欣然接受。吕不韦制定的战略目标是赵国，因此把间谍战的目标也选定在赵国，而选择打击的对象是廉颇。

为什么把廉颇当成间谍战的目标呢？这必须从廉颇这个人讲起。

---

① 译文引自郭化若《孙子今译》。

廉颇是赵国最有名的将领，公元前 283 年（赵惠文王十六年），廉颇为赵将攻打齐国，把齐国打得大败，夺取晋阳地区，被拜封为上卿之职，从此以勇武名闻各国。

当时，秦国以强欺弱，秦昭王听说赵惠文王得到楚国价值连城的宝玉——和氏璧，假称愿以十五城换取这块稀世之宝，赵王与大将廉颇和诸大臣商议：把和氏璧给秦国吧，怕秦国赖账，不给赵国城池；不给吧，又怕秦国借机出兵攻打赵国。正在犯难之际，宦者令缪贤家的舍人蔺相如挺身而出，他愿意冒着生命危险到秦国去办这件事，并立下誓言说："秦国的十五座城池划归赵国，我就把和氏璧留在秦国。如果不这样，我将完璧归赵。"

蔺相如凭着超人的智慧和勇武，来到虎狼之秦，与蛮不讲理的秦国君臣进行了有利、有理、有节的斗争，挫败了秦的阴谋，打击了他们的气焰。既保住了和氏璧，又捍卫了国家的尊严，使赵国在与强秦的外交斗争中取得了一次巨大的胜利，极大地鼓舞了赵国君臣的抗秦士气。

公元前 279 年，秦王又派使者告知赵王，想要与赵王在渑池（今河南渑池）相会，赵王惧怕秦国，不想去赴会。廉颇、蔺相如对赵王说："大王如果不去，恰恰显示出赵国的软弱和胆怯。"赵王于是在蔺相如的陪同下前去赴约。廉颇送他们到边境，与赵王告别时说："大王到那里去，我估计来回不过三十天，如果大王三十天不回来，那我就请求立太子为王了，以绝秦国的不可告人的意图。"赵王答应了他的请求，与蔺相如来到渑池。

在与秦王的会面中，秦国君臣几次想寻衅侮辱赵王，但蔺相如临危不惧，与秦国君臣进行了义正词严的斗争，使秦国的阴谋始终没能得逞。廉颇统率的军队也在边境上严阵以待，使秦国没敢轻举妄动。

回国后，赵王认为蔺相如功劳最大，拜他为上卿，地位在廉颇之上。廉颇很生气，他说："我是赵国的良将，有攻城野战之大功，而蔺相如凭着一张嘴，居然跑到我头上去了？再说蔺相如出身低贱，我和他在一起感到羞耻，我不能容忍位居他下！"并扬言："我见到他一定要羞辱他。"

蔺相如听到廉颇的这些话之后，总是躲开廉颇。这使蔺相如的门客们很不理解，以为蔺相如太没骨气了。蔺相如对他们说："我蔺相如面对秦王的威风，尚且敢于公开斥责他，羞辱秦国的群臣。我虽然很笨，但也不至于这么怕廉将军。我只是考虑，强秦所以不敢进攻赵国，只是由于有我们两个人。现在两虎共斗，必有一死，我所以不与他冲突，是先考虑到国家利益而后考虑个人利益的缘故。"

廉颇听到这番话，感到很惭愧，立刻到蔺相如处负荆请罪，两人终成最要好的朋友。

赵国君臣上下的团结，终于造成对秦国和其他国家的极大威胁。

此时赵国成为唯一能与秦国抗衡的东方强国。公元前262年，秦国进攻韩国的上党地区，韩国守将冯亭把上党郡献给了赵国，赵孝成王派廉颇率大军驻守长平（今山西高平西北），抵御秦军。秦国则派大将白起、王龁进攻长平，从此长平大血战拉开了序幕。

廉颇面对秦军的猛攻，采取了深沟高垒的固守战术，两军在长平相持三年，秦军寸步难行。白起进行反间活动，散布秦军只怕赵括为将的消息，赵孝成王中计，让空谈家赵括代廉颇为将，结果被秦军一举击破，四十余万降卒都被活埋。

廉颇在家赋闲后，流亡到魏国。

廉颇在魏国住了很久，魏国也不能任用他。当时，赵国多次遭到秦军的攻打，赵王又想起廉颇，廉颇也想为赵国服务。

这个消息传到秦国，吕不韦害怕老将廉颇重新被任用，对秦国不利，于是接受李斯的建议，派人潜入赵国，贿赂赵王的亲信郭开，让他阻止赵王任命廉颇为将。

这时廉颇的年龄已经很大了，赵王在起用他之前，先派使者看看廉颇的健康情况，然后再做是否任用的决定。郭开暗中用黄金贿赂使者，指使使者在赵王面前说假话。

赵王使者见到廉颇后，廉颇在使者面前吃了斗米之饭，并且披甲上马，以示自己仍然可用。但使者回报赵王说："廉颇虽然老了，但饭量还不错，可惜与我坐了没多少时间，就拉了三次屎！"赵王认为廉颇确实老了，决定不予任用，秦国的一颗眼中钉就这样被拔掉了！

秦王政消灭了吕氏及嫪氏集团之后，决定按李斯的"统一天下论"重新制定灭亡六国的战略计划。

参与制定新战略的除李斯外，还有一个重要人物，就是尉缭。他恰是在公元前237年（秦王政十年），也就是消灭吕氏集团那年，从魏国来到秦国的。尉缭是有名的大军事理论家，著有兵法《尉缭子》，是个难得的军事奇才，然而在魏国却找不到政治出路。他来到秦国之后，秦王政立刻热情地接见了他。他建议秦王说："以今天秦国之强，相比之下，其他国家的君王不过像个郡守县令而已。但我担心他们彼此暗中联合起来，出其不意地发起对秦国的打击，那对秦国的危害是非常巨大的。历史上的智伯、吴王夫差、齐湣王都是在这种突然打击下顷刻灭亡的。希望大王不要吝惜财物，赶快派人潜入敌国，重金贿赂他们的掌权大臣，以此扰乱他们的战略计划，这样，不过花费三十万两黄金，却可以灭亡他们的国家。"

李斯见尉缭提出的建议与自己的设想不谋而合，就将尉缭引为知己，他们力劝秦王把这一建议当一项国策确定下来。

同在此年，一个叫顿弱的秦国人要求谒见秦王。他和茅焦同是嫪毐集团的残余分子，试图在政治上寻找新出路，所以冒死到秦王面前献计献策。他对秦王说："天下有一种人是有其实而无其名，还有一种人是有其名而无其实，更有一种人是无其实也无其名，大王您知道他们都是哪些人吗？"

顿弱说："有实无名的是商人，他们不从事任何生产劳动，仓库里却装得满满的，这就是有其实而无其名。无实有名的是农民，大地刚解冻，他们就得耕田，头顶烈日辛苦锄地，却常常缺衣少食，这就是无其实而有其名。至于无实又无名的人，乃是大王您自己，您已经当了一国之君，却无孝母之名，以千里土地奉养母后，却无孝母之实。"

秦王政听罢，勃然大怒。

顿弱却把话题一转，继续说下去："现在东方虽然有六个大国，但他们却无法损害您的权威，相反，您的权威却因太后问题处理不当而受到损害，我私下认为您的做法是不可取的。"

秦王政不愿谈这个问题，他转而问道："我可以兼并东方六国吗？"

顿弱说："韩国是天下的咽喉，魏国是天下的胸部和腹部，大王您拿出数百万两黄金，派人潜入韩、魏，拉拢他们掌权的重臣，让他们暗中帮助秦国，韩、魏如果站在秦这边，那天下大势就一举而定了。"

秦王政说："现在秦国很穷，恐怕拿不出那么多钱。"

顿弱说："我们这个时代哪有没事的时候，不是某些国家搞'合纵'，就是某些国家搞'连横'。'连横'成功了，秦国就会称帝；'合纵'成功了，楚国就要称王。秦国称帝，天下的财富就全是您的；楚国称王，大王就是有万两黄金，它们也成不了您的私产。"

秦王听完顿弱的议论，又参之以李斯、尉缭的建议，决定把对其他六国的间谍战当成秦国统一天下战略的重要一环。为此，他任命李斯为间谍战的总负责，其成员有尉缭、顿弱、姚贾、陈驰、荆苏、苏涓、任固等多人。李斯亲自负责韩国，顿弱负责燕、赵，姚贾负责江南地区和燕、代，荆苏负责破坏齐楚联盟，苏涓负责楚国，任固负责齐国。

除此之外，还有很多名不见经传的人物。总之，这是中国历史上规模最大、成效最为显著的一场间谍战。因为当时它属于最高机密，所以一些详细情况我们现在不得而知。后来，李斯在狱中上书秦二世时，曾提到此事说："先王之时，我曾暗中派遣谋臣，带着大量的金钱，潜入敌国……"显然李斯把间谍战当成自己的一大功劳。

这场间谍战中，最成功的事例是谋杀赵国名将李牧。

李牧是赵国北方边境的良将，常居代地的雁门（今山西右玉南），防备匈奴。赵王授权他根据需要可以任命手下的官吏，当地所收的租税都归他调配，用之于将士的开销。他每天都杀数头牛犒劳士兵，让将士勤习骑射，注意敌情，多派间谍深入匈奴。他爱护战士，和战士约定："匈奴侵入边境掠夺，我们赶快退入堡垒之中，有敢捉俘虏的斩首。"

匈奴每次进犯边境，警报就会响起，军队立刻退到堡垒中，不与战斗。就这样过了好几年，李牧的军队也没什么损失。然而匈奴认为李牧是个胆小鬼，就连赵国的边防军也以为李牧太胆小。赵王为此曾多次责备李牧，但李牧却我行我素。赵王大怒，用别人替换了李牧。

每到年终，匈奴往往大举犯境。赵军出去迎战，多数失利，损失很大，这使边境地区无法进行正常生活。没办法，赵王只好再让李牧出任边将。李牧杜门不出，坚称有病。赵王强迫他非出任不可，李牧说："大王一定要用我，还得让我照老办法做，我才敢奉命。"赵王没办法，只好答应了。

李牧到了边境，还是老样子。匈奴闹了几年，一无所获，但总认为李牧胆怯。

边防战士经常得到赏赐，而不见任用，大家倒很想打一仗。李牧于是精选了一千三百辆战车，又精选了战马一万三千匹，敢死之士五万人，弓箭手十万人，认真地进行军事演习，同时还把牲畜放开，让人民随意出境，以示毫无准备。

匈奴小股进犯，赵军假装不胜，以数千人任其杀掠。匈奴的单于听到这种情况，亲率人马大举入侵。李牧开始发挥其军事天才，摆出奇阵，让左右两翼从侧面攻击敌人，大败匈奴主力，杀死十余万人。他乘胜大破东胡，降伏了林胡，匈奴的单于望风逃窜，从此之后的十几年内，匈奴不敢靠近赵国的边境。

公元前244年（赵悼襄王元年，秦王政三年），廉颇流亡到魏国，赵任命李牧为主将。

公元前234年（赵王迁二年，秦王政十三年），秦军大将桓齮大破赵军，斩首十万，杀赵将扈辄。情况万分危急，赵王任命李牧为大将军。李牧受命于危难之际，在宜安、肥城大败秦军，秦将桓齮逃跑，赵王封李牧为武安君。又过三年，李牧再次打败秦军，成为赵国生存下去的中流砥柱。

公元前 229 年（赵王迁七年，秦王政十八年），韩国此时已经灭亡。秦国派名将王翦倾其全力攻打赵国，打算一举灭赵。赵国让李牧、司马尚抵御秦军，秦军前进受阻。李牧名震天下，成为秦国灭亡赵国的主要障碍。

李斯这时的主要任务就是想方设法除掉李牧，为正面战场创造出胜利的条件。

李斯的间谍网很快摸清了赵国统治集团的腐败情况：他们在大敌当前，面临灭顶之灾的生死关头，仍然骄奢淫逸、尽情享乐，彼此之间尔虞我诈、互相倾轧。

赵王迁的母亲，原是邯郸卖笑的娼女，曾经嫁给一个大族人为妻，后来成了寡妇。赵王迁的父亲悼襄王被她的美貌迷惑，娶她为王后。当时，李牧认为她出身低贱，没有文化修养，苦谏赵王不要娶她，但赵王听不进去。婚后，她与贵族春平侯私通，闹得乌烟瘴气。由于李牧曾反对立她为后，所以她对李牧始终怀恨在心。

另外一个腐败分子是韩仓，此人善于阿谀逢迎，深得赵王欢心，他对李牧屡建奇功非常嫉妒，经常在赵王迁的面前说李牧的坏话。

还有一个败类就是曾为李斯迫害廉颇的腐败分子郭开。

这次，李斯等人先找到败类郭开，贿赂了他很多黄金，然后指使他为秦国进行离间李牧与赵王迁关系的活动，最后借赵王之手除掉李牧。

按照李斯的指示，郭开拿出一部分黄金，暗中送给赵王后的姘夫春平侯，让春平侯通过赵王后搞掉李牧。

郭开又拿出一部分黄金送给韩仓，让他在赵王迁面前诋毁李牧，让李牧失信于赵王。

此时，李牧和司马尚正率大军在前方浴血奋战，他哪里知道已经陷入李斯为他编织的一张罗网之中！李牧在昏君、淫后、奸臣的包围下，悲惨的命运已经注定了。

昏聩的赵王迁在李牧谋反的谗言攻击下，竟对此事信以为真。赵王迁立刻命赵葱及齐将颜聚取代李牧，命令李牧回朝接受处分。突如其来的打击实在出乎李牧的意料，这简直是飞来的横祸！再说现在前线万分吃紧，稍有疏忽秦军就会排山倒海似的压上来，那时国家的命运就很难预测了。所以他为了国家的最高利益，以"将在外，君命有所不受"为理由拒不回朝，说等击退秦军再做理会。

赵王见李牧没能就范，不知如何是好。这时，韩仓献出一计：派人到军中，秘密将李牧逮捕，然后处死他。于是赵王派韩仓到前线依计行事。

韩仓来到前线，将李牧突然逮捕，并连夜押解回京城。赵王让韩仓在宫中审讯李牧。韩仓实在找不出李牧的什么"罪状"，但要置李牧于死地，总得有点理由，于是他只好给李牧加上莫须有的罪名。

韩仓煞有介事地吼道："将军得胜回朝，大王为你举杯祝贺，将军在举杯还礼时，却手摸匕首想刺杀赵王，罪当处死！"

李牧说："我手臂曲挛不能伸直，所以显得身高臂短，在给君王行礼时，手不能触地，怕君王怪罪我，所以我让人用木材接上一个假手，这样的手怎么能拿匕首刺杀人呢？你们若是不信，我可以拿给你们看看。"

说着，把袖子挽起来，让韩仓检查。当手臂伸出时，果然是木制的假臂，外面缠着布条。

韩仓理屈词穷，但他却蛮不讲理地说："我接到赵王命令是赐将军死，没有赦免的可能，我不敢把你的情况汇报给赵王。"

李牧悲愤交加，面对这群不顾国家命运的昏君小人，他完全绝望了。想到这里，他跪在地上，向北最后遥拜一次赵王，然后抽出宝剑，准备自裁。

他请求韩仓说："作为臣子不应在王宫中自杀。"在韩仓的监视下，他走出宫门，然后右手拿起匕首打算结束自己的生命，但手臂太短，够不着自己的身体，没办法，他把匕首衔在嘴里，然后往柱子上飞快地一撞，死去了。

李牧死后五个月，赵国也灭亡了。

一代名将李牧就这样惨死于李斯的反间计和赵国腐败分子的谋害。

秦国间谍战的另一著名战例是灭齐过程的反间活动。

当时，离秦国最远的国家是齐国，它与秦国一东一西，中间隔着几个国家。从地理位置上看，齐国最安全，因为秦国在没有灭亡其他国家时，一时还难以把战火燃到齐国的领土，所以在齐国最后一个国君齐王建掌权时期，能够偷安四十年左右。但是齐国在暗中却常常支持他国反秦，以期延缓秦国对东方的猛烈攻势。为此，李斯曾派苏渭赴楚、任固赴齐做反间活动，破坏齐与楚的联盟。当秦国开始统一中国的战争之后，李斯为了使齐国停止支持其他各国的抗秦斗争，特派陈驰潜入齐国活动。

当时，齐国政治腐败，齐王建是个昏庸的君主，国家权力掌握在相国后胜的手中，这是个只知有家，不知有国的腐败分子，陈驰就是利用他这点进行反间活动的。

李斯命令陈驰千方百计把齐王建骗到秦国，然后予以扣押，使齐国群龙无首，陷入混乱。

陈驰先去见齐王建，进行欺骗性游说，他向齐王建说，秦王想给齐王五百里的土地，以此诱使齐王入秦，这种拙劣的政治欺骗本来极易识破其真正目的，但齐王建竟然将信将疑，并且将这件事交给相国后胜处理。陈驰得知此消息后，立刻以重金向后胜进行贿赂，后胜欣然接受贿赂，答应促成此事。

后胜也怕上当，就派自己的亲信入秦，调查此事是否属实。李斯再次用重金收买后胜的这些亲信，让他们为秦国服务。这些家伙回国后，按李斯教他们的话，力劝齐王建入秦，并且说只要齐国不搞备战活动，不帮助五国反秦，这样秦国就会给齐国五百里土地。

糊涂的齐王建在这帮小人的愚弄下，断绝了对其他五国的支援，国内也不积极备战，而且还异想天开地准备到秦国去访问。

齐王建将要出发时，守卫齐国京城的雍门司马上前拦住了齐王的车队。他问齐王："人民拥立君王进行统治，是为了国家的利益，还是为了君王自己？"

齐王回答说："为了国家。"

雍门司马责问说："既然是为了国家才拥立君王，大王为什么擅自离开自己的国家跑到秦国去？"

齐王建被问得无言以对，只好暂时调转车头，回到宫中。

即墨大夫听说雍门司马使齐王回心转意了，认为可与之一起再去劝谏齐王，让齐王彻底放弃到秦国去的决定。他谒见齐王说："齐国土地方圆有数千里，军队数百万，现在赵、魏、韩的士大夫，在秦占领区阿、鄄进行反秦活动，楚国的士大夫在秦占领区鄢、郢活动，如果大王收编他们，给他们以百万之众，让他们从临晋关、武关攻入秦国，如此，则齐国可复兴，秦国可灭亡。现在大王却舍弃王位，跑到西方的秦国去称臣，我认为大王这么做，实在不可取啊！"齐王不听。

最后，齐王还是听信了陈驰等人的谎言，到秦国去了。到了秦国，李斯立刻将齐王建拘押到共邑（今甘肃泾川北五里）的一片松柏林中，把齐王建活活地饿死，齐国也很快灭亡了。

李斯大规模的间谍战都很成功，它有力地配合了正面战场的攻势，极大地减轻了秦军进攻的阻力，缩短了统一战争的时间，减少了统一战争中的损失。

李斯的间谍战所以能够成功，除了秦王的大力支持、李斯等人的智慧之外，最主要的还是东方六国腐败的政治土壤，为秦国的反间活动提供了可乘之机。这些国家统治集团中君昏臣奸，文恬武嬉，在大敌当前之际，仍然蝇营狗苟，不思进取，甚至卖国求金，完全是些恬不知耻的败类。正是有了这些人的帮助，李斯等人才捞到了在战场上捞不到的好处。

反观秦国的情况，则与此形成鲜明的对照。首先秦国政治较为清明，上下一致，恪尽职守，根本不为金钱所动。另外，更重要的是秦国从商鞅时代起，就逐渐实现了社会生活法治化，如把告奸当成重要的内容写进法律之中，所以不可能有间谍的活动。如发现有不轨者必加严惩，郑国间谍案就是最好的例证，看来历史的教训是深刻的！

第九章　海县清一

自公元前 770 年西周奴隶制王朝灭亡，直到公元前 246 年秦王政成为秦国的君主，中国的历史在此阶段经历了五百余年的大分裂。在如此之久的大分裂局面中，战争这种制造罪恶和灾难的魔鬼已经成了社会前进的主宰。

当此之时，各国"争地以战，杀人盈野；争城以战，杀人盈城"。刀光剑影，血雨腥风，有多少生灵涂炭，多少文明被毁，多少王冠落地，多少国家灭亡！

在死亡的威胁下，人们亟望生存；在战火的煎熬下，人们亟望和平；在混沌的困扰下，人们亟望秩序；在分裂的对抗中，人们亟望统一。

然而谁能赐予人们生存、和平、秩序、统一？谁能让千万苍生尝到生民之乐？在经历了这五百余年苦难的历程之后，人们终于在强秦的身上看到了这种曾经是那么渺茫的希望！

秦国所以能够肩负起统一中国的历史重任，那是因为秦国在秦孝公时代，在商鞅的主持下冲破重重阻力，进行了两次全方位的、深刻的变法。

公元前 356 年，秦孝公任命商鞅为左庶长，进行第一次变法，其主要内容如下：

一、废除传统的奴隶社会的"礼治"，建立封建体制的"法制"。具体的做法是，颁布统一的法令，强化社会治安，在全秦国推行连坐法，即五家组成一伍，十家组成一什，有"奸"必须向政府告发，这样可同斩得敌人首级一样得赏，不告发的要被处以"腰斩之刑"。如果一家窝藏"奸人"，将与投敌分子受同样的处罚。其余九家如不检举告发，要一并治罪。

在这种严酷的法律管制下，秦国创建了当时第一流的社会治安环境，据史书记载，秦国当时"道不拾遗，山无盗贼，家给人足……乡邑大治"。

二、废除传统的按血统"五等爵"制，实行按功绩大小制定的二十等军功爵制；统一国家武装力量，禁止私人武装械斗。

传统的奴隶社会，国家权力由奴隶主血缘贵族把持，天子根据与自己的血缘关系的亲疏实行分封制，分封的等级为公、侯、伯、子、男五等封国，在每个封国之内，又根据血缘关系的亲疏分为卿、大夫、士三等贵族。这些爵位和等级世代相传，以此来保证奴隶主贵族的永恒统治，使广大民众被排除于国家政治生活之外，因而无法参与国家的管理工作和社会财富的分配。

现在，秦国的法令规定凡立有战功和事功的臣民，不受阶级、阶层、民族、国别、年龄、血缘等条件的限制，都可以获得相应的爵位。具体的规定是，凡在前线斩得敌人甲士首级一颗者赏爵一级；要做官的，委以五十石俸禄的官职。

爵位的等级次序及名称如下：

一公士，二上造，三簪袅，四不更，五大夫，六官大夫，七公大夫，八公乘，九五大夫，十左庶长，十一右庶长，十二左更，十三中更，十四右更，十五少上造，十六大上造，十七驷车庶长，十八大庶长，十九关内侯，二十彻侯。

其中不同爵位享有不同的特权。

（一）有爵者可按爵级获得一定数量的可供役使的农奴。

（二）有爵者可按爵级获得田宅。

（三）爵至五大夫以上，可以享受"赐税""赐邑"的优待。

（四）爵至五大夫以上及"有税邑六百家"者，即可豢养家客为自己效劳。

（五）凡有爵者，在犯罪时可以享有各种特权。

与此同时却规定，贵族有军功可按军功爵获得相应的特权，无军功者即使出身再高贵、再富有也不得参与国家政治。

军功爵的确立，对秦国的奴隶主贵族是个沉重的打击，从此使秦国的奴隶主贵族垄断国家政治和社会财富的局面一去不复返了。相反，通过军功爵却解放了那些长期被压抑在底层的广大民众，使他们有可能通过自己的能力改善自己的地位，有机会登上政治舞台，参加国家的管理工作。

因此军功爵的确立，在当时最大限度地调动了秦国广大民众的积极性，增强了秦国军队的战斗力。

三、重农抑商，奖励耕织。

商鞅规定努力从事农业生产的人，免除其本身的徭役，对从事商业、手工业及其他杂业的人，或者因懒惰而导致贫困的人，本人及家属都将被没入官府成为奴隶。那些国家允许经商的人必须向官府登记他们拥有的奴隶的名字和数目，以便官府向他们摊派徭役。还规定提高市场上酒肉的税额，要让税额比成本高十倍。还规定加重关卡和市场上的商品税，不准私自贩卖粮食。严禁商人垄断市场，牟取暴利，规定由国家统一管理自然资源。

上述的改革内容，为秦国在战争中奠定了雄厚的经济基础。

四、统一思想，澄清吏治。

商鞅为了把秦国民众的思想统一到战争上来，对除法家之外的各家思想给予最严厉的打击，采取"焚诗书而明法令"的极端措施，同时对以私乱公、走后门、拉关系、谋取权力的腐败行为也一并给予打击和禁止。

五、破坏传统的宗法组织，培植小农家庭。

商鞅规定一般平民家中有成年男子两名以上必须分居，不分居则加倍交纳赋税。

这一规定的目的主要是破坏奴隶社会大家族的血缘社会组织，把原有的社会组织改变为一家一户的个体家庭，以此加强国家对每个人的控制，增加国家的税收和兵员。

当第一次变法取得实效之后，商鞅又在公元前 350 年进行了第二次变法。其目的是巩固和深化第一次改革的成果，让秦国真正走上富国强兵的道路。

（一）废除奴隶社会的"井田制"。所谓"井田制"是中国奴隶社会特有的土地制度，它的特点是：保持原始的农村公社的土地公有形式，把土地分成公田和私田，大家集体耕种公田，然后再各自耕种自己的私田。公田的收入归奴隶主贵族所有，私田的收入归自己。土地不得买卖，劳动者只有使用权而无占有权，土地定期重新分配。这种"井田制"到了战国时期已经很难适应新的生产关系的需要了，根本无法调动起生产者的积极性。

商鞅为了满足国家对物质生产的需求，决定"废井田，开阡陌"。允许劳动者有土地占有权，在法律上允许土地买卖，严禁对私有土地的侵犯，从而在秦国形成了当时最彻底的封建生产关系。

（二）废除分封制，推行郡县制。在西周时期按血缘关系而制定的奴隶社会分封制，是奴隶主贵族阶级利用他们的血缘感情维系奴隶社会的以天子为核心的贵族等级制的那种大一统局面。然而分封制的本质却是分权制。到了春秋时代，分封制的弊端开始暴露无遗，那些所谓的"兄弟之国""甥舅之国"，在西周灭亡之后为了掠夺财富、土地、奴隶展开了无休止的战争，从而使中国陷入到数百年的大分裂中。

商鞅鉴于历史的教训，在秦国推行县制。县制的特点是县级的行政领导全由中央任免，县级行政单位仅是中央政令的执行单位，并直接对中央负责。这样就把地方上的各种权力全部集中到中央手中，使地方根本无法与中央对抗。此外，中央的政令又通过县级行政单位落实到最底层，这就使中央能够最大限度地调动全国的人力、物力去与其他强国对抗。

（三）迁都咸阳，准备东进。秦国的都城原在雍城，这里离东方较远，为了积极向东方扩张，商鞅在改革中建议把都城由西部的雍城迁到咸阳，这样，一方面使秦国的政治中心向东迁移，处于更便利的地理位置；另一方面，通过迁都，也摆脱了旧贵族们对新政的干扰。

（四）建立统一的计量制度。对秦国的度器、量器、衡器实行国家统一标准，不得在此之外另设私制。这一改革，促进了国家对经济的控制，从而打击了私人的超经济剥削，以及利用私制器具进行对国家不利的政治活动。同时，随着计量制度的统一，也建立了秦国正常的市场秩序，为商品的正常交换与流通创造了良好的条件。

商鞅的改革在秦国进行了十九年，商鞅的变法不是一次一般意义上的政治改革，而是一场具有伟大历史意义的社会革命。这场革命的本质是把存在了千年之久的奴隶制彻底地从秦国根除，而代之以新的封建制度。通过这场全方位的改革，秦国的社会生活发生了翻天覆地的变化。首先，新的地主阶级和农民阶级所结成的新的封建的生产方式代替了腐朽没落的由奴隶主阶级与奴隶阶级结成的旧的奴隶制的生产方式。这种生产方式的革命性变革，在当时无疑是一项伟大的创举，它极大地解放了社会生产力，使秦国的生产水平超越了其他国家，从而走到了时代的前面。更重要的是，他为中国社会今后的发展指明了一条可行之路，由此而去，社会才能发展，民众才能生存，统治者才能重新确立自己的权威的合法性。从这个意义上说，商鞅变法迎合了社会发展的趋势，从而也为秦国统一中国奠定了坚实的基础。

与此同时，其他六国也并非停留在传统社会的水平上，在激烈竞争的压迫下，他们也进行了各种形式的变法，但从总的情况看，这些国家的变法运动与秦国相比，或失之于片面，或失之于肤浅，或者半途而废。总之，变法的结果没能实现社会结构的根本更新，新的封建制度没有从根本上确立起来，保守的、腐败的旧势力仍然能够活跃于当时的政治舞台上。这就使秦国与其他六国在竞争中拉开巨大的差距，这一差距为秦国造成的优势就成了秦国在与其他六国进行长期斗争时得天独厚的资本，也为其他六国的灭亡埋下了伏线。[①]

秦孝公死后，商鞅被车裂。但商鞅变法的成果不仅被后来的统治者所接受，而且还在秦国范围内得到巩固和加强。对这点，西汉初期著名的青年政治家贾谊总结得最为全面、最为精彩，他说：秦孝公死后，秦惠王、秦武王在商鞅变法的基础上，继承了秦孝公的遗志，南兼汉中，西占巴、蜀，向东拓展，占领大片肥沃的土地，收复许多战略要塞。东方诸侯无不恐惧，他们试图团结起来谋划削弱秦国的办法，不惜用珍器重宝和肥美的土地，来招引天下贤士，进行"合纵"运动，使大家联合起来抗秦。此时，齐有孟尝君，赵有平原君，楚有春申君，魏有信陵君。这四个人，都是聪明忠信、宽厚爱人、尊贤重

---

① 皆据《史记·商君列传》。

士的杰出人物。他们彼此搞"合纵"，破坏秦的"连横"，总算使韩、魏、燕、楚、齐、赵、宋、卫、中山等国走到一起。这时六国之士中又有宁越、徐尚、苏秦、杜赫等人为之出谋划策，有齐明、周最、陈轸、召滑、楼缓、翟景、苏厉、乐毅等人为之加强联系，有吴起、孙膑、带佗、王廖、田忌、廉颇、赵奢等人为之统率军队。这些国家常以十倍于秦国之地、百万大军，西向攻秦，秦人冲出函谷关，抗拒来犯之敌，九国之师立刻仓皇逃窜，不敢向前。秦国不费吹灰之力，而其他各国却陷入困境。于是他们搞的"合纵"运动土崩瓦解，彼此反倒争着割给秦国土地，用以讨好秦国。秦国以其余力击其弱点，追杀逐敌，消灭百万之众，血流成河。秦国乘机分割天下，称雄一时，使强国低头服从，弱国入朝称臣。到了秦孝文王、庄襄王时期，他们在位时间很短，国家又无事，等到秦王政时，他续承六代先祖的基业，开始了轰轰烈烈的统一天下的大业。

贾谊说得很对，以秦王政为代表的秦国统治集团，正是继承了先人留给他们的这笔丰厚的历史遗产，才有可能"振长策而御宇内"。

这仅是其一，贾谊说出了更重要的一点，秦能够统一天下的根本原因还在于："近数百年中，好久没有出现一个统一强大的王权了。周王室已经没落，春秋的五霸也消亡了，天下没有一个统一的政令，因此，诸侯彼此争夺，强的侵略弱的，势大的欺侮弱小的，战乱不止，民众痛苦。现在秦国建立了统一的政权，这就上有天子了。民众寄希望于这个天子，使其能够过上正常的生活，因此才心悦诚服地盼望秦国能够统一。"①

贾谊的这个论点所以重要，就在于他指出历史的必然归根结底是民众共同

---

① 据贾谊《过秦论》。

的愿望促成的，没有人民对统一的渴望，就不会有民众对统一事业的支持，没有民众的支持，任何历史的必然也不会出现。

当然，我们也必须看到秦王政、李斯这些人物对历史进程的影响。

首先，秦王政、李斯等人都是商鞅思想的信仰者，同时也是商鞅路线忠实的执行者，这样就保证了秦国不像其他国家那样，最终偏离了改革的轨道，而滑到旧路上去。

此外，他们各人的性格虽然各异，但在功利主义这点上却是统一的。不管他们的个人动机如何，他们都要在有生之年做一番大事业。为了实现这一理想，他们又都体现出高度的时代使命感和责任感，都能积极将自己的才智贡献给这一伟大的事业。而这种个人对理想执着追求所产生的巨大冲动，在创造历史的过程中是不容忽视的因素。

比如秦王政，他性情暴戾恣睢、专横跋扈。然而为了统一大业，他却能控制自己，屈尊就下，闻过则喜。

大军事家尉缭来到秦国，他"见尉缭亢礼，衣服食饮与缭同"。

顿弱是贤人，他欲见之。顿弱的条件是："臣之义不参拜，王能使臣无拜，即可矣。不，即不见也。"他居然屈尊就下地忍受了。

茅焦为太后、嫪毐事冒死谒见秦王，当面痛斥秦王之非，揭其难言之隐私。然而秦王想到统一乃大事业，不宜过分激化内部矛盾，不仅采纳了茅焦的建议，还尊之为"仲父"，爵之以"上卿"。

秦王因郑国间谍案，欲逐天下宾客，李斯一封《谏逐客书》，使之幡然悔悟，立刻取消错误决定。

类似的事情，都反衬出秦王政的气度、理智大有过人之处，这正是一个有为之君成其大事时所急需的个人品格。正因为有了这样的品格，在秦国统一中国的前夜，在秦王的周围才能形成一个卓绝优秀的人才群体。文臣如李斯、姚贾、茅焦、顿弱等，武臣如尉缭、王翦、李信、蒙骜等，这个人才群体把各自的智谋和才能都凝聚成秦王政的钢铁般的意志，形成历史上少有的无坚不摧的精神力量。

至于李斯，从其个人动机看，他的目的就是要通过自己的能力去改变自己的社会地位，达到别人可望而不可即的最佳社会位置。但他的高明之处在于，他能将自己的个人目的紧紧地与历史的大趋势结合在一起。他能够审时度势，抓住天下思定的脉搏，顺流而动。与此同时，他能够排除各种感情干扰，认定秦国是完成统一天下这一伟大任务的承担者，坚定地跟着秦国走，在这点上他超过了韩非的狭隘的爱国主义。韩非是个理论上的巨人，实践上的矮子，他试图挽狂澜于既倒，结果却被历史的巨浪吞没，这实在是个悲剧。同时李斯也在某些方面超越了他的老师荀子，荀子曾踏上秦国的土地，看到了秦国的优势，也能够留在秦国服务，然而，他囿于学说的偏见，还是离开了秦国，结果投靠了楚国的腐败集团，没有对统一大业作出政治上的贡献，默默无闻地了此一生。

李斯来到秦国，宦海沉浮，几经风险，始终没有动摇他为秦国服务的决心。在与秦王政相处之时，他一方面尽其所能，积极提出一系列正确的建议，参与重大决策的制定；另一方面，他也看清了秦王政的为人，采取了"善则归主、恶则自予"的处世哲学，保持了君臣关系的平衡。

在秦国发动统一战争的前夜，秦国的内政空前安定，秦国的统治集团空前团结。在这种背景下，秦国灭亡六国、统一中国的伟大战略终于出台了。

这个战略的理论基础是李斯的"统一天下论"。

这个战略的第一步是李斯的"灭韩论"。

万事皆备，秦王政用战争统一天下的波澜壮阔的历史画面铺开了。

公元前232年（秦王政十五年），秦国实行全民总动员，准备全面进攻山东六国，统一天下。

首先打击的对象是韩国，在李斯、姚贾等人杀害韩非之后，韩国已到了黔驴技穷的地步。统一战争第一年（公元前231年，秦王政十六年），韩国、魏国在秦国大兵压境之际，曾幻想以献出一部分土地来苟延自己的生存，然而，秦国在接受土地之后，并没有改变既定的战略方针。

秦国派兵接受韩国献给秦国的土地南阳（今河南南阳），并任命内史腾为代理地方长官。

统一战争的第二年（公元前230年，秦王政十七年），秦王政命令内史腾灭韩。韩王安成了秦国的俘虏，韩国全境被更名为颍川郡，正式成为秦国的一个行政区。到此，李斯的灭韩战略得以实现，为秦灭其他国家创造了一个良好的开端。

这年，秦国发生地震，紧接着又发生严重的饥荒。与此同时，赵国也发生了严重的饥荒。在这种情况下，秦国统治集团仍决定把战争打下去，并把赵国当成第二个打击目标。

灭赵战争实际早在公元前236年（秦王政十一年）就开始了，但那时的战略还没有调整到李斯提出的"首先亡韩论"的正确道路上来。因此，由大将王翦直接指挥的两次伐赵战争（第一次在公元前236年，第二次在公元前232年）都因赵国名将李牧的有力回击而失败。统一战争的第四年（公元前228年，秦王政十八年），李斯行反间计成功，李牧被杀，赵王迁以赵葱、颜聚为将。就在此年，秦王政命名将王翦为统帅，第三次攻赵。

王翦是周灵王太子晋的后裔，祖上世世为将，因受家庭传统的熏陶，王翦从小就喜爱军事，后来终于成为一位著名的统帅，深受秦王政的倚重，在军事问题上始终以他为师。

李牧死后三个月，王翦突然对赵发动总攻。王翦亲率主力军由井陉（今河北井陉西）攻赵都邯郸之北，而以偏将杨端和率桓齮所部由邺邑进攻邯郸之南。王翦主力军击破赵葱军，直逼邯郸，赵葱阵亡，颜聚逃跑。王翦、杨端和两军合师，攻克邯郸，赵王迁被俘。

赵悼襄王的嫡子公子嘉率其宗族数百人逃到代地（今山西恒山山脉以北地区），自立为代王。赵国的亡国大夫有很多人也投奔到这里，他们与燕国合兵一处，据守上谷（今河北怀来），以拒秦军。秦王政将赵都邯郸一带改建为邯郸郡。

秦王政在破赵之后，亲临前线邯郸，做灭燕的部署。

旧地重游，秦王政感慨万千！旧日他在邯郸的屈辱生活立刻浮现在脑际，想到这里，他命令把当年与自己有仇怨的人全部活埋，以泄心头之恨！

秦军破赵，引起天下震动，特别是与赵毗邻的燕国更如惊弓之鸟，惶恐万状。本来燕在六国之中最为弱小。因其远处北陲，所以秦军鞭长莫及，现在强赵破败，一面抵挡秦国的天然屏障消失了。赵国又听说大将王翦屯田中山以临燕南界，于是燕国统治者为了挽救灭亡的命运，暗中策划了一个刺杀秦王政的大计谋，成为秦国统一战争中一个最精彩的插曲。对此，话还得从头说起。

这个暗杀计划的策划者是燕太子丹。燕太子丹曾与秦王政同在赵国邯郸当人质，当时两人关系相当好。等到嬴政立为秦王，燕太子丹恰巧又被燕国当局送到秦国当人质。政治地位的变化，使秦王政忘掉了彼此之间少年时代的友谊，他对燕太子丹很不友好，燕太子丹由此很是怨恨他。公元前230年，也就是秦王政灭韩那年，燕太子丹已经看出形势不妙，就恳求秦王政放他回国。秦王政却说："除非乌鸦头变白，骏马头长角，我才放你走！"燕太子丹无奈，只好冒死偷偷跑回燕国，回到燕国之后，马上积极策划反秦之举。

燕太子丹询问他师傅鞠武怎么办，鞠武建议他联合西方的赵、魏、韩，南方的齐、楚，北方的匈奴，共同对付秦国。燕太子丹说："师傅的计划，太费时间了，太让人难耐了，恐怕等不及了。"不久，秦将樊於期在秦国犯了罪，逃亡到燕国，太子丹接纳了他。鞠武劝谏说："现在以秦王的横暴加上对燕国的仇视，足以叫人胆寒了，何况又听说樊将军藏在你这里呢！这简直是把肉放在饿虎要走的路上。希望你赶快把樊将军送到匈奴去！"太子丹说："樊将军走投无路来投奔我，正是我舍命相救的时刻，希望您再考虑一下！"鞠武说："你搞危险的事却想安全，惹祸患却当成福分，欠考虑而怨仇深，为了搞好与一个人的友情，却不顾国家的利益，这叫招灾取祸！"太子丹终不听，为了挽救燕国灭亡的命运，他暗中精心策划了一起谋杀秦王的事件。

当时，经人介绍，燕太子丹结识了刺客荆轲。

荆轲原是卫国人，后来到了燕国，燕人称为荆卿。此人爱读书，喜击剑，曾经游说过一些诸侯，希望在政治上发挥自己的才能，然而始终没得到重视，于是混迹于市井之中，默默无闻。

自从结识太子丹后，荆轲深为太子丹礼贤下士、推诚待人之心所感动，表示愿为太子丹出生入死。

太子丹与荆轲谋划道："现在秦国贪得无厌，非尽有天下之地，非尽臣服海内之人，它绝不会满足。如今，秦国已经俘虏了韩王，占领了韩国的全境，目前又要南伐楚、北灭赵。赵国灭亡，灾难就要降到燕国的头上。燕国是个弱小的国家，即使动员燕国的全部力量也无法阻止秦国的攻势，况且现在其他各国都慑于秦国的威力，不敢联合起来。我打算派天下最勇敢的人出使秦国，以重利引诱秦王，秦王非常贪婪，势必为利所动。当他接近秦王之际，便设法将秦王劫持在手，迫使他交还占领的土地给其他各国，如果达到这个目的，是最好的了。如果达不到，就当场杀了他，让秦国陷入内外混乱之中，借此时机，联合各国共同抗秦，秦国必然失败！"

王翦攻陷邯郸，赵国灭亡，形势变得更加紧张，太子丹再三敦促荆轲立刻执行刺杀秦王的计划。荆轲不得不匆匆接受了这个九死一生的任务，拿着燕国献给秦国的督亢地区的地图和秦国叛将樊於期的首级，带着一把用毒药淬过的锋利的匕首。这种匕首，只要接触到人血，人必死无疑！然后以燕国有名的勇士秦舞阳为副手，在悲凄的送别气氛中，离开燕国，奔向秦国。

统一战争第五年（公元前227年，秦王政二十年），荆轲来到秦国，用重金买通秦王宠臣中庶子蒙嘉。蒙嘉先跟秦王介绍了燕使的来意，他说："燕王实在是震慑于大王的威严，不敢举兵阻挡秦军的进攻，愿意举国称臣，变成秦国的郡县。燕王因胆怯没有亲自前来陈意，仅派使臣把樊於期的首级和燕臣督亢地区的地图送给大王，希望大王给他们指示。"

秦王政听到这个消息非常高兴，便以隆重的礼节在咸阳宫接见荆轲等燕国的使者。

荆轲捧着装有樊於期首级的匣子，秦舞阳则捧着督亢地图，在大殿按顺序进见秦王。可当走到秦王政前的台阶下，秦舞阳却因胆怯脸色突变，浑身发抖，殿下的群臣对此都很奇怪。荆轲则镇定自若，上前对秦王说："我们都是些北方没见过世面的下等人，因此见到这种大场面很害怕，希望大王原谅，请让我们履行使命。"

秦王说："把秦舞阳手中的地图拿来。"

荆轲立刻把地图献到秦王面前，秦王展开地图，里面藏着的匕首突然暴露出来。此时，荆轲乘势用左手拽住秦王的衣袖，用右手拿起匕首猛地刺向秦王，但非常可惜没够着秦王的身体。秦王大吃一惊，拼命挣脱，袖子被扯断，他又急忙去拔自己的佩剑，惶恐之际，竟没能拔剑出鞘。荆轲在大殿上紧追不舍，秦王则绕着柱子仓皇逃窜。群臣大惊失色，尽失常态。按照秦国的法律，群臣上殿不得携带任何武器，侍卫军都执兵器站在殿下，没有命令也不得上殿。秦王在危急之中，早忘了下达命令，群臣只好徒手与荆轲搏斗。仓促之中，有人提醒秦王，"把剑推向身后！"经提醒，秦王终于拔出剑来，挥剑砍断荆轲的左脚，残废的荆轲把匕首投向秦王，没刺中，匕首刺到殿柱上。秦王回身又击荆轲，荆轲身被八创，自知事情失败，他靠在殿柱上仰天大笑，骂道："今天的事情所以失败，是打算活捉你秦王，以完成太子预先交给我的使命。"此时，秦王左右上前把荆轲杀死，秦王为此事长时间闷闷不乐。

燕太子丹刺杀秦王的计划，以荆轲被杀而宣告破产。它不仅没有延缓秦国的进攻，反而加速了燕国的毁灭。

秦王在盛怒之下，增加兵力，令王翦全力攻燕。统一战争第六年（公元前226年，秦王政二十一年），燕国都城蓟陷落，燕王喜、太子丹等人率领燕国的精锐部队退保辽东。王翦部将李信急追燕王，当时的代王嘉写信给燕王喜，信中说："秦军所以急切追打燕国，就是为了抓住太子丹，现在你如果杀掉太子丹，献给秦王，秦王必解心头之恨，说不定燕国还能存在下去。"当时太子丹藏匿在衍水中，燕王派人把太子丹杀掉，打算献给秦王。然而，秦军根本没理会这套小把戏，仍然没停止向燕国残部进攻。

燕地辽东地区基本平定之后，秦王政曾跟大臣们讨论下一步的军事行动。他问大家："是先攻齐国，还是先攻楚国？"李信说："我认为楚国土地辽阔，齐国幅员狭小；楚人勇敢，齐人胆怯，请先从容易的地方开刀！"但经过群臣的讨论，觉得还是攻楚为好，因为齐国在李斯等人的反间活动中，表示了亲秦的姿态，齐王建甚至要到秦国来，所以齐国已成俎上之肉，无须过早动手。相反如果先进攻齐国，楚国可能出于自己的存亡，要全力援齐。而先攻楚，齐国却会保持中立，所以决定先攻楚。

但是，南下攻楚，中原地区还有个障碍，那就是楚国北面的魏国依然存在，这使秦军南下极不方便。此时的魏国诚如李斯所说的那样，规模不过相当秦国的一个郡县。所以秦王决定在攻楚之前，先由王翦之子王贲率军灭魏。

统一战争第七年（公元前225年，秦王政二十二年），秦将王贲围攻魏国都城大梁（今河南开封）。大梁城垣坚固，易守难攻，王贲引附近狼汤河水灌城。这年三月，城墙倒塌，魏王假出降，被王贲杀死，魏国到此灭亡，秦国在这里设置东郡。

魏国灭亡的同年，秦王开始了灭楚的决定性战役。

楚从春秋以来，就是屈指可数的大国。此时的楚国虽然在秦国不断打击下国势日弱，但它仍据有今河南省东南部及南部、山东省南部及湖南、湖北两省，以及长江下游的广大区域。所以灭楚不比灭其他国家，需要非常慎重。

秦王政在灭楚之前，曾向王翦、李信征询方略，问此次灭楚需要多少兵力。王翦说："非六十万人不可。"李信却说："不过用二十万人。"秦王政不满地说："王将军老了，要不怎么这么胆怯，还是李将军年轻气壮！我同意他的主张。"

于是派李信和蒙恬带二十万人南伐楚。秦军势如破竹，李信猛攻平舆（今河南沈丘东南），蒙恬猛攻寝城（今河南沈丘），大败楚军。李信又攻下了楚国郢都（今安徽寿县），带兵西进，与蒙恬会师于城父（今河南宝丰）。然而，楚国主力却采取了避而不战的方针，敌进我退，敌走我跟，与秦军周旋了三天三夜，搞得秦军精疲力尽。楚军此时发起进攻，秦军两道防线被攻破，七个都尉阵亡，秦军溃败。

秦王听到秦军失败的消息，大为震怒，同时也后悔没听王翦的话，于是，亲自坐车跑到频阳（今陕西富平），向闲居在家的王翦道歉。他说："我因为没采用将军的计谋，现在李信果然使秦军受辱。目前楚军日夜向我们推进，将军虽然病休在家，难道忍心抛弃我吗？"王翦婉言谢绝说："老臣病得已经头脑混乱了，希望大王另择贤将为好。"

秦王说："算了，将军不要再说了。"

王翦说："大王如果非得让我为将，那少了六十万人是不行的。"

秦王说："按将军说的办。"

王翦带兵奔赴前线，秦王亲自送到渭水的灞桥上。

临行，王翦突然向秦王提出要求，希望能得到大量良田美宅的赏赐。

秦王说："将军放心走吧，何必担心贫穷呢？"

王翦说："给大王带兵，有功最多不够封侯，因此借现在大王用着我的机会，我也想给子孙后代请点产业。"

秦王大笑。

王翦从咸阳到武关（今陕西商县）这段路上，连续派了五批使者回去请求落实田宅的事。

有人奇怪地问："将军这么做，是否有些过分？"

王翦说："不对，秦王疑心很重，他从不轻易相信别人。现在把全国的兵力都交给了我，我如不表现出没有夺权的野心，难道让秦王总是对我不放心吗？"

统一战争第八年（公元前224年，秦王政二十三年），楚国听说王翦带着更多的兵力前来进攻，于是倾国中之兵以抵御秦军。

王翦进入楚境，命令停止前进，让秦军修筑坚固的工事作长期坚守的准备。楚军多次前来挑战，秦军就是不出去迎战。

王翦每天让士兵休息洗沐，好吃好喝，自己也与士兵一同进餐。过了不少日子，王翦派人看看士兵们做什么游戏，回来的人说："他们在做投石比赛。"王翦说："士兵可用了。"

相持数月，双方都无大的进展，楚王负刍认为楚将项燕胆怯，多次派使者催促项燕出战。项燕不得已改变计划，西向进攻秦军。然而秦军深沟高垒，严阵以待，楚军寸步难进，秦军也不出营垒反击。项燕在战亦不能，不战亦不能的情况下，率军东归。王翦见时机已到，命令部队全线出击。双方战于涡河之南。楚军为涡河所阻，秩序大乱，溃不成军，楚将项燕被杀。王翦乘势命令蒙武带兵平定淮北楚地，自率秦军主力猛攻楚都寿春。

统一战争第九年（公元前223年，秦王政二十四年），王翦、蒙武生擒楚王负刍，在楚地设立楚郡。

统一战争的第十年（公元前 222 年，秦王政二十五年），楚国灭亡后，秦王政立刻命令秦军大将王贲急攻辽东，清除那里燕国的残余势力，王贲生擒燕王喜，燕国彻底灭亡。

然后命大将王贲进攻代地，生擒代王嘉，赵国残余势力被彻底肃清。

此时，大将王翦横扫楚国江南地区，征服百越之君，在这里设置九江、会稽等郡。

这年五月，秦政府下令，举国欢庆胜利。

统一战争第十一年（公元前 221 年，秦王政二十六年），秦军从燕国南下攻齐，突袭临淄。由于李斯的反间计，齐国军民无一人抵抗。齐王建投降，齐国灭亡。

秦国经过十一年有余的苦战，终于灭亡了齐、楚、燕、韩、魏、赵等国，结束了自春秋以来五百余年的大分裂，实现了天下人翘首以望的大统一，实现了多少代人"寰区大定，海县清一"的梦想。

秦王政、李斯成为完成这一伟大事业的英雄人物。

第十章　革故鼎新

秦统一中国后，建立的是一个从古未有的、崭新的王朝，这个王朝新就新在它是用封建制度代替了夏商周以来行之两千年之久的奴隶制度。自这个新制度确立之日起，旧的奴隶制的阶级关系、生产关系、生产方式以及与其相应的上层建筑都逐渐地发生了根本性的变化，它标志中国社会从此进入了一个更为高级的阶段。

但是，如何使新的封建生产关系巩固下来；如何使新的统一的封建国家机器正常运转下去，并走上良性运行的轨道；如何制定一整套新的、有效的制度来代替旧制度，使它更好地为新的统治阶级服务；此外，如何使一家一姓的统治一代一代乃至永远地传递下去。这些重大的问题对一个刚刚建立起来的统一秦王朝来说，既缺乏充分的认识，又急欲将其解决。所以，关于政权建设的工作乃是统一后的秦王朝统治阶级的当务之急。李斯从一开始就是这一工作的主要参与者。

秦王朝在统一后能否持久地存在下去？当别人尚陶醉于秦国武功的辉煌胜利气氛中时，李斯已经开始考虑这个问题了。此时他想起了老师荀子对此的精辟议论。

老师曾对他们说："武力统一是容易的，但统一之后，使分裂的势力有机地结合成浑然的一体则是困难的。比如，齐国兼并了宋国，却不能使宋融入齐国，结果宋国被魏国夺去了；燕国兼并了齐国却不能使齐融入燕国，结果田单又把齐国从燕国的手中夺回来了；韩国上党方圆数百里的土地，被完整地献给赵国，赵国不能将其与己融为一体，结果被秦国夺去了。

"因此，能够兼并别人却不能使之与己融为一体，则必然会失掉得来的成果。既不能兼并他人，又不能将已有的成果融为一体，则必然灭亡；能够使兼并到的成果融为一体，那才是真正的统一。真正的统一不能靠暴力，古时商汤以一毫之地，武王以一郡之地，方圆不过百里，然而天下却实现了真正的统一，这不是别的原因，主要在于他们能把天下真正凝聚在一起。因此，凝聚上层要用'礼'，凝聚下层要用'政'。礼制修齐，上层自然服从；政令公平，百姓自然安定。士服民安，这叫作最高层次的统一。以此守国，则长治久安；以此征战，则强大无比。令行禁止，做一个真正统一天下的主人的秘密全在这里！"

老师这段鞭辟入里的议论，虽然已时隔多年，然则言犹在耳，始终记在李斯的心中，尤其是在秦王朝统一中国之初，想到这番具有指导意义的议论更是倍觉亲切。李斯清楚地看到六国虽然已被秦国的武力征服，但是，想让各地融为一个不可分离的牢固的政治实体，确实任重道远，还需要做许多艰苦的工作。在这点上，李斯与秦王政达成了共识。

公元前221年，秦王政在统一天下之后，立刻下了一道政令给丞相、御史等高级官吏，政令说："以前韩王献出他的土地和玉玺，请求做我的藩臣，不久又背叛了自己的诺言，与赵、魏等国联合起来反对秦国，因此我发兵征讨他们，俘虏了韩国的国王。我认为此举是正确的，这样一来，战争似乎可以因此结束了。赵王此时又派其相国李牧前来订立和平盟约，因此，我允许赵国的质子回国。不久他们却背弃了盟约，暗中策反我太原军民。于是，我兴兵征讨他们，俘获了他们的国君。赵国的宗室公子嘉此时自立为代王，于是我又举兵征讨并消灭了他们。魏王当初曾约定成为秦国的附庸，不久却与韩、赵谋划袭击秦国，在秦国军队的打击下，他落得个国破家亡的下场。楚王说献青阳以西的土地给秦国，不久背叛约定，进犯我南郡，于是我又发兵前去打击他，俘虏了楚王，平定了楚国全境。燕王昏乱，竟敢允许太子丹指使荆轲为刺客，结果秦军诛杀了太子丹，同时灭掉燕国。齐王用后胜的计谋，与秦断绝关系，想要搞叛乱，秦军诛杀首恶，俘虏其王，平定了齐地。

"寡人以一人之力，兴兵诛除暴乱，仰赖祖宗保佑，六国之君全都罪有应得，终于实现天下统一。现在名号不更新，无法彰显今天的成功，使我的名字流传后世，现在我命令你们讨论一下我的称号！"

秦始皇政令的颁发揭开了政权建设的序幕，从此，政权建设的任务就全面铺开了。

首先，就是皇帝制度的确立。

这是遵照秦王政的上述政令进行的。新王朝的最高统治者的称呼是什么，不仅关系到如何实现在一个空前的统一国家中的最高统治者的政治权威，而且也是区别新王朝与以往存在的国家形态的重要标志。

群臣经过认真讨论，由丞相王绾、御史大夫冯劫、廷尉李斯牵头，把决议呈递给秦王政。他们的意见是："过去五帝时代天子直接控制的地方仅千里，在此之外的诸侯有时听命于天子，有时却自行其是，天子往往无法控制他们。现在陛下兴起义兵，诛伐残贼，平定天下，海内遍设郡县，法令从此统一，这是历史上从未有过的丰功伟绩，即使古代伟大的五帝也难以企及。臣等与诸博士认真讨论后认为：古时传说有天皇、地皇、泰皇，其中泰皇最为高贵。臣等冒死上尊号，陛下应为泰皇，您的命令应专称为'制'和'诏'，您应自称为'朕'。"王绾、冯劫、李斯等人的奏章送交秦王政之后，得到的回答是："把泰皇之称去掉泰字，只留皇，参考上古帝王的称号，我认为应叫皇帝为是，其他的都按你们的建议去办。"

随后，秦王政根据上述意见又下一道诏令："我听说太古时，人君生有称号，死后无谥号；中古之时，死后根据他生前的行为制定谥号。按照这样的规定，儿子就可以议论父亲，臣下就可以议论君上，这是十分错误的，我不允许今后这么做。从今以后，废除过去的谥法。我为始皇帝，我的继承人按数字计算，二世三世至于万世，传之无穷无尽。"

从此，秦王政就成了秦始皇，也是中国封建社会的第一个皇帝，而且皇帝制度由此也就确立起来。

试问：秦始皇、李斯以及统治阶级的其他人物为什么在建国之初急于搞这么一套东西呢？根本的原因是，秦王朝这个封建的、统一的、中央集权的国家乃是历史上从来未有的新体制。既然如此，历史上任何旧的习惯称号确实对它极不适用，况且旧的称号也无法容纳下新事物的全部内容。比如，"皇"乃是传说中中国原始社会早期氏族首领的称呼，"帝"乃是中国原始社会末期部落联盟领袖的称号，而"王"则是中国奴隶制国家最高统治者的称号，秦王政的"王"实际是沿袭了奴隶社会最高统治者的称号。再说到了春秋时代，王权衰落，诸侯争霸，天下实际失去了统一的最高政治中心，当时被视为蛮夷的楚国首先称王，然后，吴、越之君也相继称王，表示与中原华夏国家平起平坐的政治地位。但终春秋之世，中原华夏诸国拘于传统，虽然不把名存实亡的周天子放在眼中，但没有称王的。到了战国时代，周天子已经成了一具政治僵尸，相反、齐、楚、燕、韩、赵、魏、秦这七雄在实力上却与日俱增，传统的束缚对人们也越来越不起作用了，于是，为了显示自己的实力，他们纷纷僭越称王。最早称王的是魏惠文王，时间是公元前 344 年。秦国称王的是秦孝公的儿子秦惠文王，时间是公元前 325 年。到了后来，一些国家觉得王的称号也不足以显示他们的强大，于是秦昭襄王和齐湣王相继称帝，齐为东帝、秦为西帝，有人还曾策划赵为中帝，燕为北帝。虽然称帝活动很快夭折，但这表明当时的各大强国都想凌驾他国之上，成为天下共主。秦的统一，使这个愿望得以实现了，但怎样从称号上体现这种统一，王这个称号显然是不能令人满意的。一是王虽尊贵，但新天子毕竟不同于旧天子，他们显然是两个时代的人；二是王的称号在七雄兼并中已经明显地打上了分裂主义的印记，因此它不再适合作为新的统一王朝的最高统治者的称呼了。

新的统一的封建国家需要建立自己的新权威，而封建国家的代表就是封建国家的君王，所谓"朕即国家"。因此，强调和树立封建国家的绝对权威就是强调和树立封建国家的君王的权威，秦王朝的最高决策阶层正是这么做的。这么做，就当时来说不仅是为了秦王朝一小部分统治者的需要，而且也是为了迎合现实的需要。因为天下刚刚结束战乱，终于实现了统一，建立了一个前所未有的新王朝，对此，人们需要认识它、接受它、承认它的绝对权威性，然后才能服从它的统治，新的秩序才能确立，社会才能长治久安。春秋末期的大思想家孔子特别强调"正名"的作用，把它当成为政的当务之急。他曾说："名不正，则言不顺；言不顺，则事不成；事不成，则礼乐不兴；礼乐不兴，则刑罚不中；刑罚不中，则民无所措手足。"（《论语·子路》）秦始皇与李斯等人虽然未必是孔子学说的信奉者，但对为政之首必先"正名"的深意他们则是心领神会的。所以，秦王朝统一伊始，在政权建设中首先搞了一系列的"正名"工作。"正名"之后，秦王政也就变成了秦始皇。这标志曾是"七雄"之一的秦国君主已成为凌驾于天下之上的新的国家权威的代表。

从这种"正名"活动中，我们也看到了以李斯为代表的统治阶层对新国家的期望以及对秦始皇个人品格的颂扬。这种期望就是以皇帝独裁为特征的中央集权政治。他们通过规定皇帝对某些名称的垄断，如"朕""制""诏""皇帝"，无非是想创造一个权力空前集中的新国家，这点并非仅仅是迎合秦始皇个人的胃口。因为他们认识到，未来的君主应该就是他们利益的代表，他们通过皇帝实现中央集权，实际上就是把利益全部集中到他们这些地主阶级新贵的手中，他们把新国家的君王捧得越高，那么，他们的利益也就越丰厚、越有保障。国家永远是一个阶级与另一个阶级对立的国家，新兴的地主阶级一旦取得了国家政权，自然想到的是如何确保自己的既得利益。

中国皇帝制度的确立，确实是秦始皇及其群臣的一项创举，它在历史上曾沿用了两千余年，直到清王朝的灭亡才寿终正寝，结束了它的历史使命。然而皇帝制度的影响在历史上却是深远的，它不仅是维系中国社会秩序的枢纽，也是破坏中国社会秩序的根源。但是，到了明末清初，有一些启蒙思想家对皇帝制度的权威性及合法性曾表示过怀疑。

但仅仅搞点"正名"的政治游戏是远远满足不了统治阶级的政治要求的，因为新的国家权威的理论基础是什么，统治者的统治合法性是什么，说得更明确一点儿，秦国有什么资格统治天下，实际的情况自然是秦国靠暴力夺得天下的。但这样的理由尽管真实，却很危险，因为把暴力夺权认定为合理的，那么，这无疑也认定了用同样暴力手段把秦的国家政权夺取过去也是合理的。所以连相信暴力万能论的秦始皇在他的诏书里也不承认暴力夺权的事实，而是千方百计把秦灭六国的原因说成是六国反复无常，背信弃义，秦国不得已而诉诸武力的结果，以此来赢得秦统一天下的道义性。

另外一个重要的原因则是，秦骤然灭掉六国，把秦国的统治推及天下，让其他六国服从秦的统治实在是不容易的事情。秦在东方六国眼里，在文化上始终是野蛮落后的，因此素有"虎狼之国"的骂名，秦国的胜利是一次暴力的胜利，并非是道义上的胜利。在统一战争中，秦国的战争机器规定：赐爵的条件是"斩敌首"，赐爵级数的多少也以"斩敌首"的多少为依据。凡百将、屯长等军官所率军队能"得三十三首以上"者，则"百将、屯长赐爵一级"；士兵则每人"能得甲首一者，赏爵一级"；"陷队之士"每队能斩首五个者，则全队的每个士兵"赐爵一级"。于是秦"民之见战也，如饿狼之见肉"。这样的军队不仅疯狂地屠杀敌方的军人、战俘，而且也疯狂地屠杀敌方的平民，所过之处往往是尸横遍野，血流成河，有人曾做过这样的统计：

秦自献公廿一年与晋战，斩首六万；孝公八年与魏战，斩首七千；惠文八年与魏战，斩首四万五千；后七年与韩、赵战，斩首八万；十一年败韩岸门，斩首十一万；十三年击楚丹阳，斩首八万；武王四年，拔韩宜阳，斩首六万；昭襄王六年伐楚，斩首二万；七年复伐楚，斩二万；十四年攻韩、魏，斩二十四万；廿七年击赵，斩三万；三十二年破魏将暴鸢，斩四万；三十三年又伐魏，斩四万；三十四年破魏将芒卯，斩四万，沉河二万；四十三年攻韩，斩五万；四十七年破赵长平，坑卒四十五万；五十年攻晋军，斩首六千，流死河二万人；五十一年攻韩，斩四万；攻赵，斩九万；始皇二年攻卷，斩首三万；十三年攻赵，斩首十万。共一百六十六万八千人。(《史记志疑·卷四》)

这当然是相当不完全的统计，特别是秦始皇在十一年的武力统一战争中，杀死的人数远远超过史书的记载。但这些血淋淋的数字已经足以说明问题了，这种疯狂野蛮的屠杀政策固然消灭了六国的有生力量，加速了秦的统一步伐，但同时也激起了各国民众的殊死抵抗，特别是加深了秦与东方各国民众的仇恨，形成了广大民众对秦的统治的强烈的心理抵制。在秦统一天下之后，各国的反秦和仇秦活动是始终存在的，对秦始皇的多次谋杀集中说明了这个问题。

因此，秦王朝统治者除了对此实行武力镇压之外，必须搞一套让天下人可以信服的理论，来证明新王朝和新君主政治权威的合法性。

在这种情况之下，神化皇权的理论就应运而生了。秦始皇和李斯等人都是法家理论的信仰者，然而他们并没有从法家理论中找到他们所需要的理论信条。另一方面，因为法家理论主张君主专政，主张中央集权，论证的是暴力夺权的合理性，但却缺少君权神授的理论证明。现在秦朝的统治者急需把秦王朝取得天下的理由神秘化、宗教化，借此掩饰暴力夺权的实质，从而抬高秦王朝的权威性，证明秦始皇统治天下合乎天意，从而达到愚弄天下人民的目的。从这点出发，他们抛开了法家理论，却看中了战国时代阴阳家的理论。

这里面有两点理由：

第一，阴阳家的理论主要是邹衍的阴阳五行学说。邹衍的这套东西源于更古老的"五行学说"。最初，"五行学说"仅仅是古人对世界的一种朴素的认识。古人认为世界是由金、木、水、火、土五种元素组成的，而这五种元素之间是相互依存又相互联系的，如土生金、金生水、水生木、木生火、火生土，火克金、金克木、木克土、土克水、水克火。这种对世界的认识表现出一种朴素的唯物主义倾向以及循环论的思想，五行说对中国文化的影响是相当深远的。

到了战国时期，在百家争鸣中，阴阳学派借助于传统的五行说，搞了一套唯心主义的政治学说，以此来解释历史的演变和朝代的更迭，这就是邹衍的"五德终始说"。

这个学说的要点是，世界既然是由金、木、水、火、土构成的，而这五种元素又相生相克，那么，这种特点也必然反映在人类的社会生活中，特别是政治领域中。因此，这个理论认为，凡是帝王将要兴起，苍天必然预先向人民显现祥兆。据说黄帝时，苍天预先向下界显现一条大螾一条大蝼（螾、蝼皆是土中之物）。黄帝说："土气将要战胜一切！"土气胜，因此他就崇尚黄颜色，把一切事情都认为与"土"有关。到大禹时，苍天预先让草木显灵，到了秋冬之季，草木仍不凋零，大禹就说："木气将要战胜一切！"木气胜，因此崇尚青色，把一切事情都认为与"木"有关。到商汤时代，苍天预先让金生于水中，商汤说："金气将要战胜一切！"金气胜，因此崇尚白色，把一切事情都认为与"金"有关。到周文王时，苍天预先使火显现，让红色的鸟衔着丹书，聚集于周社，周文王说："火气将要战胜一切！"火气胜，因此崇尚红色，把一切事情都认为与"火"有关。以此类推，代替周的火德的一定是水德，苍天将预先显现水气战胜一切，水气胜，因此崇尚黑色，一切事情也都应与"水"有关。

这套理论，从今天看，本来是十分荒诞无稽、毫无根据的东西，然而在战国中后期这套理论出笼之后，却在社会上引起很大的反响，特别是一些国家的统治者，对这套理论非常欢迎。那是因为这时的战国七雄都把统一天下当成己任，但是究竟由谁来统一天下呢？当时还看不清楚，然而邹衍的理论却为他们提供了统一天下的信心和根据，所以"五德终始说"备受统治者的青睐。

第二，"五德终始说"最初流行于东方的齐、魏、赵、燕等国，然而，东方诸国先后败亡，这本身就应使这套无稽之谈破产。但实际情况并不然，这反倒引起了秦国统治者的极大兴致。先有吕不韦，后有秦始皇及其追随者都把"五德终始说"当成解释自己统治权威合法性的法宝，他们认为天命所归不在东方，而在西方的秦。秦始皇及其追随者尤其看重"五德终始说"流行于东方诸国的这一特点，因为用东方人熟悉的理论去说服东方不是更便捷吗？

所以当秦统一中国后，齐国有人向秦始皇献上"五德终始说"，秦王朝的统治集团立刻予以采纳，并且按照这个学说编造了如下一个政治神话：

秦始皇及其群臣，根据"五德终始说"，认为周王朝是火德，水胜火，秦代周，应得水德。验之秦国的瑞兆，秦文公曾获黑龙。水，色黑，正得水德之兆，以此定秦为水德。根据秦是水德，做了一系列制度上的规定：过去，周王朝以十一月为岁首，现在秦以十月为岁首（正月），朝贺活动全都在十月初一日开始。服装、各种标志、旗帜全部用黑色。因水结冰多为六角形，因此以六为吉祥数字。规定法冠必须六寸、车长六尺、六尺为一步、每驾马车配置六匹马等，更名黄河为德水，以黄河为水德之始。把天下百姓通称"黔首"，黔者，黑也。

最后，把法治主义与"五德终始说"相结合，认为水主阴，阴又主刑杀，因此为秦国反儒道、行峻法的专制黑暗统治蒙上了一层神秘合理的外衣。

总之，秦王朝的统治者经过这么一番煞费苦心的粉饰之后，秦王朝的统治权就成了受之于天，是不容怀疑、凌驾于全社会之上的神秘物，谁否定它、反抗它，谁就是违背了天意，就要受到严厉的惩罚。

秦王朝在统一之始搞的这套国家权力神话在历史上影响极大，它不仅为秦王朝皇权的合法性找到了根据，而且在以后每逢改朝换代之际，一些暴力夺权者往往从秦王朝的这套理论中寻找自己所需要的东西。在两千多年来的封建社会中，"真命天子""君权神授"的观念可以说是深入人心的，几乎无人怀疑它的荒谬性，所以它不但成了统治者进行统治的护身符，而且也成了愚弄广大人民，使广大人民安于封建统治的有力的思想武器。在我们认识整个一部封建社会史的同时，对秦王朝搞的这套政治神话的影响决不能低估。

政权建设中的另一个急迫任务就是关于国家行政结构的设置问题。过去，在夏商周时代的奴隶制国家的组织原则是"亲贵合一"，即政治关系与血缘关系紧密地结合在一起，国家的政治格局由与最高统治者的血缘关系的亲疏来决定，从此就出现了大大小小、不同等级的奴隶主贵族。"亲贵合一"的国家组织原则，必然导致分权制，这点在西周时代体现得最为清楚。

武王灭商之后，成为天下的共主。为了有效地统治广大的被征服地区，武王采纳了周公的"封建亲戚，以藩屏周"的分封政策，那就是把武王的子弟功臣、先朝后人、血缘近亲各自派到被征服的地区，在那里建立起一个个新国家。历史记载，武王追思先朝圣王的功绩，于是襄封神农之后于焦、黄帝之后于祝、帝尧之后于蓟、帝舜之后于陈、大禹之后于杞，封周公旦于鲁、弟叔鲜于管、弟叔度于蔡等，从此出现了一批以拱卫周王室为目的的新国家。

武王死后，蔡、管及殷遗民作乱，周公用武力平定此次叛乱后，为了进一步巩固周王室的统治，又进行了一次更大规模的分封，除原封之外，分封伯禽于鲁、康叔于卫、唐叔于晋、微子启于宋、召公奭之子于燕、师尚父于齐。

分封的主要内容就是"授土""授民"①。就是让这些封国有治民权、有土地占有权、有财政权，成为一方封君。他们在政治上仍然承认周天子的共主地位，在经济上有向周天子定期交纳贡赋的义务，在军事上要听从周天子的调遣，但是他们却有很大的独立性。

这些被分封的诸侯，又在自己的封地中把一些土地分给其他小贵族：卿、大夫、士。这些卿、大夫、士又成了大大小小的采邑主，这些采邑也有财政权和治民权，也有很大的独立性。

通过这种层层的分封制，西周时代就建立起一整套按"亲贵合一"组织原则建立起来的封闭式的奴隶主贵族权力等级结构。经过一定时间的演化，最终形成以周天子为天下共主的公、侯、伯、子、男等诸侯国，同时在诸侯国内，又形成了以诸侯为君的卿、大夫、士三等贵族。它们有机地结合在一起，形成了一套完整的奴隶制国家政治制度。

这个制度最突出的特点是：

1. 血缘关系是各等级之间的纽带。

2. 权力是世袭的。

3. 分封制的本质是分权制。

历史证明，权力的世袭必然造成国家政治的腐败，而分权制在一定的历史条件下又必然造成国家的分裂。

①《左传·定公四年》。

春秋时代所以出现大分裂、大混乱的局面，奴隶社会分封制度本身是导致这种恶果的一个重要原因。

到了战国时代，在各国的变法运动中，统治者出于富国强兵的目的，首先向分封制开刀。使君权高度集中，使血亲贵族开始没落，使宗法制度瓦解，使一家一户的小农经济逐渐确立起来，从而使各国的集权统治形成。经过变法，古老的分封制虽然已经没有存在的基础了，但是人类的历史在运动中总保持着某种惯性。在战国时代，封君制度仍然没有完全退出历史舞台，如魏、韩、齐、楚等国国君的直系血亲仍拥有国君赐予的采邑。

独有秦国，因商鞅变法而彻底地摧毁了分封制。南宋史学家马端临对此曾有过总结性的论述。他说："秦爵二十等，始于秦孝公之时，商鞅确立这个制度是为了奖励军功。传统的有爵位者，都赐予封地，从公、侯、伯、子、男以至附庸贵族一直到公卿大夫，都有世代相传的采邑。但商鞅变法后规定只有彻侯有地，关内侯仅是虚名，庶长以下就更谈不上了。秦始皇派王翦灭楚，王翦请求美好田宅很多。王翦说：'做大王的将军，有功也封不了侯。'可见秦国虽设彻侯之爵，但得到的却极少。考察秦国历史，只有商鞅封于商，魏冉封穰侯，范雎封应侯，吕不韦封文信侯，嫪毐封长信侯。说明秦法规定，不许把土地分封给某个人。"

问题是分封制的思想在秦国并没有被完全清除。吕不韦在《吕氏春秋》中承认天下统一必须要有天子的同时，又提出"众封建"的理论。他的理由是，分封制可以调动臣下的积极性，可以有效地把国君的权威伸展到各地，达到以大制小，层层隶属，控制全国的目的。吕不韦搞分封制其中当然有他个人的目的。但随着吕氏集团的覆灭和统一战争的紧张进行，有关这方面的问题就被束之高阁了。但是，随着统一战争的结束、新王朝的建立，在政权建设中这件事又开始被旧事重提。

公元前221年（秦始皇二十六年），即统一王朝建立的第一年，以丞相王绾为首的一批大臣向秦始皇建议说：山东六国刚刚灭亡，燕、齐、楚等地距离秦国太远，不在那里置王，无法推行秦国的统治，建议秦始皇在那些新征服地区封诸子为王，希望得到批准。

这个中国历史上从来都没解决好的老问题又被提到日程上来了。封建国家是实行集权统治好，还是实行分权好，秦始皇也没有主意。确实，面对着如此辽阔广漠的空前统一的国家，该如何统治呢？想到这儿，秦始皇举行了一次大型的御前会议，让群臣畅所欲言，讨论这个问题。

秦始皇记得吕不韦在主张分封制的同时，曾主张把天下分封给"贤者"，所以他想试探一下，王绾等人提出分封诸皇子为王的背后意图究竟是什么。所以，他提出了一个与分封制似乎不相干的问题来投石问路。他问群臣："我听说远古时代五帝实行的是让贤制，三王时代实行的是世袭制，你们讨论讨论，哪个对，哪个错，我将择善而从之。"这实际是个明摆着的事，独裁者秦始皇能让贤吗？这分明是在引蛇出洞，搞清谁是有野心的人，这些人是否像吕不韦那样别有用心地鼓吹分封制。听到这个问话，议事厅中一片沉默，谁愿意冒这个险呢？

博士鲍白令之突然站出来回答说："把天下当成公产才能让贤，把天下当成私产只能是搞世袭制。五帝时代是公有社会，所以他们能够让贤；三王时代是私有社会，所以他们把政权传给自家人。"

秦始皇听完鲍白令之的话，觉得让他将了一军，很不自在。于是装出一副以天下为己任的样子，仰天长叹，感慨地说："我现在的功德已经超越了五帝，所以我打算让贤，可是你们说谁可代替我，成为我的继承人呢？"

此言一出，更是一片鸦雀无声。是啊，谁敢代替这个功高五帝的皇帝呢？秦始皇的话实际又将了鲍白令之一军，他在发狠地暗自问，看你怎么回答。

鲍白令之实在看不惯秦始皇这种假惺惺的伪善姿态，他毫不客气地回答说："陛下干的是桀、纣的事情，却要学五帝的让贤，这不是您能干的事。"

秦始皇原形毕露，勃然大怒，吼道："你过来！你为什么说我干的是桀、纣的勾当，快说出理由，否则我立刻杀了你！"

鲍白令之并没屈服于秦始皇的淫威，他从容回答说："请让我说明理由。陛下在战争还没结束的情况下就大兴土木，建起高耸入云的观台，修造绵延五里的宫殿群，铸造了千石重的大钟，立起万石沉的钟架，宫中美女成百，歌伎上千，修建骊山墓，宫殿连到雍城，这些都是为了满足您的私欲，耗尽天下的人力、物力。陛下只考虑自己，不考虑别人，所以陛下只能称得上自私自利的君主，您哪有闲心与五帝比德，让天下于贤人呢？"

这些话够重的了，但不容否认都是事实。鲍白令之弄得秦始皇哑口无言，难以对答，很是尴尬。过了好一会儿，才自嘲地说："令之的话，让我当众出丑了。"说完，下令不要讨论这个问题了，而是让大家讨论分封制是否可行。

经过激烈的辩论，绝大多数人赞成丞相王绾的建议，认为搞分封制是个好办法。这时独有廷尉李斯力排众议，反对搞分封制，他说："周文王、周武王分封很多同姓、子弟为诸侯，来保卫中央政权，但时间一久，血缘关系就变得疏远了，于是他们之间反目成仇，互相攻击。发展到春秋时代，各诸侯国更是互相攻战，没有停止之时，连周天子也不能禁止他们。

"现在天下依仗陛下的神威在郡县制的基础上统一起来，皇子和功臣可以用公家的税收重赏他们，这样做已经足够了，并且容易控制他们。只要不让天下人有异心，那就是长治久安之术，我认为设置诸侯国是错误的。"

秦始皇认为李斯的建议是正确的，他对群臣说："天下人长期以来都苦于战乱不已，其根本原因就是因为有许多诸侯王存在，我依仗祖宗神灵的保佑平定了天下，现在天下初定，又搞分封制，这无疑是种下战争的祸根。在这种情况下希望天下太平，岂不是太困难了吗？我认为廷尉李斯的建议是可取的。"

李斯的建议被肯定后，秦王朝开始在全国推行郡县制。把天下分为三十六郡，每郡设置守、尉、监。三十六郡的情况如下：

1. 京都内史（今陕西中部），治在咸阳（今西安）。

2. 汉中郡（今陕西南部及湖北西北部），郡治在今南郑。

3. 上郡（今陕西北部），郡治在今榆林。

4. 北地郡（今甘肃东北部），郡治在今庆阳。

5. 陇西郡（今甘肃东南部），郡治在今临洮。

6. 河东郡（今山西西南部），郡治在今安邑。

7. 上党郡（今山西东南部），郡治在今长治。

8. 太原郡（今山西中部），郡治在今太原。

9. 代郡（今山西东北部及河北蔚县一带），郡治在今大同。

10. 雁门郡（今山西西北部），郡治在今右玉县西。

11. 邯郸郡（今河北西南部及河南北部），郡治在今邯郸。

12. 钜鹿郡（今河北西南部），郡治在今平乡。

13. 渔阳郡（今河北北部），郡治在今怀柔。

14. 上谷郡（今河北西部及中部），郡治在今怀来。

15. 辽西郡（今河北东北部及辽宁辽河以西之地），郡治在今卢龙。

16. 辽东郡（今辽宁东南部），郡治在今辽阳。

17. 右北平郡（今河北东北部），郡治在今平泉。

18. 云中郡（今内蒙古中部），郡治在今托克托。

19. 九原郡（今内蒙古西部），郡治在今五原。

20. 齐郡（今山东东部及东北部），郡治在今临淄。

21. 薛郡（今山东南部及东北部），郡治在今滕州。

22. 琅邪郡（今山东东南部），郡治在今诸城。

23. 东郡（今河北南部、河南东北部及山东西北部），郡治在今濮阳。

24. 三川郡（今河南西部），郡治在今洛阳。

25. 颖川郡（今河南中部），郡治在今禹县。

26. 陈郡（今河南南部），郡治在今淮阳。

27. 南阳郡（今河南西南部及湖北北部），郡治在今南阳。

28. 砀郡（今河南东部、山东西南部、江苏西北部及安徽北部），郡治在今砀山。

29. 泗水郡（今江苏北部及安徽东北部），郡治在今沛县。

30. 会稽郡（今江苏东南部及浙江东部和南部），郡治在今吴县。

31. 九江郡（今安徽、江苏两省长江北部一带及江西北部），郡治在今寿春。

32. 鄣郡（今江苏西南部、安徽东南部及浙江西北部），郡治在今长兴。

33. 巴郡（今四川东部），郡治在今重庆。

34. 蜀郡（今四川中部及西部），郡治在今成都。

35. 南郡（今湖北中部、东部、南部一带），郡治在今江陵。

36. 长沙郡（今湖南东半部），郡治在今长沙。

平定江南闽粤之后又设之郡有：

37. 黔中郡（今湖南西部及贵州东北部），郡治在今沅陵。

38. 闽中郡（今福建），郡治在今福州。

39. 南海郡（今广东），郡治在今广州。

40. 桂林郡（今广西），郡治在今桂林。

41. 象郡（今广东、广西两省区及越南北部地区），郡治在今同正。

行政体系确立为由中央直辖的郡县制，这是中国行政制度的一大革命，使中国由血缘政治向地缘政治迈进了一大步，从而增进了一个民族的文明程度。就秦王朝来说，郡县制也有利于巩固国家的统一，避免政治上的离心势力的分裂行为和被消灭的六国地方旧势力的复辟企图，使天下和平秩序有了制度上的保障，民众能够在和平的环境中进行正常的生产和生活。所以，在中央集权下的郡县制应该是秦王朝统一实现后的一个最佳选择，秦始皇和李斯在这个问题上对历史的发展是有贡献的。

不过，秦始皇与李斯力主郡县制也有他们切身利益的考虑。就李斯而言，他作为一个新的封建制度的受益者来说，自然决不愿回到过去那种由血缘贵族把持的奴隶制政体中去。他深知如果旧制度复辟，一切率由旧章，那么，出身及血统等先赋条件就会重新成为分配国家权力的最基本的依据，这样，类似他这种底层的布衣之士将仍然是血缘贵族压迫的对象，沉沦于社会的底层，永无翻身之日。因此，李斯反对分封制，不仅是反对分裂势力，也是反对奴隶主贵族政治；赞成郡县制，不仅是拥护集权制，也是赞成封建官僚政治。这是因为与奴隶主贵族政治相比，封建官僚政治应是一种历史的进步，它的进步就体现在封建官僚政治的相对开放性上。在封建官僚政治的权力结构中，除皇权之外，基本是对所有男性臣民开放的，这里的每个位置，不是由血统关系而世袭的，甚至不是终身制，而是根据一个人的能力与机遇。这样一来就使各阶层的人士，特别是底层人士能够通过自己的能力与机遇，参与国家政治，改变自己的社会地位。李斯能够由社会的最底层上升到社会的最高层就是这种制度开放性的最好说明。

秦统一中国之前，官僚政治体系在秦国已经确立了它的支配地位。秦统一后，秦始皇、李斯等人在全国推行郡县制的基础上，必然要在全国建立起相应的官僚政治的权力结构，用以代替奴隶主贵族政治那种"亲贵合一"的权力结构。

这个封建官僚权力结构可分为中央与地方两个部分。

皇帝：国家行政、立法、司法等权力的最高体现者。他的权力来源被解释为"受命于天"，整个官僚系统的权力和职责都是他授予的，因此整个官僚系统也只对他一人负责，他的意志是至高无上的。

在他的授权下，组成中央的三公九卿制：

三公：

1. 丞相：设右、左丞相，协助皇帝治理全国政务。

2. 御史大夫：负责监察百官。

3. 太尉：负责全国军政事务。

九卿：

1. 治粟内史：负责国家财政。

2. 廷尉：负责国家司法。

3. 少府：负责皇室财政。

4. 太仆：负责皇室总务。

5. 典客：负责国家外交。

6. 奉常：负责祭祀礼仪。

7. 郎中令：负责宫内警卫。

8. 卫尉：负责宫外警卫。

9. 博士七十员：皇帝顾问。

地方：

郡设郡守、尉、监。

郡守为一郡之长，根据皇帝意图治理一郡之民，秩二千石。下属有丞。边郡设长史，掌兵马。丞及长史秩皆六百石。

郡尉为郡守之属官，秩比二千石，掌郡内武备。凡郡内有关征调、派遣、武器制造以及维持地方治安，都属郡尉的职责。

郡监，亦称监御史，主郡内监察。

郡守、监在战时均可带兵作战。

郡下设县，县设令或长。

万户以上之县为令，秩六百石至千石。

万户以下为长，秩三百石至五百石。

县令、长之下设丞、尉，职务与郡同。

县以下设乡、亭之制。十里一亭，亭有亭长。下有两卒，一为亭父，掌开闭扫除；一为求盗，掌逐捕盗贼。十亭一乡，乡有三老、有秩、啬夫、游徼。三老掌教化；有秩掌人民；啬夫听讼狱、收赋税；游徼管治安、捕盗贼。

秦王朝首次推出了这套严密完整的官僚权力系统，并与郡县制相结合，从此杜绝了中国古代社会走分而治之的贵族政体这条道路。权力绝对地集中到中央，并由中央集中到皇帝的手中，从此天子就由夏、商、周时代的诸侯之长变成封建王朝的万民之君了。

从此皇权至上、官僚治国的中国封建专制政治就确立起来，而且它的稳定性也经受住了长期的历史考验，成为正常社会秩序得以存在的保障，只是到了近代，随着西方工业文明的冲击，这种制度的腐朽和落后性才彻底暴露出来。

这一年是秦王朝最为忙碌的一年，为了巩固统一，防止分裂，各项相应的决策纷纷出台。除了政权之外，王朝的大小官僚们还忙于收缴天下的武器，把它们从各地运回咸阳，熔化之后，铸成打击乐器和十二个各重千石的大铜人，放置在宫中。与此同时把天下十二万富豪迁到咸阳。

这一年也是李斯大出风头的一年，在御前会议上他战胜了多数人的意见，特别是丞相王绾的建议，使自己的提议受到了肯定，并付诸了实施。这太让他振奋了，这意味着他还要在权力的阶梯上继续上升！

此时，李斯又被任命为文字改革的负责人，任务是"书同文字"，即统一文字。

文字是文明社会信息交往不可缺少的手段，是人类智慧的结晶。中国是世界最古老的文化圈，因此也是世界最早使用文字的地区，中国文化在古代能够跻身于世界先进行列，实有赖于很早使用了文字。

中国文字起源于何时，这还是个不解之谜。古人传说黄帝时的史官仓颉创造了文字，这种说法究竟有什么根据，还不得而知。但从这里面也透露出一点消息，那就是中国的文字很可能产生在原始社会末期，因为五帝时代，我们的祖先已经迈进了文明社会的门槛。从考古发现看，在出土的原始社会陶片上发现了许多不同的刻划，有人认为这很可能就是最早的文字符号。

我们今天见到的最早的中国文字，是发现于商代青铜器和甲骨卜辞上的文字。从商代文字到西周的文字，在字体上固然有很大变化，但这个阶段同一时期的文字从字形上看还是比较统一的。但是到了春秋战国时代，政治上的分裂，也造成了文字上的变异。这种变异最初并不严重，但随着时间的拉长，各地区文字的变异就越来越大了。其中秦国与东方六国的文字形体的差异尤其明显，这里的原因是什么呢？

原来，西周灭亡之后，西周故地成为秦国的地盘，与此同时，秦国也就继承了西周的文化遗产，其中包括西周时代的文字。进入战国之后，首先发展起来的山东六国，在文字的频繁使用中，力求其方便简化，所以许多俗字取代了正规字体，这就使原来的文字在字形上发生了很大的变化。秦国为后起国家，文字虽然也在渐渐发生变化，但是，仍然保持着传统的正体字的字形。总之，在战国时期，由于各国的独立发展，文字出现了更加严重的变异现象，东汉时期的大文字学家许慎总结这时的情况说："分为七国，田畴异亩，车途异轨，律令异法，衣冠异制，言语异声，文字异形。"很形象地说出了政治上的分裂导致各方面分裂的情况。

秦始皇、李斯认为这种情况有碍于国家的统一，必须进行统一文字的工作，秦始皇命令李斯全面负责此事。李斯的主导思想是：上古流行大篆体的文字，由于年代久远，人们已经不熟悉那种文字了，现在应该根据现有的文字，删繁就简，取其实用者，参酌制定一种新的小篆字体，颁行天下，统一使用。

为此，李斯作了《仓颉篇》，中车府令赵高作了《爰历篇》，太史令胡毋敬作了《博学篇》，这三篇样板字皆用小篆体写成，作为文字统一后的样式。

李斯本人不仅是个文字学家，还是个水平极高的书法家。他对书法理论很有研究，他曾说："用笔的方法，先急回笔，然后迅速行笔，有如苍鹰高望、雕鹏远逝，任其自然，不可重新改写。运笔要宛如游鱼得水，飞舞起来要如高山之云，或舒或卷，乍轻乍重，善于深刻思考用笔的人，自然而然就能领悟用笔的奥妙了。"

秦代诸多名山碑刻以及铜器文字，很多都出自李斯之手，秦始皇的玉玺文字也是指定李斯撰写的。秦始皇的玉玺是价值连城的和氏璧，和氏璧原产楚国，后为赵国得到，秦灭赵之后，和氏璧归秦所有。秦始皇让玉工加工成玉玺，让李斯题上"受命于天，既寿永昌"八字，意思是皇帝的权力是上天赐予的，他会永远健康，他统治的国家会永远昌盛。

李斯在文字和书法上有如此之深的造诣，让他去负责文字改革工作，应该说是最佳的人选。李斯的这次文字改革是成功的，中国的文字第一次实现了真正的统一，这为中国文字的进一步发展奠定了坚实的基础，也为各地文化交流提供了便利的条件。李斯的这项工作意义是十分巨大的。

这一年，秦始皇下了又一道诏令："皇帝全部兼并了天下诸侯，民众大安，立号为皇帝。诏丞相隗状、王绾，发现全国的度量衡很不一致，有不同者，一律统一之。"从诏书上看，这项工作似乎是责成两位丞相去完成的，但据李斯后来说，统一度量衡的工作主要是他具体负责完成的。当时李斯还是廷尉，诏书自然不能给他，而是给政府的首长丞相，然后由丞相指派李斯具体负责这项工作。

统一度量衡是一项很重要的经济工作，战国时代天下处于分裂状态，各国在经济方面也是因地制宜，各行其是。比如长度方面，根据考古实物证实，东周的铜尺在廿三点一到廿三厘米之间，而楚国的铜尺在廿二点七到廿二点三厘米之间。量制更为混乱，秦国以升、斗、桶为单位，一般是十进位；齐国是以升、豆、区、釜、钟为单位，是四、十或五、十进位制；魏国以斗为单位；赵国以斗、升、分、益为单位。在衡制方面，有的地区以孚、斩为单位，有的地方以镒、斩为单位，有的以铢、两、斤、钧、石为单位，换算很不方便。[①]

秦在统一之前，商鞅对秦国境内的度量衡作过统一的规定，并著之法律，严禁私自更改国家标准。李斯在统一后，正是以商鞅变法的成果为基础，在全国范围内，对各国参差不齐的计量标准作出统一的规定。

这项工作的意义在于为今后全国性的经济活动提供了十分便利的条件，也为人们的日常生活提供了方便，防止私人或官吏利用计量器的差异进行巧取豪夺，贻害民众，同时也保证了各地区税收的公平性。

总之，这项工作是十分有意义的，应该算作是李斯的又一大功劳。

但是，令人奇怪的是在这么多决策出台后，却不见秦王朝的安民政策出台，民众的利益似乎被忘记了，民众应该从梦寐以求的统一中得到什么，新天下会给民众带来什么福祉，这些问题中央政府都没有任何反应，人们在疑虑中仍然盼望着福音的传来……

也许百废待兴，要做的事太多，一时还考虑不到这些事情。李斯后来说他曾经"缓刑罚，薄赋敛，为民请命，使万民爱戴皇帝，死而不忘"。李斯确实

---

① 参见林剑鸣《秦史稿》。

抓住了民众"缓刑罚，薄赋敛"的殷切愿望，但他并没像他吹嘘的那样在秦始皇面前为民请命，实在没有。如果他真那样做了，诚如大史学家司马迁所说的那样，他的功劳可与周代大政治家周公和召公相提并论了。

第十一章 大兴土木

　　秦始皇这个专制君主有个最大的特点，就是有超人的强烈的权势欲和占有欲。少年时代那段非人所堪的屈辱和贫困的生活，极大地扭曲了他的人格走向。那时，他的血管中虽然涌动着王室贵胄的血液，但严酷的现实却严重地抑制了他那贵族出身的优越感，这反倒使他的潜在欲望更加强烈。为了摆脱贫困和屈辱，他渴望权力，渴望复仇，渴望财富，渴望荣耀，渴望占有那些他本该占有却没有占有的东西。而当命运偶然把他推上君临万民的宝座之后，那些内心深处蓄之已久的渴望就开始迅猛地膨胀。但是，最初在政敌未除，继之六国未灭之时，他性格的另一面——高傲的忍耐却仍然时时控制着他的行为，虽然其间有过几次狂飙似的爆发，但为大局计，他那喷薄欲出的反理性的火焰转瞬又深藏起来。这种刚毅的性格使他能够按照理性的指示去做，以至于他能够在你死我活的殊死斗争中频频得手，成为最后的赢家。也就在此时，他因胜利而如释重负，他再也无须用理性残酷地束缚自己了。他是前无古人、后无来者的伟人，现实的一切已经向世人和自己证实了这点。那么，他就要在有限的人生中把他的伟大更淋漓尽致地表现一遍，他要在有限中注入永恒，他要在永恒中找到自我，他既要在生前满足过去感情的欠账，也要为来世设计个理想的所在，他最大的愿望就是在大限来临之前做完他想要做的一切，使自己满足，让他人震惊！于是长久压抑在内心深处的种种原始冲动，就像火山的熔岩似的开始了它的总喷发。他那泛滥的人欲猛然冲向刚刚安定下来的疲惫不堪的社会，无情地吞没了民众对安居乐业的向往。

李斯不愧为秦始皇的心腹，他们都有建功立业的雄心，他们对人性都有共同的看法，他们都有强烈的权势欲和占有欲，这是他们思想共鸣的基础。但是，李斯过人的聪明之处在于，他最清楚他李斯欲望的满足，实有赖于秦始皇欲望的满足。你越能恰到好处地满足秦始皇的欲望，你就越能满足自己的欲望。他也时刻记住老同学韩非的警告："夫龙之为虫也，柔可狎而骑也。然其喉下有逆鳞径尺，若人有婴之者，则必杀人。人主亦有逆鳞，说者能无婴人主之逆鳞，则几矣。"他看到秦始皇这条巨龙的逆鳞要比谁的都大，只要触到他的逆鳞，自己的荣华富贵、权势尊严，乃至于身家性命将转瞬即逝！为此，他必须抑制自己的欲望，随时揣摩秦始皇的内心世界，把握住他的走向，满足秦始皇强烈的权势欲和占有欲，办几件叫他称心如意的大事。

公元前 220 年（秦始皇二十七年），也就是统一的第二年，秦始皇在原秦国西部作了一次小规模的出巡，从咸阳到陇西（今甘肃临洮），到北地（今甘肃宁县），到鸡头山（今甘肃镇原），再回到中宫（今宁夏固原）。这是一次全国性巡游的预演和彩排，其中发现道路交通是巡游中的最主要问题，必须解决。

修驰道这项任务的重担落到了李斯的肩上。这项工程工期短（秦始皇第二年就准备东巡），规模大，是牵动全国的一件大事。李斯任工程总指挥，一声令下，全国掀起了筑路高潮，投入多少民力，没有具体的统计，不过，没有几十万人，恐怕是不行的。《汉书·贾山传》中简括地记载了这项工程，书中说："秦修建了全国规模的驰道，最东达到燕、齐旧地，最南达到吴、楚旧地。江河湖海，无处不到。驰道宽五十步（合今六十九点三米），每三丈（合今六点九三米）植松柏树一棵，工程要求是基础要牢固，路面要用金椎夯实。"这样宽敞讲究的道路就是在今天也应叹为观止。

史书的记载是否太夸张了？后来目睹过驰道遗迹的人曾证实了驰道的规模确实如记载所言。如有人在湖南零陵东八十里处发现驰道遗址，说它很像一条干枯的大河道，两岸被削得陡陡的，让其各处高低一致。又有人从广西桂林向北走七百余里，到湖南，有条路两旁长松夹道，据说就是秦人修的驰道，由于历代修补，很少损坏。此外东南地区也多处保存着驰道的遗迹，其中最有名的是江苏昆山到吴城的驰道，就是秦始皇后来东巡时经过的一段。

李斯领导的这项工程究竟有多大，我们根据后来秦始皇五次巡游的路线大体上可以搞清驰道的分布情况和走向。驰道以咸阳为中心，可分如下几条：

第一条，从咸阳向西北修去，一直到宁夏固原以西。

第二条，从咸阳向东修，直达东海岸；然后折向西南，渡淮河，进入湖北省境内，然后由武关修到咸阳。

第三条，从咸阳修到河北秦皇岛，然后沿北部边境，到陕西北部，返回咸阳。

第四条，从咸阳修到湖南境内，沿江而下，修到浙江，转向江苏，然后北上，与第二条路汇合。

秦始皇为什么要修驰道，为了发展经济？为了给人民造福？当然都不是。秦始皇自从当了千古第一帝之后，志得意满，为了在普天之下确立他的绝对权威，首先想的是到被征服地区四处兜兜威风，让天下人都认识他、服从他。李斯为何积极主持这项工程？用他自己的话说："治驰道，兴游观，以现主之得意。"这是什么意思呢？就是说他李斯为秦始皇修驰道、搞宫殿建筑，大兴土木，就是为了最大限度地满足主子志得意满的欲望。试想秦始皇能不对李斯表示满意吗？

另一项叫秦始皇满意的事就是李斯在修建前所未见的大型宫殿群中出了大力。

秦始皇为何对修建宫殿竟如此投入？大修宫殿的工作并非始于统一之后，这项工作在统一战争中就紧张地开始了，前方浴血奋战，后方大兴土木，当时的民众究竟是怎样忍受这位君主的恣意妄为的，实在让人难以置信。总之，仗要打，宫殿也要修，秦始皇想到的就是自己。对他来说修宫殿的意义也许更大，因为自国家出现之日起，巍峨高耸的宫殿就是君王无上权力和威严的象征。后来接替秦王朝的汉高祖刘邦对此也颇有领悟，刘邦打入咸阳，见到秦的宫殿很宏伟，想要搬进去享受享受，在樊哙、张良的劝阻下，没敢住进去，因为这时事业尚未成功，生怕蹈亡秦的覆辙。后来刘邦当了皇帝，有一次见萧何大兴土木，修建未央宫，刘邦很生气，指责萧何说："天下战乱不断，为什么把宫殿修得如此壮观？"萧何说："趁着天下还没安定，百姓习惯了苦役，正是修宫室的好时候，再说天子以四海为家，不把宫殿修得十分壮丽，无以树立皇帝的威信，而且也让后来人不敢超越你。"刘邦听了很高兴。后来者萧何实在道出了大修宫殿的奥妙，而且用在秦始皇的身上更为合适。

在战争中，秦军每灭一国，秦始皇就派人把这个国家的宫殿样式摹写下来，在首都咸阳的北陂地区照样仿造，形成了一个独特的宫殿群。这是个很有意思的创举，颇能满足秦始皇凌驾于诸国之上的那种至高无上的心理情结，同时也是为了把各国的享受方式熔于一炉，供秦始皇一人享用。这个主意是谁出的呢？不得而知，很可能是李斯。

这个宫殿群南临渭水，从岐县的雍城逶迤东向，一直修到泾水、渭水的交汇处。远远望去，宫室、复道、高阁互相连属，共计一百四十五座，它们结成浑然的一体，壮丽宏伟之极。然后，把从东方六国掠来的美人万余人，以及大量钟鼓等乐器置放其间。这片建筑气势恢宏，无与伦比，确实与秦始皇好大喜功的心理颇为吻合。

战争中尚且大造宫殿，统一后就更不在话下了，除了"六国宫殿"要完成，在公元前220年（秦始皇二十七年），新工程又全面铺开。上面说过的修驰道仅是一项，另外还开始修信宫、甘泉殿、甬道。从此，全国变成了大工地。

最大的工程是修以阿房宫为中心的新宫殿群。公元前212年（秦始皇三十五年），秦始皇认为咸阳宫内的人太多，先王建造的宫殿规模太小，他听说周文王都丰，武王都镐，这一带是帝王建都的好地方，于是身为丞相的李斯迎合秦始皇的意志，在渭水南岸的上林苑营造更大的宫殿群，最先动工的就是有名的阿房宫。阿房宫是整个朝宫的前殿，东西三里，南北五百步，宫内可容纳万人，宫前树立五丈高的大旗，又铸铜人十二个于宫门前。阿房宫以磁石为门，为的是防止刺客携带铁兵器入宫行刺。阿房宫的周围建有上下两层的阁道，这条阁道从殿前直抵百余里外的南山。又在南山之巅建立阙门。再建双层大道从阿房宫渡过渭水，连通首都咸阳。这种设计是受到天象学的启发，用以象征从北极星渡过渺渺银河，抵达两个标志天子之宫的星座——营星和室星。

宫室之内穷极奢华，金玉珍宝，难以尽数。最叫人惊叹的是青玉五枝灯，高七尺五寸。灯的主体是蟠龙状，龙口衔灯，灯点燃之后，鳞甲皆动，好像灿烂的群星，满室生辉。又有一面铜方镜，宽四尺，高五尺九寸，正面背面都可照人，人冲它去，里面出现的是倒影。如果用手捂着心口，据说能现出人的五脏六腑。人有内在的疾病，能照到病的所在。如果女子有邪心，就会看到里面胆张心动。秦始皇常以此镜照宫人，胆张心动者则杀之。当然这里边有后人想象的成分。

修建阿房宫投入的人工达七十万之多，这些人都是所谓受过宫刑和判处徒刑的罪犯。建筑用的石料是从七八百里之遥的阴山运来的，而木材则是从千余里外的四川、湖北等地运来的，工程浩大、艰难程度，实难想象。

阿房宫殿群的建设直到秦始皇死仍没完工，工程在秦二世时继续进行。然而那时民众再也忍受不了这些空前残酷的苦役了，于是揭竿而起。等到项羽攻入咸阳，一把火把阿房宫烧成灰烬，大火三月未熄，可怜劳动人民的血汗就这样被轻易地付之一炬了！

后人为此曾作散曲一首，慨叹此事。

　　峰峦如聚，波涛如怒，山河表里潼关路。望西都，意踟蹰，伤心秦汉经行处，宫阙万间都做了土。兴，百姓苦；亡，百姓苦。①

此曲虽短，却写尽了人民在封建专制主义沉重压迫下无法逃避的苦难。

据统计，秦代短短十五年中，在当时关中地区建筑宫殿三百座，在关外建筑宫殿四百余座。身居丞相高位的李斯却对民众的苦难视而不见，只是一味地迎合专制帝王的淫欲，以求博得主上的欢心，保住自己的禄位。从此开始了他逆历史潮流而动的反动政治生涯。

___

① 元·张养浩《山坡羊·潼关怀古》。

李斯为秦始皇办的另一件大事就是修骊山墓。

高耸入云、穷极奢华的地上宫殿是为了君王生前的享乐。

深及九泉、幽暗轩敞的地下宫殿是为君王铺陈一个死后的快乐。

李斯为主子想得很周到，秦始皇也正是这么想的。

秦始皇横扫六合，一统天下，气吞古今，勇力盖世，他常常睥睨着那些在他武功下诚惶诚恐、浑身颤抖的芸芸臣民。此时，他感到他是个无敌于天下的伟人，他感到他有一种无坚不摧的满足感。

然而，他在死亡面前却是个懦夫。他可以战胜世间的一切对手，可就是无法战胜内心对死亡的恐惧。他怕死，因为他的无限膨胀的欲望将因死亡的来临而化为泡影，他那盖世的功名将被死亡无情地埋没，他奋斗终生所得到的一切将因死亡而葬送。他渴望永远享受眼前的一切！但死亡却剥夺了这一切！

为此，他开始与死亡搏斗。

他灭燕、齐之后，燕、齐两地早已流传的长生术为他带来了希望。这个坚信法家学说的理性主义者此时却一头扎进这荒诞不经的长生术中。李斯和很多头脑清醒的人一样，当然知道这是一种徒劳无益的胡闹，但是谁又敢于去触这片逆鳞呢？何况像李斯这般人也确实希望秦始皇能够长生不老，万寿无疆，因为他们的荣华富贵不正是他赐予的吗？自古道一朝天子一朝臣，秦始皇死后，政局究竟是个什么样子，李斯之流连想都不敢想，想到这里，李斯之流希望秦始皇长生的念头比秦始皇还急切！

人民与他们的愿望却截然相反。公元前219年（秦始皇二十八年），秦始皇巡游天下时，走到阳武博浪沙这地方，韩人张良让力士用大铁锤狙击秦始皇，误中副车，秦始皇惊恐万状，大索天下十日，一无所获。因为此时天下人皆愿其死，所以，刺客藏在人民的海洋中，纵然法网再严，也难找到凶手。

一波未平，一波又起。公元前 211 年（秦始皇三十六年），有陨石落到东郡，有人在陨石上刻上"始皇死而地分"的标语，表达出人民希望秦始皇像天上的陨石一样坠落，从此灭亡的强烈愿望。始皇闻之大为震怒，马上派御史严加追捕，仍然是一无所获，恼羞成怒的秦始皇便把在附近的居民杀光，把陨石燔烧以泄心头之怒！

秦始皇最忌讳人提到"死"这事，李斯之流当然也从来不敢犯这个大忌，提到圣上的死事。

当时，传说宋毋忌、羡门子高这些人有成仙、长生之术，燕、齐地区一些庸人都争着学习这种法术。战国时的齐威王、齐宣王、燕昭王也都对此深信不疑，他们曾派人入海找寻蓬莱、方丈、瀛州三座仙山。传说有人到过那里，找到了仙人和不死药。

秦始皇及李斯等人闻之大喜过望，此时正好有齐国的方士徐市等人投其所好，说能找到不死药，秦始皇立刻派遣徐市带领童男女数千人到海上求不死之药，为此耗费了大量资财，但却一无所获。

长生的希望落空了，还是为自己构建一个死后的极乐世界为好。

李斯首先承担了这项光荣的任务，修筑骊山墓。

秦始皇初登皇帝大宝之后，就开始了此项工程，选择的地点是咸阳附近骊山脚下（今陕西临潼境内）。事有巧合，很多历史事件居然都是在骊山附近发生的。西周的最后一个君主周幽王就是被犬戎杀死在骊山脚下的，后来的唐玄宗与杨贵妃的荒淫生活导致的一场国破家亡的悲剧也是在骊山发生的，直到近代，西安事变、迫蒋抗日，骊山仍然是历史的见证人。不知骊山何以与这些昏暴之君结下了不解之缘。

秦始皇和李斯之流为何选中骊山作为这位独裁者的终焉之处？

据史书记载说："骊山其阴多金，其南多美玉，故始皇贪而葬焉。"说来说去，还是帝王的贪欲二字在作怪。

骊山离咸阳颇近，又是个风景秀丽的地方。山上草木葱茏，温泉淙淙；山下沃野无际，阡陌交织，确实是个难得的好去处。当时秦始皇肯定要请些风水先生搞一次周密的勘察，然后再确定此处为风水宝地，始皇陵址就此建在这里。然而从历史上看，这里的"风水"实在对统治者不利。这也反映出封建统治者是何等的唯心愚昧！

李斯是此项工程的直接负责人，他投入了七十万的人力开凿墓穴，建筑宏伟的陵园。这些人被称为罪犯，是从全国各地征调来的。人们会问，一个国家哪来的那么多罪犯？征匈奴用的是罪犯，征南越用的是罪犯，修阿房宫和骊山墓还是罪犯？这只能有一种解释：那就是秦王朝的统治者为了最大限度地役使民众，为此在有意识地制造罪犯。因为罪犯就是任人驱使和宰杀的奴隶，他们的劳动是无偿的。秦王朝统治者与民为敌的立场，由此可见一斑。

工程之艰巨，规模之宏大，使我们想到了古埃及金字塔的修筑。看来中外统治者都是一丘之貉，所谓文明世界，无处不渗透着劳动民众的斑斑血泪！

工程最艰苦的一段是穿凿墓穴。深度要求穿过地下水层，达到数十米深的地层深处。这样，就要想尽办法堵塞地下水的涌出。此外，地下岩层坚硬如钢，每凿一寸都要付出难以想象的努力。李斯命令用文石堵塞地下水源，用火烧烤岩石，使之松脆，然而工程的进度却极其缓慢。各种办法使尽，最后，李斯也一筹莫展了，只好硬着头皮上表汇报情况，请求始皇的指示。李斯在奏章中说："丞相臣李斯冒死向陛下反映情况。工程按预定的方案进行，到如今已经三十七年了，臣监督着七十二万苦役犯，不停地施工，墓穴深度现在似乎到达极限了。凿也凿不动，烧也烧不坏，叩打之下，发出空空之音，下面好像是另一个天地。"

秦始皇看完李斯的汇报，下命令说："既然凿之不入，烧之不燃，躲过这一地段三百丈再施工！"

地下工程如此之艰巨，地面工程也不在话下。首先是石料的取运。陵墓需要上好的、完整的巨量石料，然而骊山无此大石，必须渡过渭河，到渭河北岸远处的山区开凿石料。在当时落后的生产和运输条件下，完成这一工程实在是难以想象的困难。当时运料的民工们留下了这样一首民谣："运石甘泉口，渭水不敢流。千人唱，万人讴。"

今天在临潼东十里，秦始皇陵东南二里，还保存着一块高一丈八尺，围长十八步，形似乌龟的"很石"，想当年秦始皇命令采运此石，将其置于陵园之上。但运到此处，怎么也搬运不动了，结果保留下来，成为修筑骊山墓时的历史的见证。

秦始皇陵望之巍然如山，堪称世界陵墓之最。据考证，秦始皇墓原高一百二十点六米，经历两千多年的风雨削蚀，至今余高仍有七十六米。墓冢全是人工用土一点一点堆筑而成的，其土方量之大，空前绝后。墓成之后，由于取土时形成面积巨大的低洼地，使发源于骊山的鱼池水改道，由向东转北，注入这片洼地，形成个人工湖。

整个陵园当然不只是地宫和山陵，而是个规划周密、完整的建筑群。它的总体设计仿秦都咸阳，分作内外两重，外城周长六千二百九十四米，内城周长二千五百二十米。陵园东西走向，占地面积五十六平方公里，周围有长墙围绕，墓冢坐落在内城西南，坐西面东。其他建筑还包括陪葬墓坑、兵马俑坑、祭祀用的享殿等。陵园的大门一反一般墓门坐北朝南的惯例，而是开在东方，这是为了显示秦始皇雄踞西方、横扫六合、称雄天下的逼人气势。

这座陵墓地宫中的情况究竟如何？根据大史学家司马迁的《史记》记载，使我们有可能了解到这座帝王陵寝那穷极奢华、奇瑰宏大的内容。司马迁写道：墓穴穿透三层地下水层，用青铜铸成放置遗体的外椁。整座墓穴如地上的宫殿一样，里面放置着文武百官的俑像，在墓穴中放满了罕奇的器物、怪异的珍宝，这些奇珍异宝被放得满满实实的，遍地都是。并且命令能工巧匠在地宫多处设置自动放射的弓箭，只要有人敢于偷穿墓室，立刻将其射杀。最令人惊诧的是墓顶绘画着日月星辰的天文图象，深邃幽渺，意境无穷。地下以水银构成百川、河湖、大海的波澜壮阔的景象，并且安装机器作动力，使之永远栩栩如生地运动起来，这番上具天文、下具地理的惊世骇俗的图画实际就是现实生活中的宇宙的再现。墓中到处点着人鱼膏做成的蜡烛，据说人鱼膏可以经久不灭。

可以想象，李斯曾多次陪着他的主子来到这里视察施工情况及墓中的布置。他滔滔不绝地介绍自己奇妙的构想，以此博取皇帝对自己的赏识。同时也垂首聆听皇帝新的意图、新的指导，以便使这座地下宫殿更趋完美，成为举世震惊的杰作。

史书的记载是否可靠，历来很多人都认为是文学的夸张，是荒诞无稽的传说。但是，随着现代考古手段的提高，以及秦始皇陵不断有新的珍稀文物出土，司马迁的记载逐渐被证实是真实情况的写照。1982 年，中国科学院地球物理研究所对秦始皇陵封土用测录仪进行反复测试，发现有强烈的汞反应，说明陵墓下有汞是有根据的。

大史学家司马迁的记载虽然已经够对后世人产生轰动效应的了，但是从今天的考古发现看，仍不足以勾画出宏伟的秦始皇陵的全貌。实际上，秦始皇陵远比史书中记载的更宏大。

1974 年 3 月，临潼县西杨村的农民在村边打井，传说中"瓦爷爷"的怪物又出现了。所谓"瓦爷爷"的传说，起之于秦始皇陵附近的农村。这附近的村民在田间劳动时，就挖出过一些"鼓嘴瞪眼"的陶人头。据说这些陶人都是能兴妖作怪的"怪物"，碰到它，不是使你修的墓穴坍塌，就是使你掘的井突然干枯。

然而现代的农民毕竟具备一定的科学头脑，他们根本不相信传说中的事情是真的，而是把发现报告了有关部门。考古工作者断定这里会有重大的考古发现。经过一年有余的挖掘，一个东西长二百三十米，南北宽六十二米，深四点六至六点五米，总面积达一万四千二百二十平方米的巨型秦兵马俑坑以它磅礴的气势向世人揭示了秦始皇陵的新貌。1976 年 5 月，在秦始皇第一号兵马俑坑东端北侧，又发现了第二号兵马俑坑。第二号俑坑总面积约六千平方米，然后又发现了约五百二十平方米的第三号俑坑。于是一座完整的，表现秦始皇气吞山海、无敌于天下的大型秦俑军阵，越过数千年历史的尘封，突然跃现在现代人的眼前。秦始皇兵马俑坑中，那与实物相当的七千多件装备精良、栩栩如生的陶俑，那一百余辆无坚不摧的铁甲战车，那四百余匹长鸣不已、严阵以待的战马，那数十万件至今仍然锋利无比的铜兵器，那随时准备投入殊死搏斗的巨型方阵，这些简直征服了每一个来访者，谁还会对这中国封建社会第一位皇帝的勃勃雄心和丰功伟业表示怀疑呢？我们仿佛感到这位帝王钢铁般的意志复活了。

秦始皇陵兵马俑再见天日的消息传遍五洲四海。它被世界人民称为世界第八奇迹（其他的七大奇迹是：埃及的大金字塔，古巴比伦的"空中花园"，土耳其以弗所的阿德密斯神庙，希腊奥林匹亚宙斯神庙中的宙斯巨像，土耳其哈利卡纳苏的摩索拉斯陵墓，地中海罗德岛上阿波罗巨像和埃及亚历山大城的灯塔）。

奇迹，确实是奇迹，秦始皇力图为自己创造永恒的奇迹的宏愿似乎实现了。他留给后世的礼物不是再次让人们折服、震怵吗？

然而，当时呻吟在李斯的皮鞭下，拖着血肉模糊的身躯，倒在陵前的服苦役的秦代农民又怎么想的？他们希望这种建立在他们尸骨上的永恒存在吗？

历史就像一架修筑永恒之路的压路机，在它铺垫永恒之路时，不知碾碎了多少无辜的生命！

秦始皇死时，陵墓尚未完全竣工，否则，它会更加辉煌。

公元前210年九月，秦二世和李斯等重臣终于将这位叱咤风云的帝王送进了为他建造的地下官殿，希望他永享生前的荣华。然而，此时人民的愤怒的火焰已经点燃，秦王朝的基础在人民反抗暴政的声浪中开始动摇。

不久，起义军领袖项羽打入关中，他命令挖掘此陵。然后用三十万人运送挖出的宝物，整整运了三十天！随后，关东地区的民众，销毁墓中铜椁，取青铜而用之。有一次，一个牧羊人的羊掉到墓中，为了寻羊，点燃火把，结果引起大火，火灾延续九十天没有熄灭！

以此观之，秦始皇君臣追求的永恒又在哪里？秦朝是历史上最短命的王朝，仅仅维持十五年就灭亡了，这不值得人们深思吗？

需要说明的是，在大兴土木这个劳民伤财的活动中，李斯固然是个积极分子，但秦统治阶级中的其他成员又何尝不是积极分子呢？比如受到秦始皇特别恩宠的名将蒙恬，搞得也很凶，他领导了一项更艰巨的大工程——修筑万里长城，这我们要在后面讲。此外，在公元前 212 年（秦始皇三十五年）他听说秦始皇巡游天下，要从塞北的九原（今内蒙古包头）回到甘泉宫，就驱使大批民工修建从九原经云阳（今陕西淳化）到甘泉宫的驰道。这段驰道全长一千八百里，大都经过荒漠草原，蒙恬不顾这些，命令民工开山填谷，把驰道向前修去，但干了几年，终因工程过于艰巨，半途而废。

一个历史的错误绝不是某个人或某几个人所为，而是奉行错误路线的整个统治集团所为，是罪恶的制度造就的恶果。秦王朝给民众造成的灾难应该这么解释。当然，在这里，那些决策者，如秦始皇、李斯之流是绝对逃不掉应负的主要罪责的。

第十二章　穷兵黩武

从春秋时代起到战国时代止，战争这个人类互相仇杀的怪物竟然在中华大地徜徉了五百余年，给社会造成了无穷的灾难。春秋时代的大思想家老子曾说："大军过后，必有凶年。"指出了战争是制造天灾人祸的罪魁祸首。所以，到了战国时代反战的呼声越来越高。当时有人问儒家大思想家孟子，什么样的人有资格统一天下？孟子说不嗜杀人的人能统一天下，也就是能够消灭战争，给天下带来和平的人才有资格统一天下。他的话代表着当时民众的普遍心声。但消灭战争，获得和平的具体途径是什么呢？法家学派立足于现实情况，提出了"以战去战，以杀去杀"的办法，也就是用战争消灭战争，以杀戮消灭杀戮。这种办法为民众指出，要想彻底摆脱战争的苦难，必须作出巨大的牺牲。但为了获得持久的和平，当时的民众别无选择，只能接受这种痛苦的方法，忍受战争的煎熬，把统一战争打到底。从秦王政元年到秦始皇二十六年统一天下，前后二十六年是秦国历史上发动战争次数最多的一个时期。秦孝公在位二十四年，发动六次战争；惠文王在位二十七年，发动十七次战争；武王在位四年，发动两次战争；昭王在位五十六年，发动四十八次战争；庄襄王在位三年，发动四次战争；秦始皇在统一前的二十六年中，发动三十一次战争，平均每年一点一九次，创历史最高纪录。但是人民忍受了，因为统一在即，和平的曙光已经逐渐照亮了烽火连天的华夏大地。

公元前221年（秦始皇二十六年），全国民众终于端起了美酒，普天同庆和平的降临。与此同时，也传来了秦始皇许诺给天下人的福音："兼并天下，灾害永绝，永偃戎兵。"试想，听到这一福音，饱受战争蹂躏的民众该是多么兴奋，他们感到他们付出的那么多血和泪终于得到了丰厚的回报，死者有灵，可以安息；生者逢时，可以乐业，战乱生涯可以画上一个完满的句号了。

然而，秦国统治者给人民开的却是一张空头支票，统一战争刚结束，大兴土木的活动就开始了，紧接着是秦始皇君臣大规模的巡游活动，然后是全国性的移民活动，其间还伴之以求仙，毁坏六国城郭，拆除战国时代设在河道上的堤防，等等。秦始皇为此也忙得不可开交，全国公文雪片般飞来，都需要他亲自处理，每天他自己规定要读一百二十斤重的竹简公文，不读完不休息，然而还是忙不过来。即使这样，他觉得还有数不完的事要做，层出不穷的欲望需要满足，时间真是太紧张了。

公元前215年（秦始皇三十二年），秦始皇第四次巡游，视察北方边境，从上郡（今陕西绥德）回到咸阳。这次边境之行，面对九曲黄河之外连绵起伏的阴山，面对着茫茫的瀚海沙漠，面对着牛羊满野的草原，使他雄心勃发，内战既消，何不扬威国门之外，再建一个旷世功名！

正巧，替他妄求长生的方士卢生从东海回到咸阳，长生药没有找到，为了塞责，他跟秦始皇胡诌了一通鬼神之类的瞎话，又在一本方士的图录书中抄了一句"亡秦者胡也"的政治谜语，让秦始皇去猜。秦始皇当然把"亡秦"当成头等重要的大事。"胡"是谁？肯定指的是匈奴，刚从北方边境回来的秦始皇首先想到了北方的草原民族胡人，这个中原华夏民族的世代对头，于是决定发动北伐胡人主要是匈奴人的战争。可惜这个政治谜语没被秦始皇猜对，他绝没想到这个胡，指的应是胡亥，他自己的儿子。就是这个胡亥葬送了秦王朝。看来真正的敌人往往潜藏在内部，而不是外部，这也是个历史的教训。

战前秦始皇命群臣讨论对匈奴战争的问题。在对外战争这个问题上，统治集团内部分裂为对立的两派，一派是以信奉儒家思想的秦始皇的长子扶苏和因事功上升到高级决策层的李斯为代表的反战派；另一派是以大将蒙恬及因军功荣获爵位的各级军事官僚为代表的主战派。

反战派认为天下初定，民心思安，生产凋敝，百废待兴。对外应取守势，与民休息，积极发展生产，增强国力，从长计议，解决与外族人的矛盾。

主战派大都是统一战争中的功臣，战后他们转化为政权机构的各级大小官僚。这些人是战争中的最大受益者，在他们看来，正是战争给他们创造了跻身政治舞台的各种机遇，正是战争使他们能够沿着权力的阶梯逐渐上升，正是战争给他们带来了个人的财富。特别是秦军在统一战争中的空前胜利，更加使这些嗜杀成性的军人雄心勃勃，相信战争才是他们的保护神。所以，对他们来说统一战争的结束，就意味着他们一切既得利益的贬值。他们与广大士兵不同，并不急于解甲归田，过和平的生活，而是盼望开始新的战争，以攫取更多的政治和经济利益，这种好战的气氛几乎弥漫了整个国家的官僚阶层。秦始皇固然好大喜功，但更主要的是，他深知军事官僚阶层是他进行统治的基础力量，所以对外战争既是为了满足他个人的欲望，同时也是为了迎合主战派的要求。李斯是文职官僚，这一集团在重武轻文的秦王朝中，势力还处于劣势。他们是靠出卖知识获得相应权势的，所以对战争这门艺术实在是外行。再说，他们并不希望主战派在未来的战争中势力更加膨胀，高高地凌驾于他们之上。更主要的是他们头脑还比较清醒，感到不间断的战争将损害国家的根本利益。不管他们出自什么目的去反对战争，这与广大民众思安求定的强烈愿望还是吻合的。

所以当秦始皇让大臣们讨论这个问题时，李斯站出来反对，他说："我认为不应该发动对匈奴的战争。理由是，匈奴是游牧民族，与我们内地的生活方式根本不同，他们不在固定的地方定居，也没什么不动产可以守护。他们就像候鸟一样往来迁徙，我们很难用什么方法控制他们。我方如果轻兵深入其地，粮食和其他后勤供应就会接给不上；如果我军携粮行军，那沉重的负担就会把我们拖垮而追击不到敌人。我们即使胜利了，占领了他们那荒凉的土地又有何用？我们即使俘获了他们的民众，又怎么守着他们给我们工作？如此一来，只好杀掉他们，这绝不是正义之师所应该干的事情。依我之见，这场战争只能消耗中国的实力，却使匈奴称心如意，这不是长治久安之策！"[①]

李斯在他的反战意见中，仅仅集中谈了这场战争的困难，谈到有了这些困难，胜利很可能没有把握。他也谈到了这场战争是一场消耗中国实力的战争，即使胜利了也没什么好处。这里他却忽视了最重要的一个问题，就是在刚刚实现统一之后，秦王朝的中心任务究竟是什么？这个问题没有解决，根本谈不上对外战争。历史证明，当社会还没有稳定下来时，无论哪朝哪代的对外战争其后果都不会好。秦王朝在建国之初，不以恢复国力、巩固统一成果为中心任务，而是对内对外恣意妄为，滥用民力，轻启边衅，无事生非，这样胡搞下去，确如李斯警告的那样，实非长治久安之策。

不过这次李斯的反战主张却被秦始皇坚决否定了。而在这种情况下，李斯也从来不敢把自己的意见坚持到底，在皇帝的淫威下，李斯永远是个软骨病患者。他在对匈奴战争的问题上，见与皇帝意见相左，突然来了个一百八十度的大转变，由反战派变成坚定的主战派，成为对外战争的积极策划者。史书上说

① 据《汉书·主父偃传》。

秦始皇"外攘四夷，斯皆有力焉"。李斯自己也说"北逐胡貉，南定百越"是他一生中最值得夸耀的几大功劳之一，但他却忘了他曾经是个反战派。

就在决定对匈奴发动战争之后，秦始皇命令大将蒙恬发兵三十万进攻黄河河套地区以北。

这里需要介绍一下匈奴的情况。匈奴是中国古代社会北方草原地区的一个游牧民族，它的历史几乎与中原地区的华夏民族一样长。从历史记载看，匈奴族与中原地区在原始社会末期就频繁地发生各种联系。匈奴在夏代称獯鬻，在商代称鬼方，在西周时称猃狁，在春秋时称北狄，到了战国以后称匈奴。

匈奴人的习俗与中国内地的定居农业习俗截然不同。他们的生活基础主要靠畜牧业，主要的牲畜有马、牛、羊、骆驼、驴等，这些动物的肉、奶制品是他们的主要食品，皮革可用来制鞋、衣物、帐篷，牲畜也是与内地民族交换其他用品的主要商品。他们放牧牲畜，逐水草而居，所以被称为"行国"。他们的社会长期处于原始的部落时代，各部落之间都有各自的活动区域，有各自的酋长，到了秦汉时代，他们才进入到奴隶社会的初级阶段。他们文化落后，没有文字。但是这种特殊的生活方式也养成了他们骁勇善战的尚武精神，匈奴人从孩子时起就能骑羊奔跑，拿着弓箭射杀鸟、鼠之类的小禽兽；稍微长大，就能射杀狐、兔之类较大的野兽了。射得的禽兽可补充食物的不足。匈奴的年轻人全都会骑马射箭，他们平时靠放牧牲畜、打猎维持生活，战时全都是冲锋陷阵的战士。匈奴人常常四处掳掠，抢夺他人的财富。因为在他们看来，掠夺财富要比创造财富更为方便。在交战时，他们几乎是一群乌合之众，有利就进，无利则退，从不以逃跑为耻辱。他们与内地的伦理文化不同，没有仁义道德的概念，因此有很多内地人理解不了的风俗习惯。比如，匈奴人重视青年人，而贱视老年人，青年人吃最好的食物，老年人却吃剩下的食物。又如，按匈奴的风俗，父亲死后，儿子可娶后母为妻，兄弟死后，活着的一方可娶死者的妻子为妻，这些风俗都是内地人无法接受的。

匈奴随着人口的增长及生活习惯使然，使其不断南侵掠夺，给内地人民的生活造成很大威胁，这仅是问题的一面。另外，内地人口的膨胀也促使耕地不断向北扩大，从而也使匈奴人的生存空间日见狭小，再加上文化隔阂，双方几千年来就没有间断过流血冲突，有时这种冲突还造成了严重的民族危机。

西周消亡后，中国陷入大混乱。北狄借机南侵，有时北狄的铁骑长驱直入，甚至饮马于黄河之滨，当时有句话形容这种局面说："南夷与北狄交，中国不绝若线。"但即使在这时，从总的力量对比看，匈奴的力量仍然远不如华夏诸国的力量。

到了战国时代，当时七大强国中的秦、赵、燕三国北部的边境与所谓的北方"戎狄"接触。秦国的西部有称作绵诸、绲戎、翟、獂的戎人；岐山、梁山、泾水、漆水的北部有义渠、大荔、乌氏、朐衍等戎人。赵国的北部有称作林胡、楼烦的戎人。燕国的北部有东胡、山戎。这些民族的族属与匈奴有何关系，至今不清楚。战国时他们分散居住在秦、赵、燕三国西部与北部的山谷之中，各有酋长，有时达到上百个不同的部落，但还没有统一起来。秦国当初主要与义渠戎斗争，义渠戎可能已由游牧业进入农业社会，他们开始筑城自守。但在双方的斗争中，义渠戎的土地逐渐被秦国蚕食。到了秦惠王时，秦攻占义渠戎二十五城；秦昭王时，他母亲宣太后把义渠王骗到甘泉（今陕西淳化）杀掉，然后发兵灭了义渠戎。从此在陇西（今甘肃陇西）、北地（今甘肃宁县）、上郡（今陕西绥德）一带修筑长城以抵御北方蛮族的入侵。赵国在赵武灵王时，北破林胡、楼烦之后，也从代郡（今河北蔚县），经过阴山山脉的南麓，直到高阙筑起长城，设置了云中郡（今内蒙古托克托）、雁门郡（今山西右玉南）、代郡。燕国方面，燕将秦开曾在东胡部落当过人质，胡人很信任他，他却利用这个机会，掌握了东胡的详细情况，回国之后，率军突袭，大破东胡，占领了东胡土地千余里。为此，燕国也修筑长城，从造阳（今河北怀来）起，修到襄平（今辽宁辽阳）。设立上谷郡（今河北怀来）、渔阳郡（今北京密云）、右北平郡（今河北平泉）、辽东郡（今辽宁辽阳），抵御北方蛮族的进攻。到了战国末期，匈奴人中出现了个杰出的领袖叫作头曼，统一了匈奴的内部，匈奴人才逐渐在北方蛮族中有了一定的地位，但是在秦始皇在位时，北方蛮族比较强大的并不是匈奴，而是东胡，还有一个就是在秦国西部的绵诸，也就是有名的月支。月支人在秦始皇东进时，乘机在西北发展自己的势力。月支占据东到祁连山，西到敦煌的河西走廊地区，与北方的匈奴人相接壤，并且时时欺侮匈奴人。匈奴首领头曼很畏惧月支的势力，就把自己的儿子冒顿交给月支为人质。月支人又向大西北用兵，打败乌孙，杀其酋长难兜靡，兼并了乌孙的土地，乌孙人都逃亡到匈奴人那里。所以从秦始皇发兵攻打匈奴时的形势看，匈奴人被东胡、月支、秦朝三大力量压迫着，还构不成对中国内地的主要威胁。

指挥对匈奴战争的是大将蒙恬。蒙氏世世为将，名将蒙骜是他的祖父，名将蒙武是他的父亲。李信伐楚失利，蒙恬曾率偏师协助李信军撤退。他在伐齐战争中立过大功，伐楚之役回国后，被任命为内史（首都地区的行政长官）。他是个通才，除军事外，还通晓法律、爱好文学，传说他对书写工具毛笔进行过改造，使之更为适用，他与李斯一样都善解秦始皇的意图，因此很受秦始皇的宠信。

这次战争的战略目标是夺取黄河河套地区。河套地区在黄河大转弯处，位于咸阳的正北方。黄河在这里冲积成一大片平原，土地平旷，水草丰茂，是理想的牧场，也是发展农业生产的好地方。从国防的角度看，这里也是保卫关中地区的屏障。所以秦军决心攻占这一地区，把匈奴人的势力从这里赶出去，以此作为对匈奴战争的前沿基地。

在当时，河套地区的环境是相当恶劣的。塞外苦寒，气候干燥，黄沙连天，高山耸峙，荒无人烟，道路阻绝，过去只有匈奴人在这片辽阔的草原上出没。倘若在此处用兵，可以想见其艰苦困难的程度。

蒙恬决定兵分两路：主力由上郡进入河套北部；偏师由北地郡进入河套南部，实现南北夹击的钳形包围圈，一举歼灭河套地区的匈奴人。

完成这一战役之后，仍然兵分两路，主力军渡过黄河，攻取高阙（今内蒙古狼山山脉中部石兰山口）与狼山山脉；另一军由河套西南渡黄河，攻取贺兰山脉，并与攻狼山的主力会师。

最初的接触发现，匈奴人只是有些零星部落在这里，并未遇到大规模的抵抗，到了公元前215年（秦始皇三十二年）年底，蒙恬基本将河套地区占领，这一地区的匈奴人渡河向西北方逃窜。

第二年春天，蒙恬军主力由九原渡河，攻占了高阙、阴山和北假中（今黄河河套西北角），偏师西渡黄河，攻占贺兰山，这些地区的匈奴人向北方远遁，于是河套地区纳入秦王朝的版图。

为了巩固战争所取得的成果，中央政府在这里设置了四十四个县，并且命令蒙恬开始一项伟大的工程，即修筑万里长城。这项工程由蒙恬和秦将杨翁子总负责，投入人力四十万。工程要求是顺应地势的险要，修建营堡。起点是西边的临洮（今甘肃岷县），东北沿着黄河北到河套，从高阙起，利用赵国长城，沿着阴山山脉东行，经九原、云中、雁门、代郡，再连接燕国长城，然后沿燕山山脉，经上谷、渔阳、右北平，直到辽东，长达一万余里，因此称为万里长城。万里长城今天已经成为中华民族的象征，被列入古人有数的几项伟大工程。但是我们也应记住，这项伟大的工程也是一部劳动人民的苦难史。当时在交通极其不便的荒寒地区搞如此浩大的工程，给民众带来的苦难是可想而知的。秦代有首民歌唱道："生男慎勿举，生女哺用脯。不见长城下，尸骸相支拄。"伟大的长城确实是用民众的尸骨支撑起来的，它留给民众的只是恨，只是泪，孟姜女哭倒长城的故事固然是传说，但这个传说不正反映了民众的愿望吗？据说中华人民共和国建立前在秦岭地带曾几度发现"野人"，他们见人必问："秦始皇死了没有？"如回答"秦始皇没有死，长城还在造"，他们就立刻逃之夭夭了。往事越千年，然而民众对秦始皇暴政的态度却始终没变。

几乎在远征匈奴的同时，由秦始皇、李斯等人策划的远征南越的战争也同时打响了。公元前216年（秦始皇三十二年），由秦将尉屠睢率领的五十万大军，兵分五路，铺天盖地地扑向南方水网纵横、森林密布的百越地区，让秦朝的疆土南北同时向前延伸。

越族也和匈奴一样是个古老的民族，与匈奴不同的是他们过着定居的农耕生活。他们的文化比较落后，直到秦代仍然保持着原始社会的氏族制生活。各部落间相互攻战，不相统属，被中国内地称为百越群蛮。战国时楚悼王用吴起为相，南征百越，西定黔中，把国土扩张到今贵州东部及湖南、江西等地。后来楚灭掉越，占领了今浙江和福建北部地区。楚国领土包括了长江流域到南方五岭的广大地区。此时的百越群蛮诸部落，举族南迁，避居崇山峻岭之中，仍然过着他们的原始生活，他们有如下几大族团：

1.东瓯，今浙江沿海地区。

2.於越，今江、浙、闽交界处。

3.闽越，今福建境内。

4.南越，今广东、广西东部。

5.西瓯，今广西南部、云南东南部及越南北部。

统一战争时期，在灭楚的过程中，大将王翦曾向南推进。在公元前222年征服了东瓯、於越，设置会稽郡。公元前221年又征服了闽越，设置闽中郡。而秦始皇指挥的这次远征是向五岭以南更为荒僻的越人居住区挺进。

当时进军的路线是：

第一路，由鄱阳湖东侧经余干进入闽中，占领闽地。

第二路，由鄱阳湖西侧经豫章、南康进入粤北与第三路军合师击占番禺地区。

第三路，由长沙宜章之道进入粤北，与第二路和第四路军联合攻占番禺地区。

第四路，集结于灵兰山，以策应第三路与第五路军作战。

第五路，由黔中镡城（今湖南黔阳）进入桂林，占领桂林地区。

战争艰苦之程度是难以想象的。岭南在当时大部分都是尚未开发的荒蛮之地。这里气候炎热，雨量充沛，森林密布，河网纵横，加上野兽出没，瘴气弥漫，无路可通，人烟稀少，士兵到此，可以说得上九死一生。

这五路大军苦战三年有余，将不离鞍，兵不解甲，转战于崇山峻岭、密林河网之中，一点点向前推进。五岭地区远离中原，后勤供应十分困难，为了解决这一问题，监禄命令士兵凿通山岭，将湘水和离水的源头连接在一起，修成长达六十里的人工运河，这就是有名的灵渠。

最初，战争还较为顺利，在与越人的战斗中，杀其西瓯酋长译吁宋。但秦军的野蛮屠杀政策激起了越人的殊死抵抗。越人利用熟悉地形的有利条件，潜入深山密林之中，他们宁肯与林中的野兽相处，也不愿意成为秦国的俘虏。酋长被杀，他们又选举出能征善战的勇士作为首领，领导他们继续斗争。他们利用夜色的掩护大败秦军，秦军统帅尉屠睢兵败被杀。但是，秦、越的实力对比毕竟相差悬殊，此时，由任嚣率领的第二路军由大庾越过南岭，深入越方腹地，迂回到越军之后发起突然攻击。越军猝不及防，被杀得溃不成军。任嚣收拾尉屠睢的残部，与自己合军一处，继续向南挺进，占领了番吾到南海之滨的广大地区，秉承中央的命令，在这里设立了南海郡。

第四路、第五路两军合在一起，由湖南的南部进入广西北部，占领了桂林地区并乘胜追击越族残部，占领了今天越南的红河流域，分别设置桂林、象郡两郡。

通过这次征服战争，秦国的疆土扩展到珠江流域。秦王朝的统治者们为自己的赫赫武功而兴奋不已。但是，这一胜利的代价却是"伏尸流血数十万"，秦王朝统治集团推行的穷兵黩武政策把千百万民众推到水深火热之中。

征服战争是胜利了，要巩固这种用血的代价换来的胜利，就必须实行军事镇压。在战争结束后，秦王朝多次逼迫内地人到这些地区戍边。如公元前211年（秦始皇三十六年），迁内地居民三万家到长城一线的北河、榆中居住。公元前214年（秦始皇三十三年）将逃亡农民、倒插门女婿、商人全部遣送到岭南；在此之后，又将内地女子未嫁者一万五千人遣送岭南，作军中苦役；遣戍五岭最多时达五十万人。这种苦役决不下于战争对人民的折磨。

古往今来，很多人都在争论"北逐胡貉，南定百越"的是非功过，一派认为"北逐胡貉，南定百越"是对中华民族的巨大贡献，值得大书特书；一派认为"北逐胡貉，南定百越"是劳民伤财之举，是罪过，而不是功绩。

究竟怎么看？

孤立地看，"北逐胡貉，南定百越"对巩固秦王朝的国防，扩大人民的生存空间确实是有百利而无一弊的，但是，如果把"北逐胡貉，南定百越"放到当时具体的历史环境中，那么这种牵扯到国家兴亡的举措就需要具体分析了。

大家清楚地看到，秦自统一之后，本来每年的非生产性活动都远远地超过社会的正常性生产活动，秦统一后仅五年时间粮价就由一石三十钱暴涨到一千六百钱，上涨将近五十倍。这说明频繁沉重的非生产性活动已经使民众的经济生活严重地恶化了，而就在这种情况下却又开始了全方位的对外战争，投入上百万人去攻打匈奴和百越，这无疑是让已经陷入苦难的民众雪上加霜。战争意味着什么？战争意味着消耗无法想象的社会财富，这些财富从哪里来？自然是从民众身上榨取。战争时间越长，规模越大，所耗费的财富就越多，统治者为了将战争打下去，就必然进行敲骨吸髓般的剥削，古人说，秦的赋税"二十倍于古"，这完全是可信的。战争还意味着沉重的兵役和徭役，全国服役者多达二百万，占人口的十分之一，而且这十分之一还是成年男子，所以古人说秦的劳役"三十倍于古"，这也是可信的。

我们还应该看到此时刚刚统一不久，在民众尚未经过休养生息的阶段，就把战争与非生产性劳动交叉进行下去，这样难以想象的沉重负担民众能承受得了吗？

但秦始皇以及军功地主阶级却完全没有考虑到人民的愿望和当时的历史任务，在他们看来，暴力既然能够统一天下，那么暴力就是万能的，运用它可以解决一切社会问题。这就是秦王朝统治者的主导意识。在他们看来人民不过是一群任人驱使的牛羊，是实现他们意志愿望的驯服工具而已。只要他们手中掌握了暴力武器，他们就可以为所欲为。他们可以愿意什么时候发动战争就在什么时候发动战争，他们忘记了人民的意志和愿望，这就充分暴露出这些战争的反人民性质。

所以，秦王朝开国以后的穷兵黩武政策，不管孤立看上去有多少好处，由于具有反人民的本质，我们就应该否定它。

实际历史已经证明了这点。正如当时人说的那样："秦只知修长城以防备灭亡，却不知道修长城加速了自己的灭亡；只知道调发民众以攻百越，却不知道灾难就从这里发生。"历史上的统治阶级永远搞不通辩证法。

至于李斯把"北逐胡貉，南定百越"的功绩写到自己的功劳簿上，这未免有点贪天之功据为己有的味道。但毋庸置疑，李斯作为丞相，作为一系列政策的主要制定者和执行者，他自然应对这些政策负主要的历史责任。

第十三章　焚书坑儒

　　秦国始终坚持人才开放政策是它取得统一战争胜利的重要原因之一。但天下统一后还要不要坚持这个政策，这是秦始皇在考虑的一个问题。统一战争期间，为了对敌斗争取得胜利，他不得不礼贤下士，尽量把各方面人才吸引到他这方面来。为此，他也最大限度地容忍了知识分子的狂妄和傲慢，容忍了不同思想与意见的存在，容忍了社会上养士之风的盛行，并且还经常装出一副善于倾听不同意见，关心知识分子的高姿态，树立起尊重知识、尊重人才的好形象。这种形象也确实欺骗了许多知识分子，在统一战争中，很多知识分子从各地跑到秦国，忠心耿耿地为秦始皇服务就是最好的说明。

　　但是这个予智予雄、唯我独尊的君王从一开始就没把知识、人才放在眼中，他容忍不了战国时代处士横议、高价待沽、洁身自好、目空一切的风气，所以他曾下过逐客令。当李斯说中逐客的害处时，他虽然改弦更张，回到正确的路线上来，但那只是一种实用主义策略，是一种君王的权术，这点大军事家尉缭看得最清楚，他在统一战争进行时就预见到秦始皇在全国统一之后将要从根本上改变对知识分子的态度，他说秦始皇这个人"不得志时可以屈尊就下，得志之后就会轻易吃人了"，这真是远见卓识。

　　全国统一后，秦始皇认为现在已经是"普天之下，莫非王土；率土之滨，莫非王臣"的大一统局面了，因此，再也不存在尊重知识、尊重人才的问题了。他需要知识分子做什么，他们就应该做什么，不容提出异议，不容独立思考，不容为民请命，不容拒不合作！战国时代思想自由的风气应该立即结束，举国上下应该只有一个声音，那就是他的声音！

王朝建立之初，他给知识分子安排了出路，有事功的，如李斯，可以担任国家官吏；有知识的，特别是关东六国的知识分子可以到朝廷来担任博士，允许他们与大臣们共议国政。但对那些敌视秦国，社会声望很高的知识分子（如张耳、陈余）则坚决镇压之。

但知识分子却很不自醒，他们不知时代已经变了，在新王朝成立之后，他们仍然保持战国时代处士横议的遗风，信口雌黄，指陈时弊，甚至敢于在大庭广众面前批评皇帝本人的惯性。结果每次在最高级别的御前会议上都会发出一些不谐调音，令秦始皇非常不快。特别是在讨论实行分封制还是实行郡县制时，鲍白令之那番大不敬的胡言乱语更让秦始皇恨入骨髓，他时刻都在想，这样的情况该结束了。

公元前 213 年（秦始皇三十四年），为了庆祝对匈奴和南越战争的胜利，秦始皇在咸阳宫举行盛况空前的招待会。满朝文武，济济一堂，齐呼万岁，颂声大作，秦始皇陶醉在欢快的气氛中。

博士七十人上前为秦始皇举酒祝贺，博士的首领仆射周青臣进颂词说："过去秦国土地不过方圆千里而已，今天仰仗陛下神灵圣明，平定海内，逐驱蛮夷，日月所照之处，无不宾服于我大秦王朝。现在各诸侯国已改为秦国的郡县，从此实现了人人安乐，无战争之患的理想。秦国将传之万世，永远存在下去。我看从有史以来没有赶上陛下的权威和德行的人。"

秦始皇听了这番谀辞非常高兴。

然而，齐国人、博士淳于越却觉得周青臣的马屁拍得实在有些肉麻。现实的情况究竟怎么样？是像周青臣说的那样统一之后实现了"人人安乐，无战争之患"吗？这不是痴人说梦吗？现实的情况如果是这样，那么，男子被迫上战场，女子被迫搞运输，民不聊生，为了逃避苦役，上吊自杀者比比皆是的现象又怎么解释呢？你说天下统一好，比过去的战乱时代又好在哪里呢？你说郡县制好，它在现实中的优越性又在哪里呢？想到这里，淳于越挺身而出，当着秦始皇，面斥周青臣说："臣听说商、周二代传国千有余岁，就是因为分封子弟功臣，让它们作为外围来捍卫中央政权。今天陛下拥有四海之内的土地，而自己的子女兄弟却是平头百姓，如果一旦有齐田常、晋六卿这样的野心家，而陛下却无亲近之人辅助，那将怎么互相救援呢？办事不尊重古时的传统而能够长久保持传统的人，臣从来没听说过。现在周青臣又当面奉承陛下，加重陛下的过错，不是忠臣！"

淳于越真的要旧话重提，把九年前关于实行郡县制的决议推翻吗？这也未见得。淳于越的苦衷在于满朝文武没有一个敢说公道话的人，那就只好借题发挥了，主题就是今不如古。验之现实，他的话不无道理。

秦始皇听后，觉得大扫其兴，他下令让群臣当场讨论这个问题。

此时已是丞相的李斯站出来反驳说："从历史上看，过去五帝之间的制度不相重复，三王之间的传统也不相承袭，但各自都把天下治理得很好。这并非是他们有意要反其道而行之，根本原因是时代变了。今天陛下创建了伟大的事业，建立了万世景仰的勋劳，本来是那些迂腐的书生所不能了解的。况且刚才淳于越说的乃是遥远的三代实行的制度，何足以为今天所效法？

"以前，诸侯纷争，积极招揽各派游学之士。现在天下已经平定，法令统一了，老百姓应当致力于经济生产，知识分子则应当学习国家法令，知所回避。现在一般的知识分子不师法今天的法令却学习古代的东西，借机诽谤今天的社会，迷惑人民大众。臣李斯作为丞相冒死谏言：过去天下分裂混乱，没有一种使之统一的力量，因此，导致诸侯争战不已，舆论也都跟着是古非今，用假话来混淆真实情况，很多人倾心于私家学说，以此攻击陛下所创建的制度。

"现在皇帝已经统一了天下，认识上的是非之争已经定于一尊了，但是私家学派仍然攻击国家的法令和教化。一些人听到有法令传达下来，就各用他们的学说标准来议论国家的政教，在家则心里非议它，走出家门则相聚非难它。在君主面前竞相浮夸，沽名钓誉，标新立异以为高明，率领自己周围的一群人制造流言蜚语。这种情况若不严加禁止，那将使君主的权势自上而衰，而反对现行制度的人则结党于下，我认为禁止这些反政府的议论是有必要的。

"臣请求，命令史官凡不是秦国的史书全都烧毁；不在朝廷担任博士职务而私藏《诗》、《书》、百家著作的，都要拿到当地长官那里烧掉；有敢于相互讨论《诗》《书》者一律处死；以古非今者灭九族；官吏知情不举者与之同罪；令下三十日仍不烧书者，罚服苦役；医药、卜筮、种树之书不在此列。学习法令的人，以国家官吏为师。"

淳于越借题发挥，李斯也来个借题发挥，从捍卫郡县制一直扯到坚决镇压知识分子、扫荡传统文化、实行管控政策上来。这番话正是秦始皇要说和要做的事情，如今被李斯全面、系统地宣布出来，实在是大快人心。他宣布从今取消议事制度，群臣到咸阳宫来，只是接受皇帝的成命，至于博士就别再参与什么政治活动了。对李斯的建议则立刻批准照办，具体的事宜由李斯去安排，这次庆祝会就在这种杀气腾腾的气氛中不欢而散了。

这一年，在京师咸阳和全国各城市的广场上，燃起熊熊的烈火。在面孔阴沉的官吏的严密监视下，一些苦役犯把查缴出来的禁书纷纷投进火堆中，顷刻之间，浓烟冲天，竹简在火中燃烧的爆裂声响个不停。黑压压的人群前来围观，他们投以惶惑不解的目光，似乎发出了这样的疑问：诗书竟何罪，焚之若尘埃？

由李斯主持的这场灭绝文化的运动全面铺开了。焚书仅是其中的一个内容，更主要的是禁止言论自由和学术自由，以此结束战国时代百家争鸣的局面。完成这个任务的手段是暴力，用暴力去统一人们的思想！

这种灭绝文化的反动政策是怎么出笼的呢？是李斯一时的狂想，还是秦始皇的骤然喜怒？其实都不是。从本质上看，这次灭绝文化的举措乃是建立封建专制主义和君主集权政治的必然产物和极端形式。中国历代封建王朝对待文化的态度虽然小有差别，然而有一点则是共同的，那就是在封建专制主义的统治下，人类的精神生产只能在封建专制主义规定的框架内进行，而传播文化的知识分子也只能制造封建专制主义允许制造的东西。这种文化精神产品只能坚决维护封建专制统治，只能赞扬这种统治的伟大，只能证明这种统治的合理，若有人稍越雷池一步，那就只能自取灭亡！从秦代的焚书，到清代的文字狱，中国文化在封建专制主义的重压下，走的只能是这条畸形发展的道路，而战国时代那种令人振奋的思想活跃氛围仅是昙花一现，在几千年来的封建社会中再也没有出现第二次，也就可以理解了。

封建文化专制主义的基础是由秦始皇、李斯奠定的，这是毫无疑问的。但是，追溯起封建文化专制主义这股思潮的源头，却是李斯之前的法家人物商鞅。商鞅在秦国进行变法时，涉及很多内容，其中主要的一项就是意识形态和文化领域方面的变革。商鞅为了清除代表奴隶主阶级的意识形态"礼治"，走入了一条歧路，那就是不分青红皂白地否定传统文化的一切内容，否认法家思想以外的一切思想的正确性，并且准备像在战场上那样，用暴力去清理文化遗产，去消灭异端思想，去树立法家思想的绝对权威性。他提出"焚诗书而明法令"的主张，提出在秦国境内严禁各思想派别活动的建议，但是，这方面他却没有完全成功。原因很简单，在当时那种激烈竞争、极其开放的社会环境中，你要变法，你要富国强兵，你就得需要各方面的人才，这些人才从何而来？以秦国落后的文化环境而论，必须引进大量人才，引进人才就必须创造一个较为宽松的文化环境，否则人才就不会被吸引到秦国。你搞"焚诗书而明法令"的极端措施，来了的人也会跑掉。这样，你的变法就搞不成。所以尽管荀子批评秦国"无儒"，但从商鞅到秦国统一之前，还没有出现以国家力量迫害知识分子和取消文化的行动。

但当秦王政变成了秦始皇，客卿李斯变成了丞相李斯之后，情况就发生了变化。过去大谈"逐客"错误的李斯，过去曾那么礼贤下士的秦始皇却突然想起了商鞅的未竟之业，准备完成它。这种一百八十度的转变并不奇怪，历史上的封建统治者都是实用主义者，过去那样做有利，他们就那样做；今天这么做有利，他们就这么做，这就是封建统治阶级的原则。其实封建专制主义从一开始就带有反人民的性质，只是在封建制度与奴隶制度较量时，这种性质还处于相对的隐蔽状态。等到秦王朝建立后，从此宣布了封建专制制度的开始，这时这个制度的反人民性就充分暴露出来。封建统治者为了确保他们的统治，他们从一开始就认识到要想建立政治上的独裁，就必须建立思想上的独裁，只有这样，他们的统治才有保障，才能一世万世地传递下去。至于这种文化禁锢政策会给社会发展带来什么危害，秦始皇、李斯之流是不会也不想考虑的。当然，他们也曾想到推行这种倒行逆施的政策要遇到极大阻力，甚至反抗，但他们对此不屑一顾，他们觉得他们能够横扫六合，用武力统一天下，难道消灭一些敢于反抗的文弱书生还有什么困难吗？李斯在焚书令中一再警告"有敢偶语《诗》《书》者弃市；以古非今者族；吏见知不举者与同罪；令下三十日不烧，黥为城旦"。他以为用死刑、灭族作威胁，谁还敢以身试法呢？那他就错了，当时的知识分子，在战国时代那种自由的文化氛围的熏陶下，已经形成了自己阶层的独立意识，一些人在专制的淫威下屈服了，一些人沉默了，一些人却在斗争。被秦始皇通缉的大名士陈余对孔子的八世孙孔鲋说："秦打算焚灭前代的典籍，你却想做拥有书籍的主人，这太危险了！"孔鲋说："我现在搞的都是些所谓无用的学问，了解我的只有我的朋友。秦不是我的朋友，我有什么危险呢？我打算将书籍藏起来，等待需要它的人；需要它的人降临的时刻，社会就不再有灾患了。"

在最黑暗的时候，一些人仍然坚定不移地怀抱着希望，因为他们相信长夜之后必然是白昼，但黎明前的黑夜却是寒冷的。

李斯推行焚书令的第二年，也就是公元前212年（秦始皇三十五年），在修建阿房宫的同时，对知识分子更加野蛮的迫害与镇压也开始了。

自从取消知识分子的议政权之后，秦始皇迫使一些知识分子为他搞些十分无聊、荒诞的事情，访求长生不老药就是其中的一项。

负责此事的是博士卢敖、韩终、侯生。早在两年前，秦始皇巡游到东海之滨的碣石山时，曾派卢敖到大海中去寻找长生不老的仙人。卢敖空手从海上回来，胡乱对秦始皇说了一通，总算蒙混过关了。

这一年，秦始皇求仙求药心切，又把卢敖找来。卢敖等人为了塞责，编了一通鬼话蒙秦始皇说:"我们所以没有找到长生不老药和仙人,估计是有什么东西妨碍我们。正午时分,陛下应微服私访,以避恶邪,避开恶邪,仙人才能来到。我们所知道的仙人,他们入水淹不死,入火烧不亡,可以腾云驾雾,与天地一样永存。但是仙人都是清心寡欲的,现在陛下治理天下,不能收敛欲望,过恬淡的生活,这怎么行?我们希望陛下深居简出,不要伤害自己的精神,少与大臣接触,别让他们总打扰陛下,这样,不死药或许可以求得。"

卢敖说这番鬼话,也是别有用心的,他希望通过这番话让秦始皇至少收敛一下他那不断膨胀的欲望,同时也希望切断他与李斯等心腹大臣的联系,免得他们在一起不断做出害民的决定。

没想到秦始皇竟信以为真,他感慨地说:"我真羡慕长生不老的真人。"从此自称真人,不再称朕。并且命令在咸阳附近二百里内的二百七十座宫殿都用秘密通道连接起来,挂上帷帐,设置钟鼓,住进美人,各守所处,不许随便走动,他所到之处,有敢言其住处者,死罪!

侯生、卢敖等人见始皇毫无禁欲之心反而越搞越荒唐,就互相商量说:"始皇的为人,天性刚愎自用。起自诸侯,兼并天下,志得意满,他认为自古以来无人赶得上他。他治理天下,专用狱吏,狱吏成为他最信得过的人。我们这些博士虽然有七十多人,只是装点门面的工具罢了。丞相李斯等大臣也不过是他意志的执行者,什么事都得有他的允许才行。他喜欢用严刑酷法树立自己的权威,天下人都害怕触犯法网,为了保住自己的性命,没有敢于说真话的。现在皇帝是饰非拒谏而日益骄横,臣下是欺君罔上而明哲保身。秦的法律规定,凡是献上的方术不得有正反两面的解释,如果验证不了,就处死。现在方技之士三百人,都是很有学问的知识分子,大家害怕触犯忌讳,又不愿阿谀称赞,也不敢直言始皇之过，怎么办？现在事无大小都由始皇独断专行，他夜以继日地工作，不干满规定的数量，决不休息。他如此贪于权势，我们决不能为他找寻仙药，以延续他的寿命！"

于是他们决定远走高飞，逃之夭夭。

秦始皇听说卢敖和侯生逃跑了，勃然大怒，下令追捕。侯生走投无路，只好又回到咸阳。秦始皇将其逮捕，准备用车裂这种酷刑处死他。

秦始皇看到侯生，破口大骂："你这个存心不良的老俘虏，诽谤我之后，竟还敢回来见我！"

侯生仰望秦始皇，平静地说："我听说，知道自己必死的人一定什么也不怕，不知陛下肯听我说句话不？"

秦始皇说："你想说什么？快说！"

侯生说："我听说过去的大禹王曾树立过诽谤之木，让大家给他提意见，以便知道自己的过错。今天陛下过着骄奢淫逸的腐化生活，宫殿楼阁连接成片，珠玉重宝堆积如山，绫罗绸缎盈满仓库；后宫美人超过数万，钟鼓之乐终日不断；酒食珍味不绝于前，服装华丽、光彩照人，连驾车之马也饰以文彩！你用以自我享受的方法真是形形色色，无法计算。

"然而，百姓却一无所有，民力被你榨取殆尽，你却全然不知。现在又急捕批评你过失的人。在你的淫威之下，全国一片沉默，所以我们才想逃亡。

"我们并不惋惜自己将失去生命，只痛惜你将要使国家灭亡！我听说古时的明君吃饱穿暖就满足了，宫室能住、车马能行也就可以了，因此上天才不抛弃他们，人民也不会背叛他们。

"帝尧住在没有装饰也没有修整的茅草房里，却终身快乐，这是因为外表的文采虽然很少，但内在的东西却很充实。他的儿子丹朱骄横残暴，好过淫荡的生活，不自我完善，因此被取消了继承权。

"今天你的荒淫万倍于丹朱，十倍于昆吾、桀纣，我恐怕你只有死路一条，不会有存在下去的希望！"

秦始皇听罢，沉默了许多，大声喝问："这些话你为什么不早说？"

侯生说："你现在一心一意用在如何享乐上，自以为天下唯我独尊，上侮五帝，下凌三王，放弃抓发展生产的大事，急于搞那些劳民伤财的坏事，你灭亡的征兆早就出现了！我们怕说了也没用，反而自取消亡，所以不敢说真话，才决定逃跑。今天我必死无疑，所以才把真相和盘托出，虽然挽救不了你灭亡的命运，但也让你死个明白！"

秦始皇说："我的命运可以改变吗？"

侯生说："你灭亡的命运是定下来了，你只是坐以待亡而已。如果你想改变这种命运，你能像帝尧和大禹那样治理天下吗？不然，是没希望的。何况你周围像李斯之流的辅臣全都不是好东西，我怕就是你想改变今天的局面，也必亡无疑！"①

侯生临死之前，终于说出了全国百姓和知识分子早已要说的话。这番话把秦始皇、李斯之流祸国殃民的史无前例的暴行揭露得入木三分、淋漓尽致，确实击中了秦王朝暴政的要害。这番话也正确地预见了秦王朝必然灭亡的命运，深刻地指出了这种必然灭亡的命运的铸成，不仅是秦始皇个人的罪责，而且更是整个秦王朝统治集团难以逃脱的罪责！

这番话是一篇声讨暴政和暴君的檄文，也是一曲封建时代正直知识分子的

---

① 据《说苑·反质篇》。

正气歌。历史证明，即使在屠杀和灭族等高压政策的威胁下，真理和正义仍然存在于千百万人民的心中。屠杀和灭族只能封住人民的嘴巴，却根本无法熄灭人民心中愤怒的火焰。总有一天，每个人心中愤怒的火焰将汇成一片冲天烧去的火海，让罪恶的独裁统治者们葬身于这片火海之中！

侯生这番话，有如沉沉黑暗中的一道闪电，照亮了那些辗转于暴政之下的悲苦的灵魂。但是这道明亮的闪电也击中了暴君和帮凶们的痛处，他们在狂怒之下，对知识分子的更野蛮的镇压开始了。

秦始皇针对卢敖、侯生事件特意颁布一项诏令："我此前没收天下不中用的图书尽行焚毁，然后我广泛召集全国各方面的知识分子，想与他们一起实现太平盛世的理想。其中一些方士想给我搞到不死药，我听说办此事的韩众跑掉了，徐市等人耗费资金以万计算，然而始终没搞到不死之药，他们只是为了套取国家的利益而不断给我出坏主意。卢敖等人，我对他们尊崇有加，赏赐甚厚，今天却转过来诽谤我，以此来渲染我的不仁不义。现在我命令审查在京的知识分子，认真甄别他们之中是否有妖言惑众的坏分子！"

秦始皇这道诏令是一篇文过饰非、强词夺理、颠倒黑白的"杰作"。为了镇压反对派知识分子，他先给这些人泼了一盆脏水，污蔑他求仙访药之举是知识分子出的坏主意，他本人是受害者，知识分子是害人者，是谋求私利、耗费公款的骗子。他对知识分子原本是优礼有加、极其信任的，然而是知识分子辜负了他的信任，造谣惑众，扰乱社会正常秩序，所以应予镇压！

这番鬼话谁会相信呢？然而这却为全面疯狂地镇压知识分子找到了借口。

上有好之，下必甚焉。李斯接到诏令，马上派遣御史立案审查在京知识分子。在严刑逼供下，被审查者被迫互相牵扯，最后有四百六十余人被定罪，在咸阳被活埋。然后布告天下，以儆效尤。更多的人则被判处徒刑，押赴河北、榆中等边塞地区服苦役，生还者极少。

这场冤狱涉及面很广，影响极大，连秦始皇的长子扶苏也被牵扯进去。扶苏是个头脑比较冷静的人，对他父亲和李斯等人的倒行逆施始终不满，修长城时他曾反对，现在这样大规模地迫害知识分子使他很担心。于是他劝谏父亲说："天下刚刚统一，人民还没有安定下来，这些知识分子都是孔子的信徒，陛下却用严刑酷法镇压他们，我担心这会引起天下人心浮动，希望陛下考虑我的话。"

秦始皇哪里听得了这样的话，盛怒之下，把扶苏打发到北部边防线蒙恬军中去当监军。

然而事情并未因此了结，对知识分子的迫害继续着，而且手段更加毒辣和卑鄙。

不久，秦始皇又派人在冬天到骊山种瓜，谎称结了果实让博士诸生到那里去参观。他预先派人在那里暗中设置了杀人机关，被杀者七百余人。[1]

对知识分子的镇压一直延续到始皇死后的秦二世时代，当时陈涉、吴广已经揭竿而起，秦二世召博士诸生讨论此事，他借口博士诸生说了些不应说的话，又杀了数十人。

可见镇压、迫害知识分子的政策，决不是秦始皇的偶然之举，而是秦始皇、李斯之流所实行的独裁恐怖统治路线与广大知识分子反对独裁恐怖统治路线的冲突的必然结果。这场斗争终于把广大的知识分子阶层推向秦朝少数统治者的反面，在暴政压迫下的知识分子，像叔孙通之类，在暴政面前歌功颂德，

---

[1] 据《文献通考·学校考》。

以此虎口余生。还有一些人如李斯的同学浮丘伯、伏生、田何等则始终不与秦朝合作，而是在林泉之下继续研究学术。一些人如孔鲋及鲁国的诸生则为保存古代文化而暗中奋战。一些人如孔甲、陈余、张良、郦食其、陆贾等则冒着生命危险致力于推翻秦王朝的活动。曾经被战国时代那种自由学术空气熏陶过的秦代知识分子，此时仍然保持着独立思考的能力和责无旁贷的正义精神，保持着时代的使命感和责任感，保持着对于国家政治的参与意识。然而他们尚未认清封建主义的独裁政治的本质就是要把包括知识分子在内的一切人都变成驯服的奴仆和没有独立思想的工具，所以秦王朝的倒行逆施是他们始料不及的。当他们觉悟之际，很多人已经被这架恐怖的国家机器搅得血肉模糊了。

第十四章 严刑峻法

公元前 221 年（秦始皇二十六年），李斯被任命为统一后的第一任廷尉（相当于今天的司法部长），廷尉属九卿之一，是国家决策层的高级官员。秦始皇在统一之初让李斯担任这一职位是有所考虑的，他主要是看中了李斯的"法治"思想与自己合拍。现在秦国"以为水德之始，刚毅戾深，事皆决于法"，因此，司法工作就显得尤其突出和重要。这样，没有一个懂"法治"、敢负责的人物进行国家的司法建设是不行的。秦始皇经过多年的观察和考验，才认定李斯是最佳人选。从此，国家法令的制定和推行、国家各宗大要案的处理都必经李斯之手。

李斯出儒入法，成为一个纯粹的法治主义者，其法治主义思想应有这么几个来源：直接来源是荀子的"性恶论"和强烈的法治倾向，其次是商鞅的"法治"思想，再次是韩非的法、术、势理论，最后是秦国的"法治"传统。这些，再结合李斯个人的"帝王之术"，就形成了李斯独有的"法治"思想——严刑峻法治国。

以法治国，是战国时代的一种进步思潮，它是各国君主和新兴阶级与奴隶主贵族阶级进行斗争的有力武器，它在确立新的封建生产关系这一历史进程中起到了关键性的作用。但是，我们也必须看到这种法治主义从它出现之日起，同时也是针对广大民众的一种新的压迫剥削工具，所以在战国时代，法治主义的进步性和反动性始终是并存的。

就秦国而论，以法治国的思想始于秦孝公和商鞅的变法运动。商鞅在秦国实行变奴隶制为封建制的变法运动中，涉及的内容很多，其中主要的一项就是意识形态领域的变革，就是变传统的"礼治"为现实的"法治"。所谓传统的"礼治"，简单说，实际就是强调道德理性是维持社会生活的主要力量。它在本质上是血缘宗法社会及奴隶主贵族统治在意识形态领域中的反映。这种道德力量所要维系的是一个封闭的、不可僭越的社会等级结构，正如当时流行的一句话说的那样："天有十日，人有十等。"

然而，春秋战国时期的社会大动荡却使旧有的"礼治"维系下的社会秩序土崩瓦解了。在这种被称为"礼坏乐崩"的大混乱中如何重构一种新的、被人们普遍认同的价值体系，用以建立起新的社会秩序，这是当时很多人都在探索和思考的问题。商鞅独具慧眼，提出用"法治"代替"礼治"的变革思想，就是为了迎合这样的时代潮流。

但是，我们应该注意，商鞅当时提倡的"法治"思想与现代的法治主义是截然不同的，现在的法治主义的基本精神是宪法精神，即用法律的形式肯定人民大众的基本权利和义务，它的目的是保障人民大众的根本利益。商鞅时代的"法治"思想的核心是"赏"和"罚"，他们认为人性都是自私的，因此不能用传统的道德理性去规范人们的行为，只有以利益和恐惧为杠杆，才能有效地驱使大多数人为少数统治阶级服务，从而在意识形态领域中否定了传统的以道德为基础的"礼"的作用。从此观之，这种"法治"思想从本质上说，不过是专制君主进行统治时的一种更为有力的工具。

商鞅的法治理论在秦国所以能取得成功，其中有两个原因。

第一个原因，"法治"思想所以在秦国能够普遍被人们接受，这与秦国的特殊文化背景有关。秦国虽然在春秋时代算得上是一个大国，但由于它长期与中原先进地区隔绝，与戎狄杂居，所以受传统道德、伦理影响最为薄弱。汉初的青年政治家贾谊在谈到秦国的风气时，曾这样说："秦人富人家的孩子长大后，就分家另过；穷人家的孩子长大后，就到别人家当倒插门女婿。借给父亲农具用，儿子表现出一种图报心理；母亲拿了簸箕扫帚使一使，儿子就立刻出言不逊；媳妇抱孩子喂奶，竟然与老公公坐在一起；婆媳闹矛盾，则互相责骂。秦国所谓的慈子都是唯利是图之辈，与禽兽几乎没什么两样。"这当然是东方那些所谓的礼仪之邦对秦人的看法。正因为这样，秦国长期被东方视为夷狄。

然而也正是在这种血缘纽带松弛、道德观念淡化的文化土壤中，一种以利害为内容的新的法治思想才能够生根发芽，用它代替旧有的意识形态去规划社会生活。秦国变法的成功，东方六国变法的失败，与此有莫大关系。

第二个原因，"法治"思想所以能在秦国取得支配地位，还有它的现实的原因。大家知道，战国时代是个激烈竞争的时代，而战争则是各国最有力的竞争武器，韩非子多次说"当今争于气力"就是这个意思。最初在这场竞争中，秦国处于后进地位，处于被动挨打的地步，这是很危险的，因为，不改变这种后进的地位，在这场史无前例的大竞争中，就有被彻底淘汰的危险，所以必须发奋图强，变落后为先进。到秦孝公当国君时，他针对这种情况，痛心疾首地说："三晋攻夺我先君黄河以西的土地，诸侯都鄙视秦国，这简直是奇耻大辱，我常常感到痛心。外来的宾客和朝中的群臣，有能出奇计使秦国富强的，我不仅给他高官做，而且分封他土地！"

这是商鞅变法的直接背景。然而，怎样才能改变秦国目前后进的地位，使之富国强兵呢？

面对各国间你死我活的斗争大谈道德治国，不太苍白无力了吗？再维持过去那种封闭的、不可僭越的等级制度，能调动广大民众的积极性吗？所以，商鞅变法的主要框架就是国民生活军事化，一切为战争服务，一切为了富国强兵。

可见，商鞅的"法治"理论是特定历史条件下的产物。

商鞅的"法治"理论的基本精神包括如下几方面内容：

一、国民生活军事化。把国家机器变成战争机器，让所有的人和事都为战争服务。为此商鞅确定了重农抑商的经济政策，建立了全国性的治安联保体系，建立了军功爵制度。

二、以法治国。其中包括两点，首先是人人在法律面前平等，商鞅在变法中，敢于将公子虔、祝懽、公孙贾这样的大贵族绳之以法，就是这种精神的体现。另外就是主张重刑厚赏，为了重刑，他推行了连坐法、腰斩法等酷刑，史书曾记载他"尝临渭论囚，渭水尽赤"。为了厚赏，他提倡"赏厚而信"，谁立功，谁受赏，立刻兑现，决不食言。所谓"厚"，就是在荣誉、地位、财富等各方面予以满足。

以上两点是商鞅"法治"思想的基础。

在商鞅的"法治"思想中还有两点是值得注意的。首先是他对法的理解，他说："法者，所以爱民也。"这是商鞅"法治"思想在秦国深入人心的原因之一。另外，在他的"法治"思想中还没有明确地突出尊君的一整套理论。

但是，到战国时代晚期，封建制度在秦国已经牢固地确立起来，统一大业已非遥远的事情，而战争却空前地激烈起来。为了迎合这种新的形势变化，法家学派开始修正自商鞅变法以来的"法治"思想，其中以韩非的新法家理论最具有代表性。

韩非综合了在他之前的法家人物商鞅的法、申不害的术、慎到的势，而兼言法、术、势。韩非的理论体系虽然很庞大，但与初期法家思想家的最大区别只有这么几点：

一、整个的理论体系都是为如何建立君主专制制度服务的，并且把尊君与崇法联系在一起，使法成为独裁君主手中驱使臣民的武器。

二、在"法治"思想中彻底清除了"爱民"思想。他认为"爱民"思想是有害无益的，民众只应是君主的驯服工具。

三、继续强化国家的专政职能，加强国民生活军事化，为此要实行思想文化管制，不允许任何不利于战争的社会活动。

四、改变商鞅的重刑厚赏的"法治"思想，变重刑厚赏为重刑少赏，变刑赏必信为先刑后赏。韩非的这套东西对秦始皇、李斯的思想影响都很大，这正是他们在构建大一统国家时所需要的理论纲领。然而，在天下统一，李斯主持司法工作后，为了迎合秦始皇急欲确立君主独裁的要求，为了迎合秦始皇大兴土木、穷兵黩武的欲望，为了有效地制止六国旧势力的复辟，为了镇压人民对暴政的反抗，李斯不仅接受了韩非的"法治"理论体系，而且更把它推向了一个黑暗的极端。

首先，在韩非的理论中君权虽然已经绝对化，但韩非并没有神化君权，从而为君权的绝对化制造宗教上的根据。李斯不满足于这点，他不仅制造了一个君权神授的政治神话，而且把这个神话以法律的形式固定下来。

其次，韩非的理论分为法、术、势三个部分，其中"法"是三部分的基础。李斯为了迎合君主独裁的需要，使"法"的部分降到次要的地位，而把

"术""势"上升到主导地位，这就是他强调的"督责之术"，也就是独裁君主以阴谋权术统治国家。

最后，韩非虽然主张重刑轻赏，虽然主张先刑后赏，但是毕竟还为"赏"留了一点儿余地，以此来调动民众的积极性。李斯为了驱赶全国民众不停地从事非生产性劳动，干脆提出了刑而不赏的极端思想。

可想而知，在这样极端黑暗的"法治"思想支配下，在统一后出台的秦朝法律将会是个什么面目！它只能是一部维护君主独裁统治，残酷压榨民众的严刑峻法。

实际情况是否如此呢？看看统一后出台的一系列法令就清楚了。

一、关于皇帝尊号的法令。

二、关于皇帝"命令"名称的法令。

三、关于《除谥法》的诏令。

四、关于维护君主绝对权力的新规定：谋反罪。

五、关于维护君主尊严的法律规定：诽谤罪。

六、关于维护君主人身安全的法律规定：诅咒罪。

七、关于对君主行动保密的法律规定：泄密罪。

八、关于尊主卑臣的朝仪规定。

九、焚书令。

十、挟书令（禁止私人藏书）。

此外，对秦国以前的刑法，在继承的基础上注入更加严格的规定。其中：

一、死刑类

（一）戮刑：先活着刑辱示众，然后再斩杀之。

（二）磔刑：即"车裂"，碎裂犯人肢体的死刑。

（三）弃市：就是在广场上执行死刑，借以示众。

（四）定杀：沉入水中淹死。

（五）生埋：就是活埋。

（六）赐死：强迫自尽。

（七）枭首：砍下头颅，挂起示众。

（八）腰斩：拦腰斩断。李斯便死于此刑。

（九）族刑：对与死刑犯有亲属关系的一群人处死刑。

（十）具五刑：对死刑犯先施各种肉刑，再处死。

（十一）绞：即绞刑。

（十二）剖腹：剖开腹部处死。

（十三）凿颠：凿头而死。

（十四）抽胁：抽出肋条处死。

（十五）烹刑：用开水煮死。

（十六）灭里：一人死罪，邻里连坐。

二、肉刑类

（一）宫刑：去掉犯人生殖器。

（二）斩左止：砍去犯人左脚。

（三）劓刑：割去犯人鼻子。

（四）黥刑：在犯人面部刺字。

（五）耐刑：剃光犯人鬓毛。

（六）髡刑：剃光犯人头发。

三、笞刑类

（一）笞刑：用鞭抽打犯人。

（二）銎足：给犯人戴上脚镣服役。

（三）饿囚：用饥饿惩罚犯人。

四、徒刑类

（一）城旦和城旦春：最重无期苦役犯。

（二）鬼薪和白粲：二等无期苦役犯。

（三）隶臣和隶妾：国家奴隶，世代相传。

（四）司寇和春司寇：轻于隶臣和隶妾的无期苦役犯。

（五）候：轻于司寇和春司寇的无期苦役犯。

（六）下吏：对犯罪官吏所处的轻于鬼薪、白粲而近于隶臣、司寇和候的一种徒刑。

五、流刑类

（一）迁：犯人与家属流放到边远地区，无刑期。

（二）谪：只身到边远地区服役，有刑期。

（三）逐：对外籍犯人驱逐出境。

（四）削籍：注销犯人户口，不予法律保护。

六、赀刑和赎刑类

（一）赀刑：罚款处分，主要是罚盾和罚甲。如无力支付，按规定罚作苦役。

（二）没和收：没收犯人家产和妻子儿女。

（三）赎刑：交纳赎金减罪。

七、夺爵和废

（一）夺爵：剥夺犯罪官吏的政治权利，剥夺全部土地和田赋收入，剥夺各种法律特权。

（二）废：终身剥夺违法官吏的政治权利。[①]

从上面看出，秦的法令确实是残酷和野蛮的。问题还不在这里，任何社会的法律的目的都在于制止犯罪，使社会秩序保持相对的稳定。但是这种法律的正常功能在统一后的秦王朝中消失了，这时秦的法律已不是在制止犯罪，而是在有意制造犯罪，这是秦朝司法系统的主要功能。秦朝为什么需要罪犯呢？很简单，他们搞的大规模的非生产性劳动急需数以百万计的劳动力，这些劳动力从哪里来？如果抽调一般的民众，无疑要增加政府的财政负担，因此，罪犯就成了最廉价的劳动力，严刑酷法之下，罪犯就被源源不断制造出来，于是大规模的非生产性劳动对劳动力的需求就得以解决了。《汉书·刑法志》说秦的"贪暴之吏，滥施严刑酷法，民众走投无路，逃亡山林，转为盗贼。镇压之后，罪人堵塞了道路，每年判决犯人成千上万"，这种记载是不是实况呢？验之秦朝的实际情况我们可以看到这些数字：

一、修阿房宫、造骊山墓七十余万人是刑徒。

二、南巡槜李，令囚徒十余万人断地脉。

三、南巡洞庭，使刑徒三千人伐湘山树。

四、南巡丹徒，使刑徒三千人凿城。

五、流放五十万人戍守五岭。

六、数十万流放犯人筑长城。

---

① 参考栗劲《秦律通论》。

根据这些不完全统计，已经足可以证实秦朝确实成了一座大监狱！一个有两千万人口的国家，却有如此之多的囚犯，实在是令人难以想象。

然而，哪里有压迫，哪里就有反抗，民众"逃亡山林，转为盗贼"就是证明。但秦朝的执法者对此却不以为然，他们把民众对暴政的反抗视为"群盗鼠窃狗偷，不足忧"。李斯面对民众的反抗更持有一种奇怪的逻辑，他认为所以出现民众反抗的事件，那是因为法律还不够严厉。李斯这种"极刑主义"的奇怪逻辑也并非无源之水。远在统一之前，各家学派就对用"刑"有着不同的看法，并且展开了不同观点的大辩论。儒家学派的创始人孔子反对"刑"的作用，他主张"导之以德，齐之以礼"，反对"导之以政，齐之以刑"。到了战国中期，儒家的孟子对"反刑主义"有所修正，他说："徒善不足以为政，徒法不能以自行。"他承认了"刑"的作用，但他主张"重教轻刑"。到了战国末期，儒家思想大师荀子对此又有修正，他主张"罪刑均衡主义"，就是"罪当刑"，对犯罪应就事论事，犯多大罪，就应遭多大的惩罚。在这里荀子已经承认用惩罚手段去预防犯罪和制止犯罪的可行性。这是儒家为了适应社会形势的变化，对自己理论所做的最大限度的修正，他对李斯最初的法治思想的形成是有很大影响的。但是从法家学派来看，荀子的关于"刑法"的思想仍然是错误的，法家一开始就主张"重刑主义"，即轻罪重罚。他们认为轻罪轻罚，重罪重罚，起不到法律的威慑作用，仍然会有人以身试法，因此达不到"以刑去刑"的目的。所以必须轻罪重罚，通过对犯罪者自身想象不到的严惩，产生对社会其他成员的震撼，使人不敢犯罪，从而达到"以刑去刑"的目的。这种思想到了韩非的手中就变得更加完善了，他说："惩罚强盗，目的不是为了罚治这个强盗。仅单纯为了惩罚这个强盗，不过是个按罪量刑的简单过程。我们在执法时，似乎是重罚强盗之类的罪犯，但这种重罚的过程最后感到恐惧的应该是良民，想要治理社会的民众，怎么能怀疑这种重刑的作用呢？"韩非对"重刑主义"和"轻刑主义"作了如下的比较："所谓重刑的含义，民众为个人打算时，即使小便宜也要占。但上面的法令是占小便宜也要严惩，民众看到这点，都不想以小利蒙大罪，这样犯罪行为就被制止了。所谓轻刑的含义，犯罪者想获大利，上面的法令却惩处得轻，民众想到利大刑轻，就不怕犯罪了，这样犯罪行为就没法制止。"韩非的这套东西听起来头头是道，但能否经得起实践的检验呢？李斯认为能！

李斯在实践"重刑主义"的同时，又加进了他自己的独特理解，他认为刑罚只有重到"群臣百姓连自我保全都来不及，哪里还敢图谋不轨"的程度，才算达到预期的效果。如果说在韩非那里"重刑主义"的目的还是为了达到"以刑去刑"，预防犯罪，建立稳定的社会秩序，那么，"重刑主义"到了李斯的手中就发生了根本的变化，这种根本的变化就是李斯已经完全斩断了刑罚与社会、民众的联系，然后把"重刑主义"单纯地变成君主实现独裁统治，为所欲为的镇压工具。他把它称之为"帝道"。在这种"帝道"的督责下，出现了"刑者相半于道，死人日积于市，杀人众者为忠臣"的恐怖现象。

李斯觉得这样做还不够，于是开始全面更改过去的法律规定，使之加重惩罚的力度。比如秦始皇之前《徭律》规定"为朝廷征发徭，如耽搁不加征发，应罚二甲。迟到三天到五天，斥责；六天到十天，罚一盾；超过十天，罚一甲。所征发人数已足，应尽速送抵服役处所。遇降雨不能动工，可免除本次征发"。这种规定到了李斯手里却变成"失期，法皆斩"。从批评、罚款、遇雨免征，到不分青红皂白全杀掉！这是多么骇人听闻的残酷。

秦王朝这架刚刚造好的封建国家机器在秦始皇、李斯之流极端"重刑主义"思想的驾驭下，开始疯狂地运转起来。当然灾难首先降临到民众的头上，多少无辜的生命被这架疯狂旋转的机器搅碎、吞噬！然后这架疯狂旋转的机器又成为统治阶级内部互相倾轧、排除异己的工具，于是多少公子、公主、文臣、武将变成齑粉！然而出乎这帮独夫民贼预料的是，当这架疯狂的机器旋转到了失控状态时，他们自己也将被这架专制机器吞没！以后事态的发展完全证实了这点。

秦朝的所谓"法治"，为后来人留下了永恒的思考。试想一个国家，一个政权仅靠"重刑主义"来维持；一个民族、一个社会只要暴力，不要文化，不要知识，不要信义，不要亲情，不要工商业……它究竟能维持多久？秦朝的政治实践回答了这个问题。

第十五章 君臣之间

随着封建官僚政治体制的确立，新型的君臣关系也就形成了。在西周分封制时代，臣只对大小封君直接负责，而不必对天子负责，因为他们的任免都是由大小封君决定的，所以他们只知有"家"，不知有国。到了战国时代，各国出于斗争的需要，从政治结构来看，集权制成为大势所趋。当时，各国君主都紧紧抓住用人权，把权力集中到自己的手中，这样就出现了由国君直接控制的官僚体制。进入这个体制的条件，一是愿意竭尽忠诚地为君主服务，即忠君；二是有一定的知识和才能，除此之外，没有出身、地域、血统等其他限制。官僚的任免权归君主所有，因此，各级官僚除逐级对上级负责外，全体都对国君负责。这种制度与西周时代的封君制度相比是历史性的进步，因为它较彻底地清除了血缘关系对国家政治的干扰，使社会向纯粹的地缘社会迈进了一大步。就体现国家意志的君主来说，官僚体制使他可以有效地贯彻自己的意志，使整个社会都在他的权力掌握之下；就民众来说，只要具备上述两个条件就可以进入封建官僚系统，参与国家的各级管理工作。与此同时，他们还可以通过国君授予的权力参与社会财富的分配，谋取比平民多得多的好处，不仅如此，他们还有希望沿着权力的阶梯不断上升，获取更多的荣誉和财富。从这个体系的特点看，封建的君臣关系是一种特殊利益的交换，因此，它是利益的结合，而不是感情的结合。那么，这里面就产生了一个问题，如果这种利益的交换是等价交换，就有可能因无共同利益或一方认为价格不公平而无法成交，这样君臣关系就会无法建立起来，建立起来也会随之解体。在战国七雄激烈斗争的时代，最初的君臣关系确实是松散的。当时的君臣关系可以说是双向选择，用古代人的话说就是"非但君择臣，臣亦择君"。也就是合则留，不合则去。不仅如此，由于当时人才市场的多元化，为出卖智力的臣提供了更为广阔的选择机会，如此一来，甚至出现了不利于君的卖方市场。战国时代那些叱咤风云的人物，有哪个不是朝秦暮楚地奔竞于各国的君王之间，受到隆重的礼遇、给予高度的重视，然而一言不合，即拂袖而去，顾而之他？这种自由放任的倾向对封建君主建立自己的权威是极其不利的。所以当天下统一在即的时候，晚期的一些思想家，其中包括儒家，都在为即将出现的统一国家勾画一幅新的君臣关系的蓝图，它的主要内容就是如何"尊君抑臣"。对此有突出贡献的则当数韩非和李斯。韩非的贡献主要在理论上，而李斯的贡献则是把韩非的理论变成现实。

韩非是当时最清醒的理性主义者，他对封建官僚体制中的君臣关系看得十分透彻。在韩非看来，历史上宗法政治时代，建立在血缘关系基础上的蒙着一层温情脉脉道德面纱的君臣关系早已被时代的大潮冲得无影无踪了，代之而起的应该是一种纯粹以利益相结合的新的君臣关系。

这是一种什么样的利益结合呢？

韩非接受了老师荀子"人性恶"的理论，并且把它作为分析社会人际关系特别是君臣关系的基础。韩非认为自私是人的天性，上自君王，下至庶民，概莫能外。在这种"私心"的驱动下，社会是一幅疯狂追逐私利的丑恶图画："医生给病人用嘴吮吸伤口，这不是他们之间有血缘亲情，而是有利可图；车匠为了使他造的车尽快出手，他希望更多的人当官（因为只有当官的坐得起车）；棺材匠为了使棺材尽快出手，他希望人快点儿死。"这并非车匠比棺材匠道德更高尚，而是人不当官，车就卖不出去，人不死，棺材就要滞销，归根结底还是个"私"利的问题。

一般人如此，父母子女何尝不如此。他说："父母对待生下来的孩子，生了男孩就高兴得不得了，生了女孩就杀死。无论男孩还是女孩都是父母所生，然而男孩受庆贺，女孩却杀死，这是考虑到以后的方便，为长远的利益打算。父母对于亲生的孩子尚且算计，何况没有血亲关系的陌生人了。"①

从上面的理由出发，韩非认为，在社会利益冲突的焦点——政治领域中，人与人之间就更无道德亲情可言了。君臣之间的关系尤其是对立的，因此君臣之间根本无法建立起彼此信赖、互相支持的理想人际关系，这里面有的只是控制反控制，利用反利用，尔虞我诈，阴谋暗算，互相倾轧的利益之争。

韩非认为君臣关系是一种政治交易，是一种特殊的买卖关系，即"主卖官爵，臣卖智力"。意思是人君出卖官爵地位，以换取人臣用他的智力为自己服务，反过来则是人臣出卖自己的才智，以换取人君的荣华富贵。在这种交易中当然谈不上人的正常的感情联系了。

所以，韩非直言不讳地说："人君的大患，就在于信任人！你信任谁，谁就会控制你。人臣与人君之间没有骨肉亲情的联系，人臣畏于人君的权势不得不为之服务，因此，每一个臣子无时无刻不在窥视人君的动态。但人君却高高在上，放松了警惕，这就是这个世界为什么会出现劫君弑主的事情！"

韩非进一步指出不仅人臣不可信，连妻子儿女也不可信。他说："作为人君太信任自己的孩子，奸臣就会利用这种信任达到自己的个人目的；作为人君太信任自己的妻子，那么奸臣也会利用这种信任达到自己的个人目的。如果像

---

① 据《韩非子·六反篇》。

妻子儿女这样的亲人都难以信任，其余的就更没可信之人了！"

韩非警告说："人臣所以不杀国君，那是因为羽翼尚未丰满！"①

既然如此，在这种阴暗的政治环境中，人君该怎样对待人臣呢？他提出了解决办法："聪明的君主有两个权柄可以控制臣下，这两个权柄就是'刑德'。什么是'刑德'？杀就是'刑'，赏就是'德'。臣下一般都惧怕诛罪而追求奖赏。因此，人君就可以利用'刑德'这个武器，让群臣畏惧他的权威，而把利益集中到君主的手中。"

韩非在这里打了个生动的比喻，他说："老虎所以能够制服狗，原因就是它有利牙坚爪。如果老虎没了利牙坚爪，反过来狗就会制服老虎了。"

韩非把封建专制主义政治中的人际关系特别是君臣关系，总结得很全面，实践证明，几千年来的封建专制政治中的人际关系，特别是君臣关系都没有逃出韩非所论述的范围。

秦始皇、李斯都精读过韩非的理论，当然对这种君臣关系的论述都会给予极大的关注，而对其精神自然也是心照不宣地接受了。

李斯也是战国时代驾驭风云而崛起的人物，他在君臣关系的理论上，不像韩非那样有所建树，但在实践上却高韩非一筹。李斯主张货卖识家，在择君的问题上自觉意识极强。韩非虽然清楚看到了"忠劝邪止而地广主尊者，秦是也；群臣朋党比周，以隐正道，行私曲而地削主卑者，山东是也"的大形势，但却抛开自己的理论，并没有选择秦国作为实现政治理想的对象，而是选择了韩王安去挽狂澜于既倒，最后是惨死异乡。李斯不然，经过审时度势，他认定了秦国必胜的形势之后，就坚定不移地把秦国作为自己实现政治理想的基地，

---

① 据《韩非子·备内篇》。

从此他排除各种阻力，义无反顾地离开故国，奔向秦国。到了秦国之后，任凭政治风浪多么险恶，为秦国服务的决心却决不动摇。正因为如此，他始终希望秦国强大，统一天下的重任能够由秦国来完成。同时他也看到，秦国的强大必须有一个强大的君权作保障，因此在秦国的历次政治风波中他都没有随波逐流，投靠分裂势力，而是坚定地站在国君一边。正是李斯的这种立场，才促成了他与一代雄主秦始皇的历史性际遇，从此结成一种异乎寻常的君臣关系。

那么，这种异乎寻常的君臣关系的基础是什么？是坦诚的友谊，是对共同事业的执着追求，还是一个君主对自己忠实臣民的信赖？我们并不排除他们之间存在着这些人类美好感情的可能，但是在封建政治领域中，这种美好的感情究竟能持续多久，那是令人怀疑的。因为韩非已经有了结论性的论述，他说："君臣之利异，故人臣莫忠。故臣利立而主利灭。"意思是说，君臣之间的利益是不同的，因此人臣不会有天生就忠诚的人。因此人臣的利益确立了，那君主的利益就消亡了。一句话，君臣关系是建筑在利害关系的基础上的。

秦始皇与李斯更不例外。无论是秦始皇还是李斯，从他们开始结识之日起，就各有打算。秦始皇需要李斯的超人才华，帮助他完成一项前无古人的伟业；而李斯则需要一位铁腕君主的权力，帮助他改变低贱的社会地位，谋取他人不敢想象的荣华富贵。所以，他们是"利交"。

从李斯的角度去看秦始皇，他固然对于秦始皇的雄才大略万分折服，然而对于秦始皇的淫威更是万分畏惧。从他第一次接触秦始皇之后，凭着超人的锐利目光和切身经验，他就感到这是个既能成全他，也可以毁灭他的铁腕君王。他不是昏君，却是个暴君，至少李斯是这么看的。他能听进正确的意见（至少在统一战争时如此），他能改正自己的错误，他能够折节下士（不管做得多么勉强），他勤奋，有责任心，有使命感……然而他却超人地冷酷残暴，他血洗政敌时那血淋淋的一幕又一幕，真叫人触目惊心！为了巩固自己的权力，他可以幽禁其母，逼杀其父，那么其他人又岂在话下？

李斯所以敢于与秦始皇打交道，所以敢于在政治的斗杀中走钢丝绳，就因为他知道"主卖官爵，臣卖智力"的深刻道理，要想猎取荣华富贵，就得冒险进入政治市场，与自己看中的君主进行利益的交易，除此之外，别无他途，所以李斯认为这种冒险是值得的。尽管商鞅被车裂了，吕不韦自杀了，很多人在暴虐的秦君的盛怒下粉身碎骨了，然而在强烈的私欲蛊惑下，李斯仍然踏着牺牲者的尸骨毅然决然地冲了上去。在他看来，商鞅也好，吕不韦也好，其他什么人也好，他们的灭亡不过是走政治钢丝绳的技巧还没练到炉火纯青的地步，而李斯对自己的智慧与才能却是十分自信的！

曾经与李斯一起共事的大军事家尉缭对李斯说过："秦王心肠像虎狼一样冷酷，没得志时可以做到折节下人，但得志之后就会轻易地毁灭掉一个人。我现在是一介布衣，现在天下尚未统一，所以对我优礼有加，十分谦卑。他一旦统一了天下，志得意满之后，他对待天下人就会像对待俘虏那样残酷。我看，这样的人不能与他长久在一起。"

对秦始皇这样的君主，尉缭看得很透彻，他不想与秦始皇这样的虎狼之君玩危险的政治游戏，为此他曾亡命而去，但却被秦始皇感人的诚恳态度挽留下来，担任了国尉的高职，负责一国军事。秦统一后，尉缭的名字再也没有出现在历史的记载中，是逃亡了，还是被秦始皇除掉了，这始终是个谜。

其实李斯何尝不同意尉缭的话呢，他比尉缭更了解秦始皇，而且韩非的有关理论也为他深入地了解秦始皇这样的君主提供了很大的便利。正因为这样，他才觉得秦始皇的双眼始终在洞察着他的动向，但是他不想逃之夭夭，洁身远祸。这样，他为之奋斗终生的富贵梦就会成为泡影。

他也不想学大将王翦的大智若愚，以此来消除秦始皇对他的疑心。大将王翦带着六十万大军平楚，出发之前，再三跟秦始皇请求，多赏赐他些良田美宅，说是为自己的子孙打算。很多人都不解此意，认为王翦做得太过分，王翦说："不然，秦王是个疑心很重的人，今天他把几乎全部的军队都交给了我，我不装出一副没有野心的样子，怎么能让秦王不怀疑我呢？"

李斯认为这种雕虫小技是骗不过秦王的，再说这种装糊涂的把戏也仅能玩个一两次，久而久之，后果是可想而知的。

李斯最鄙视的是那些被称为博士的知识分子。这些人自认为是知识里手，自命不凡，常发些迂腐之论，最可笑的是居然想在君王的面前保持什么独立人格，装出一副"士可杀不可辱"的架势。李斯从一开始就断定这些人首先要被秦王清除。

李斯有李斯的独特办法。

首先，在思想认识上始终保持与秦王一致。其中，法家主张的"以法治国"和"尊君抑臣"理论是联结他们的思想纽带。当时儒家知识分子攻击说："丞相诸大臣皆受成事，倚办于上。"意思说李斯之流不过是秦始皇意志的执行者和传声筒。这种看法有它正确的一面。李斯确实甘愿成为君王意志的执行者和传声筒，因为这是保持君臣关系平衡的前提条件。但这话又不完全正确，因为秦始皇毕竟是个有雄才大略的君主，他要完成一桩前无古人、后无来者的伟大事业，所以他并不想用一些仅仅听话的臣仆，而需要一些既听话又有用的臣仆，而这样的人，李斯正当其选。在统一战争中，李斯为了满足秦始皇统一天下的要求，大展才华，献上"统一天下论"、《攻韩论》、间谍战等良策，为统一战争立了大功。统一后，为了满足秦始皇与日俱增的权势欲和占有欲，他又参与大兴土木、穷兵黩武、焚书坑儒等重大决策，并在其中唱重头戏，再次博得了这位君王的欢心。与此相应的收获是，李斯由一个名不见经传的小人物跃居为一人之下、万人之上的秦朝丞相。

但是，臣下的权力越大，地位越高，也就越难驾驭，对君王的威胁也就越严重，与君王的矛盾也就越多。特别像丞相这种一人之下、万人之上，总理万机的重要职位，就更容易与至高无上的皇权发生冲突，因此，君王也就特别不放心权臣的一举一动，于是维护君主专治的特殊政治手段——权术就应运而生了。

韩非说："君无术，则弊于上；臣无法，则乱于下。此不可一无，皆帝王之具也。"

这里面，法是用公开的手段治理臣民的办法，术则是暗中控制群臣的权术，一明一暗，便群臣不敢越雷池一步，皆得为我所用。这些理论不仅很合秦始皇的胃口，而且成了我国封建专制政治的法宝之一。

李斯当然很熟悉这些东西，那么怎样在君王严密的监视下生活，并达到自己的目的呢？这仅靠与君王思想上的一致性是不行的。

但李斯却另有妙招儿。后来的汉高祖刘邦以赞扬的口吻说："李斯相秦，善则归主，恶则自予。"这确实总结得好。李斯相秦时，参与了不少重大决策，出了不少主意，在施行的过程中，他绝对是把功劳全算在秦始皇的身上，把过错自己揽过来，从而维护了秦始皇绝对正确的形象，秦始皇怎么能不高兴呢？这是李斯在险恶的政治风涛中立于不败之地，而且青云直上的诀窍！

不过，李斯明白，对于一个喜怒无常的专横之君，仅靠这种推功揽过的方法保住自己还是不行的。他必须随时了解人主的动向，揣摩人主的好恶，然后拿出对付他的好办法。

他为此建立了自己的情报网，这叫以"术"对"术"。他用重金收买了秦始皇左右的近侍，让他们随时汇报秦始皇的意图和动向。这是何等冒险、大胆的举措，但是要保住自己的禄位，要让皇帝始终赏识自己，就得横下心来这么干！李斯为什么能够在大臣会议上常常力排众议，搞出些别人不能接受而却十分符合秦始皇意志的东西，这与他通过自己的情报网能窥测到秦始皇的意图很有关系。

这个情报网在调解他与秦始皇的关系中确实帮了他不少忙。但是要想人不知，除非己莫为，后来这个情报网终于败露了。

有一次，秦始皇到梁山宫去游玩，他从山上看见李斯出行时，车马仪仗相当隆重，十分气派，浩浩荡荡地从自己眼前经过，秦始皇对此十分不满。宫中有人立刻把这个情报传给了李斯。后来秦始皇注意到李斯出行时俭朴多了，秦始皇立刻意识到，宫中有内奸！一个自认为善搞权术的君王，竟然让自己臣仆的权术给玩弄了！想到这里，秦始皇怒气冲天，他立刻让人对宫中人进行严刑拷问，然而却无人敢于承认。秦始皇命令，凡是到梁山宫时与自己在场的一切人全都杀掉。从此以后，谁也不敢再暴露秦始皇的行踪和动向了。

这对李斯无疑是一次沉重的打击，他当时惶惧万状的心情是可想而知的。李斯深知，当秦始皇知道他如何搞阴谋诡计后，该会怎样惩罚他。然而，他预期的惩罚竟没有出现！秦始皇佯作不知，仍旧像往日那样任用李斯。

不过李斯逐渐地察觉到，在自己的身边，另一颗政治新星却在秦始皇的扶植下冉冉升起，此人就是蒙毅。

蒙毅是大将蒙恬的弟弟。蒙氏家族从秦昭王时起，世代为秦国的大将，是个与秦国共进退的贵族之家。到了秦始皇时，由于蒙恬北征匈奴有大功，秦始皇就更加尊宠蒙氏家族了，其中对蒙毅尤其予以极大的信任。蒙毅官位很快升入九卿之列，虽然在李斯之下，但是，秦始皇却让蒙毅担任自己的贴身侍卫长官。秦始皇外出，他随车而行；秦始皇回宫，他壁立身旁，可以说和秦始皇形影不离。此时，蒙氏兄弟一个主外事、一个主内谋，他们以忠信相标榜，成为始皇最得力的助手，朝中文武百官，包括李斯在内，没有一个敢于和蒙氏兄弟争宠的。

秦始皇的这种人事安排，当然是有用意的。从此李斯失去了很大一部分权力。

然而，秦始皇并没让李斯顷刻之间身败名裂，因为李斯仍不失为一得力助手，尽管此人的狡诈已露端倪，但仍是可利用之对象，再说李斯也未犯什么明显的过失。

作为对李斯服务的报酬，秦始皇给予李斯的很多。李斯的大儿子李由被任命为三川郡的地方长官。三川郡是关中的门户，把这里的权力交给李氏家族，说明秦始皇对李斯的倚重。

李斯的所有儿子都娶了皇帝的公主，所有的女儿都嫁给了皇帝的儿子。世界上还有什么比这更荣耀的！

三川守李由请假回咸阳探亲，李斯在家大摆宴席，朝中百官无不前来庆贺。李家门前贵宾如云，车水马龙，好不热闹，好不威风！

在觥筹交错、起坐喧哗之际，李斯抚今追昔，想到仕途险恶，君臣猜忌，再与眼前的钟鸣鼎食、歌吹沸天的豪华排场相联系，一股悲凉凄楚的滋味情不自禁地袭上心头。他深深长叹一声，万分感慨地说道："唉！过去我曾听老师荀子说：'物禁太盛。'我李斯不过是上蔡的一个布衣，下层社会的一个平头百姓，皇帝不嫌弃我出身卑微，头脑愚笨，逐渐提拔我到今天的位置，现在满朝文武没有在职位上超过我的，可以说是富贵已极了。然而物盛就衰，我实在找不到摆脱这种危险处境的好办法。"

李斯这番自白，说明他还是个聪明人，但又是个糊涂人。说他聪明，是他能够在成功的顶峰看到事物向反面发展的趋势，看到了自己衰败的可能；糊涂的是，他既然知道物极必反的道理，却贪恋富贵，不能急流勇退、及早抽身！

李斯当上丞相的消息传到荀子那里，荀子不仅没表现出任何高兴的神态，相反，为此而几天没有好好吃饭。别人问他为什么要这样，他叹息地说："我们很快就会再听到李斯身遭不测之祸的消息！"①

当时荀子的处境很凄苦，为了苟活于秦的暴政之下，他装疯卖傻，示天下以愚，坚持着儒家"穷则独善其身，达则兼济天下"的信条，但决不在暴政下出卖原则。他担心李斯的命运，一方面出自师生之情；另一方面他也深信覆巢之下，必无完卵。

后来事态的发展，证明了这位思想大师的远见。

---

① 据马非百《秦集史》。

第十六章 巡游天下

秦始皇在统一天下后，最隆重的活动就是巡游天下，从公元前 220 年（秦始皇二十七年）到公元前 210 年，十一年间巡游天下五次。他一生中的最后十几年，几乎全是在巡游的路上度过的，直到死于巡游的路上，这种声势浩大的活动才宣告结束。每次巡游活动，李斯作为秦始皇的宠臣差不多都是主要的参加者，而且还承担一项极荣耀的任务，撰写巡游记功刻辞。

秦王朝的君臣为什么在统一之后的第二年就急于搞起这样声势浩大的活动？这还得从这种活动的起源说起。

巡游活动在古代被称为"巡狩"，它起源于中国原始社会的部落联盟与军事民主制时代，也就是原始社会末期的尧、舜、禹时代。我们从古老的文献《尚书·尧典》中了解到，舜时已经建立了"巡狩"之礼，其中规定部落联盟的领袖每五年要到所辖四方部落去视察。巡狩中还要对名山举行盛大祭祀，如二月到泰山，五月到西岳，八月到南岳，十一月到北岳。在巡狩中还要调整历法，统一度量衡，制定朝见联盟领袖时的礼节和礼品，等等。这种"巡狩"制度的功能主要是为了加强联盟内部的团结，突出中央对地方的领导，以便使联盟这一组织更加强大，能够在对外邦外族的斗争中立于不败之地。当我们民族进入"国家"体制以后，夏、商、周的最高统治者继承了这一制度，用这种制度作为天子控制诸侯、中央控制地方的一项主要政治手段，从而形成了中国奴隶社会在分权制基础上的以天子为天下共主的大一统国家格局。这种巡狩制度到西周时代达到了它最完美的形式。《周礼·秋官·大行人》中规定："天子安抚各诸侯国的办法是，每年派人以'存礼'安抚诸侯；每三年以'眺礼'安抚诸侯；每五年以'省礼'安抚诸侯；每七年召集各诸侯国的翻译，统一语言，协调天子之命令；每九年召集各诸侯国的记事人员，统一文字、语言；每十一年宣布统一的历法和计量标准、统一的祭礼形式和器物种类以及国家法则；每十二年巡视天下各诸侯国。"

但是，自从西周灭亡之后，王纲解纽，诸侯争霸，中国古代奴隶社会那种分权制大一统的格局不复存在了，因此，过去那种天子巡视各地的制度也就随之消亡了。中国经过五百余年的大分裂，在公元前221年，秦始皇重新实现了大一统的格局，从此就面对一个严重的问题：如何使过去彼此对立，现在刚刚结为一体的新的国家得以巩固？为此秦始皇及其群臣采取了许多政治措施，其中自然也想到了数百年以前曾经实行过的天子"巡狩"制度。于是在统一之后，一项视察全国的计划就出台了。

秦始皇的第一次出巡是在统一后的第二年，我们已经说过这不过是全国性巡游的一次预演和彩排。

统一后的第三年，也就是公元前219年（秦始皇二十八年），李斯负责的驰道工程已经基本完工，于是巡游天下的盛大活动正式开始了。这次巡游的目标是东方的齐鲁地区，主要任务是到泰山举行"封禅"大典。什么是"封禅"呢？在这里需要说说。从字面解释，"封"就是登上泰山，筑土为坛以祭天，报答上天的恩赐；"禅"就是在泰山附近的小山上，清理地面以祭地，报答大地的恩赐。但是，从传统的理论上说，并非任何人都可以到泰山来祭天地，甚至包括君王也不是谁都可以到此举行封禅大典。传说从远古到西周，在泰山举行封禅大典的仅有七十二人，但留下名姓的仅十二家，如无怀氏、伏羲氏、神农氏、炎帝、黄帝、颛顼、帝喾、尧、舜、禹、汤、周成王。那么，为什么这些人有资格在泰山举行封禅大典呢？这里面有这么几个必要的条件。首先，必须是受命于天的真龙天子，即名正言顺为天子者。其次，必须立有使天下太平之大功大德的君主。最后，必须是上天降下祥瑞以认可的君主。由于有了这三个诱人的条件，"封禅"大典就成了历史上君王们竞相追逐的一种高级政治把戏，他们都企图借"封禅"大典神化皇权，使手中的权力合法化，抬高自己的政治权威性。这些条件自然对秦始皇更具有吸引力，因为这个不可一世的帝王，自认为是最有资格举行"封禅"大典的人，此外，秦始皇急切想举行封禅大典的直接意图在于，让刚统一的天下人心悦诚服地承认他至高无上的合法统治权，所以这次巡行泰山有很明确的政治目的。

秦始皇的巡游队伍浩浩荡荡地从咸阳出发，沿着平坦宽阔的驰道直奔齐鲁大地而去。秦始皇经过邹县（今山东邹县），但见邹县以北奇峰突兀，怪石嶙峋，东西绵延二十余里，风光十分秀美壮观，问之，始知是有名的峄山，于是决定登峄山，观礼于鲁。君臣登高远眺之余，兴犹未尽，秦始皇想，过去听说"周礼"尽在鲁国，故被称为礼仪之邦，成为万方向往之地，没想到今日居然踏在我的脚下！想到这里，他对传统的东西油然生出一种蔑视之情，他想，文明究竟有何用？鲁有"周礼"，灭亡最早；秦为"戎狄"，一统天下，必须让这里的人知道秦王朝和我秦始皇的丰功伟绩。于是命令李斯撰文，刻石记功，传之不朽，李斯自然欣然从命，他也想让东方诸国心悦诚服地知道，秦不仅有武功之烈，亦有文章之盛，绝非东方诸国眼中的"虎狼之国"。此时李斯登高临远，齐鲁大地，尽收眼底，心潮澎湃，才思泉涌，很快一篇四言古风的长文就在妙笔之下完成了。秦始皇读罢，颇为满意，立刻命人镌于巨石之上。其辞曰：

　　皇帝建国，最初之际，继位称王。讨伐逆乱，威震四方，正义之举。武臣奉诏，时隔不久，灭亡六国。二十六年，号称皇帝，孝道显明。天下太平，乃降恩惠，亲巡远方。登于峄山，群臣从者，皆思久安。追忆乱世，分封各国，造成混乱。战争不熄，流血于野，始于远古。经历万世，直到五帝，莫能禁止。今天皇帝，统一天下，兵不复起。消除灾害，百姓安康，幸福久长。群臣记功，刻于此石，以著于世。

　　秦始皇所以满意李斯之文，主要是因为把统一天下的盖世奇功归为己有。李斯说，战争这个灾害，从远古时代就与人类为伍，就连"五帝"这样传说中的圣人也无法制止，然而今天的皇帝却永远制止了战争，完成了一件前无古人的大功德！但他哪里知道，这位结束了五百余年战乱的伟人却并不想把和平赐给人间，一场新的更大规模的战争正在这位独裁者的心中酝酿着。但是，为了宣传，这位独裁者还是同意把反战的思想写入碑文中。

　　邹县离泰山不远，为了把封禅大典搞得像个样子，秦始皇在到泰山之前，曾询问过封禅大典的礼仪和内容。这方面，李斯和随从群臣都是外行，熟悉这方面东西的只有儒家学派，因为从孔子开始，这派学人就致力于保护传统文化，特别是三代以来的"礼"。为此，秦始皇不得不下令召集齐、鲁的儒生博士七十余人，在泰山脚下讨论封禅大典的程序和内容。儒家知识分子都是些死心眼的人，他们就没有李斯那种聪明，能够很快领会秦始皇的意图。秦始皇认为搞封禅大典无非是巩固自己的地位，给皇帝的名称再加上一个神圣神秘的光环而已，至于按什么程序、采取什么仪式等问题都是次要的。这些儒家知识分子却很认真地层开了学术讨论，彼此纠缠在文献的考据上，为了一些细节闹得面红耳赤，非要搞出个古代封禅大典的真实情况来不可。有的人还提议说："古代举行封禅的君主，都要用蒲草包住车轮上山，怕的是把山上的一土一石、一草一木给损坏了；然后扫除地面，铺上苴秸编的席子，举行祭祀……以示俭朴，也易于遵行。"秦始皇对这群腐儒的争论极为反感，又听说要把封禅大典搞得简单点，就更加生气了，他的本意原是要通过封禅大典在全国范围内产生轰动效应，现在搞一切从俭怎么能达到目的？再说让他上山时不损坏一土一石、一草一木，他可没有那种爱心！想到这些，他对儒家知识分子就更加厌恶了，后来他在政治上残酷迫害知识分子，这也是个重要的心理因素。

他不顾儒生们的建议，命令立刻开山搬石，修一条可以通向山顶的车道。车道修好后，他不允许儒生们跟他上山，而是单独率领群臣从南面登上泰山之巅。他也根本没采纳儒家的封禅学说，而是按照秦国礼官在雍城祭祀上帝的礼仪完成了这次封禅大典，因为怕世人非议，这次典礼举行的情况被严格保密，不许外传。我们已经说过秦始皇对封禅大典采用什么仪式并不感兴趣，他所感兴趣的是通过封禅大典弘扬他的伟大，所以他又命李斯在这里搞篇更像样子的谀颂文字刻石于泰山之巅，让天地山川之神皆知他来此一游，让天下人皆知上天已接受了他的礼赞，从此谁都应视他为唯一合法的政治权威。李斯对这样荣耀的任务自然当仁不让了，对秦始皇的意图当然也心领神会了。他信笔挥洒，一篇歌功颂德的文字又造了出来，内容与上次的大同小异，其辞曰：

皇帝登位，施行法制，臣下遵行。二十六年，天下初定，无不服从。皇帝亲自视察远方黎民，登上泰山，环视东方。随从之臣，思念德迹，追溯事业，颂扬功德。政策施行，民安其业，皆有规则。大义明确，永垂后世，不要改变。皇帝神圣，已平天下，又忙于治。昼夜工作，放眼未来，专重教导。政教畅达，远近毕治，皆知圣意。贵贱分明，男女知礼，恪遵职守，严别内外，无不清净，光照后世。教化所及，无有穷尽，遵奉遗诏，永承重戒。

秦始皇与群臣搞完封禅大典，顺着北面山路下山。正在此时，黑云排空而来，天昏地暗，顷刻雷电交加，狂风大作，暴雨骤至。秦始皇与群臣仓皇之际，躲到一棵大松树下避雨，大家的心情极为沉重，秦始皇的心情尤为恶劣，这场暴风雨是天意吗？难道我没资格封禅吗？风雨过后，秦始皇很感谢避雨的大松树，没有它，他将要成为一只落汤鸡，那该如何下山见人？想到这儿，他立刻宣布命令，封此树"五大夫"级官职。尽管他已经毫无情绪，但仍坚持要把封禅大典搞完，他们又按规定祭祀了泰山下的一座小山梁父，这才回到山下驻地。

然而，秦始皇封禅遇暴风雨一事却很快传了出去，引起了人们的强烈讥讽。人们普遍认为他实在没资格封禅，由于他那自欺欺人的举动才最终遭到了上天的谴责。秦始皇想通过封禅来抬高自己，反倒弄巧成拙，成了人们的笑柄！

封禅大典总算对付过去了，巡游寻乐的活动方才开始。秦始皇及群臣沿渤海海岸东行，经过黄（今山东黄县）、腄（今山东牟平）直抵成山（今山东荣成东三十里），登上成山顶峰之罘，在那里立石碑，颂秦德，然后继续赶路。

秦始皇君臣一行从之罘向南，折回琅邪（今山东胶南）。此处原为春秋越国的都城，是个面海的都会，风光秀美，很使秦始皇流连忘返，君臣在此一玩就是三个月。在这三个月中，他仍然没忘记扰民生事，他下令从别处迁百姓三万户到琅邪，建筑琅邪台，以供其游乐。琅邪台建在琅邪城东南十里的琅邪山主峰上，此峰高出众山之上，高五里，周围二十余里。山上垒石为台，石形如砖，每块长八尺，宽四尺，厚半尺。三级而上，级高三丈，上级平敞，长宽二百余步。东南西三面环海，十分壮观。台成，秦始皇命李斯撰文刻石，颂扬秦德，李斯岂敢怠慢，立刻撰一长文，刻于石上。其辞曰：

二十八年，皇帝开始制定法度，规定衡量万物之标准。用以明确人际关系，融洽父子之情。皇帝圣智仁义，讲明道理。东巡东方，以抚百姓。大事完毕，于是临海。皇帝之功，专心政务。崇尚农业，抑制工商。天下百姓，走向富裕。普天之下，同心同德。统一度量，统一文字。日月所照，舟船所载，无不乐业。按时作事，皇帝如此。移风易俗，翻山越岭。体恤百姓，从不松懈。除疑定法，民知所避。官尽其职，社会安定。各项政策，无不正确。皇帝英明，明察四方。尊卑贵贱，不越等次。奸邪难容，都务正派。小大尽力，不敢怠惰。远近各处，作风严肃。正直忠诚，事业有常。皇帝之德，安定四海。诛乱除害，兴利致富。使民以时，诸业繁荣。百姓安宁，没有战祸。六亲相保，终无寇贼。百心欢心，遵纪守法。普天之下，皆为皇土。西到流沙，南到北户。东到大海，北到大夏。人迹所到，皆称臣子。功高五帝，泽及牛马。莫不受惠，各安其业。

　　秦王兼并天下，立名为皇帝，于是东巡，来到琅邪。武城侯王离、通武侯王贲、建成侯赵亥、昌武侯侯成、武信侯冯无择、丞相隗林、丞相王绾、卿李斯、卿王戊、五大夫赵婴、五大夫杨樛从皇帝东巡。皇帝与他们在海滨议论说："古代所谓的帝王，领土不过千里，诸侯分封到各处，有时服从中央，有时相反，互相攻打，战乱不止，即使这样，他们还刻石记功，宣扬自己。古之五帝三王，政教紊乱，法令不明，假借鬼神之威，自欺欺人，真是名不副实，因此很难长久，没等死去，诸侯纷纷背叛，法令无法实行。现在皇帝统一海内，实行郡县制，天下方才太平，光宗耀祖，成为道德的最高体现者，皇帝的尊号当之无愧。"群臣异口同声赞颂皇帝的丰功伟业，将此刻于金石，永传于世！

　　李斯这篇文章看上去是竭尽全力颂扬秦始皇的盖世之功，但他从中却极巧妙地做了手脚，把自己的功绩以皇帝的名字载入光辉的史册。谁都知道李斯力排众议反对分封制，主张郡县制，当时以丞相王绾、隗林为首的大多数人都站在李斯的对立面，然而，秦始皇却站到了李斯这边，使他的主张得以实现。今天他特意借此机会，大做反分封、行郡县的文章，并且特意将当时反对派的名字罗列出来，表面看上去是谀颂秦始皇，实际是在借机为自己评功摆好，从而把反对派钉到耻辱柱上，以此凸显自己的超人能力，让秦始皇更为赏识他。

　　秦始皇及其群臣在琅邪度过了美好的三个月，在这段光阴中，有一件事尤其使秦始皇感兴趣，那就是齐鲁地区的一些方士为了迎合秦始皇长生不老的奇想，争相上书，说可以找到长生不老药。其中齐人徐市上书，说海中有三座神山，叫做蓬莱、方丈、瀛州，那里有长生不老的仙人。秦始皇听后立刻派遣徐市率领童男童女数千人到海中找仙人。从此，求仙、求长生不老药就成了秦始皇后半生的一项主要任务，以后的每次巡游，他都要到大海之滨看看求仙求药的结果。由于此项活动耗财害民，因此成为天下人怨恨的一件事情。

乐极而返，秦始皇及随从群臣回路经过彭城（今江苏徐州）。他在这里停下，斋戒祈祷，准备干一件大事。据说周亡之后，象征国家权力的传世奇宝——九鼎在运到咸阳的路上，有一只突然腾空飞跃，掉到泗水中。秦始皇命令千余人潜入水中打捞此鼎，但是多少人瞎忙一气，一无所获，秦始皇一行败兴而去。

然后，秦始皇等一行人向西南方向进发，渡过淮河，来到衡山（今安徽当涂北）、南郡（今湖北江陵一带），顺长江而下，到湘山（今湖南湘潭境内）去祭祀湘君，此时狂风大作，几乎无法渡过湘江。秦始皇问博士："湘君是什么神？"博士回答说："我们听传说，她是唐尧的女儿、虞舜的妻子，死后埋葬在这里。"秦始皇一听，原来是个女神，竟然敢向他兴风作浪，感到莫大耻辱，于是歇斯底里大发作，命令三千名囚犯把湘山上的树木全部砍光，让湘山光秃秃地露出赭色（囚衣颜色）的土壤，以示惩罚。

发泄完毕，君臣一行，从南郡入武关（今陕西商县境内）回到咸阳，这次巡游是高兴而行，败兴而归，从此，秦始皇的心境变得越来越坏。

公元前218年（秦始皇二十九年），秦始皇决定第三次出巡，目标仍是东方齐鲁一带，这次出巡主要是遨游山川，寻求赏心乐事，最让他难以忘怀的是海中的仙人和长生不老药，不知有无消息。

然而这次在路上，秦始皇险些丢了性命。事情的经过是这样的：秦灭六国之后，天下人并不甘心秦的统治，其中韩国贵族的后裔张良始终想为韩复仇。张良变卖了家产，弟弟死了也不埋葬，他到处寻找能够敢于刺杀秦始皇的勇士。张良在求学的时候，通过东海君结识了个大力士，此人可以舞动一百二十斤重的大铁锥。张良听说秦始皇东巡，要经过阳武（今河南原阳），就与力士埋伏在阳武东南六里处的沙丘中。时值春天，狂风不断，尘沙蔽日，秦始皇的车队缓缓地在风沙中行进。张良命力士瞄准御车，铁锥脱手飞去，只听一声巨响，一辆车被击中，车队陷入一片混乱。不过，事后才知道，铁锥误中副车，没有击中秦始皇，张良等人借混乱之际，逃之夭夭。张良为了逃避追捕，从此更名改姓，浪迹江湖，行侠仗义，那已是后话了。

再说秦始皇惊魂已定之后，勃然大怒，传令进行全国性搜查，一定要得刺客，然而一无所获。

虽说路途很不安全，但秦始皇认为巡游决不能半途而废，贻笑天下人，所以君臣一行决定继续东行。仲春时节，万物复苏，秦始皇来到东方，旧地重游，再次登上之罘山。其中最主要的一项活动内容自然是让李斯撰文颂德，刻石记功了。

李斯欣然命笔，在文中再次强调了秦统一天下的伟大意义，这似乎也是作为对张良刺杀秦始皇的一个有力回答，文中说：

二十九年，仲春时节，阳气上升。皇帝东巡，登上之罘，远眺大海。随从之臣，陪同观光，追思伟业，皇帝自创。大圣治国，建立法度，明确原则。教导诸侯，普施仁政，按理而行。六国拒教，贪得无厌，虐杀不停。皇帝哀民，发兵征讨，发扬武德。诛杀不义，以诚待人，威信四达，无不服从。消灭强暴，挽救百姓，平定天下。普施明法，治理天下，永为准则。伟大啊！普天之下，顺承圣意。群臣颂功，请刻于石，永垂后世。

　　读过碑文的当时人究竟是怎么想的，不得而知。但是，他们从秦的暴政的蹂躏中所得到的切身体验，能与李斯的马屁文章对上号吗？回答肯定是不能。可是，历代的统治者总喜欢做些自吹自擂的蠢事来自欺欺人。其实，民众是最聪明的，他们知道怎样表达自己的爱和憎。你做了好事，民众没齿难忘，你做了坏事，民众也没齿难忘，虚伪的宣传是徒劳无益的。秦始皇的刻石，李斯的文章，在千年的风吹雨打中早被人们忘记了，但秦的暴政却至今家喻户晓，为何如此？道理不是很明白吗？

　　秦始皇立完此碑，意犹未尽，又命李斯在之罘山另一处"东观"刻石记功，李斯撰文如下：

　　二十九年，皇帝春游，巡视远方。来到海滨，登上之罘，面向朝阳。景色壮丽，从臣皆思，天道显明。大秦初兴，内理国政，外诛强暴。声名远扬，振动四方，擒灭六王。一统天下，灾害不兴，战争永绝。皇帝圣明，治理国家，勤劳不懈。确立大法，设置制度，都有原则。群臣守职，各知所行，事无不理。百姓拥护，远近一致，全无尤怨。基础已牢，后世继承，发扬光大。群臣感恩，歌颂圣德，刻石之罘。

从之罘山下来，秦始皇的游兴始终没上来，博浪沙的大铁锥虽然没有击中他，但却在他心中留下了难以驱散的阴影。他深知李斯文中写的那些百姓称颂、万邦来仪的美好图画只是幻影而已，它既骗不了天下人，也骗不了自己。想到这里，秦始皇决定马上取道琅邪，经上党（今山西长治）回咸阳，第三次巡游就在这种阴郁情绪的笼罩下结束了。

公元前 215 年（秦始皇三十二年），秦始皇决定进行第四次巡游。这次巡游的目标主要是北部地区。

秦始皇一行人马直奔渤海之滨的碣石山（今河北昌黎附近）。到了那里，第一件事就是派燕国人卢敖到海中为他寻找所谓的古仙人和不死药。此时，秦始皇对仙人和不死药已到了志在必得的程度，他要从山东半岛到辽东半岛拉开大网，不惜任何代价，一定要把仙人和不死药找到。

既然来到碣石山，当然又要刻石记功了，而这又是李斯的任务。李斯认为这次文章内容的侧重点应与前几次稍有不同，因为秦始皇在视察途中，命令把六国时代的旧城廓和设在江河之上的堤防全部拆毁，对这项有利于国计民生的好措施，值得大书特书，所以李斯写道：

> 皇帝发兵征讨，杀戮无道，逆乱熄灭。武力镇压，文治天下，民众都服。统一之功，赏及牛马，人人受惠。皇帝奋威，兼并诸侯，天下太平。摧毁城廓，决通河道，除去险阻。交通畅通，民无徭役，天下皆安。男乐耕田，女搞副业，井然有序。促进生产，发展农业，人

安其所。群臣颂德，请刻此石，作为规范。[①]

当时人们如果读到此文，都会感到太平有望了，因为从此要"民无徭役"了，从此要"发展生产"了，大规模的土木工程看来要结束了，皇帝说话是算数的！

但秦始皇转身已经忘掉他对天下人许下了什么诺言。从碣石山下来，他想到的还是仙人和不死药。他认为卢敖一人难以负此重任，于是又派韩终、侯生、石生分别去找仙人和不死药。

秦始皇布置完这些任务，开始巡视北部边境地区，然后从上郡（今陕西绥德）返回咸阳。

回到咸阳，一场大规模的对外战争已经在秦始皇的心中酝酿成熟，具体情况我们已在《穷兵黩武》一章中讲过了。

---

① 李斯刻辞均据《史记·秦始皇本纪》。

第十七章 祖龙之死

公元前 211 年（秦始皇三十六年），也就是坑儒事件的第二年，一颗陨石划破长空，落到东郡界内（今河北南部、河南东北部及山东西北部），这种今天看来纯粹的自然现象，在古代却被误解为是一种异兆，即它是一种天意的昭示，是一种预告，是一种天谴。在苛政重压下的民众似乎通过一颗陨落的巨星看到一线解救的希望：人间的某个大人物要像流星一样熄灭了，他那耀眼的光辉，落到泥土中，化为一块普通的顽石！大家自然而然地把内心的猜测集中到秦始皇的身上，因为只有这样伟大的人物才可能上应天象。想到这里，人们一阵兴奋，有人在兴奋之余，竟大胆地在陨石上刻上"始皇死而地分"这么几个大字，以此表达出大家的心愿。是啊，过去陷于战乱中的民众有如大旱之望云霓般地企盼着天下统一，希望统一后能够过上安定的生活，然而秦的统一给人民带来了什么？带来的是更加深重的灾难！那么这样的统一又有什么价值？所以与其让这种统一延续下去，还不如再来一次天崩地解般的巨变，哪怕再次陷入天下大乱中也心甘情愿！人到忍无可忍之际往往会产生出这种强烈的义愤心情。

人民对暴君的诅咒很快传到秦始皇那里，引起了这个暴君的震怒。这一事件中的民意是不会引起他的反思的，他只想泄愤，只想尽快找出事件的主谋，然后挖出反对他的人群，最后把他们无情地消灭！

追究这件事的责任当然地落到李斯的头上。攻击皇帝这是头等的大案要案，实在忽视不得！他派高级司法官员御史亲自到案发地点查办此案，御史赶到现场，抓了很多嫌疑犯，但无论怎样拷问，始终无人供出何人所为。御史无奈，请示朝廷怎么处理，李斯的指示是杀！于是御史指使当地官吏，不分青红皂白地把在陨石附近居住的百姓通通杀光！然后把陨石放到火中烧掉，做完这些，算是对秦始皇有了个交代。

但是这件事情对秦始皇的精神刺激颇大。他对民众的诅咒虽然耿耿于怀，但他从不把民众放在眼中，他不怕"民"，强大的六国都被他秋风扫落叶一般消灭了，一群赤手空拳的民众又算得了什么？只要有谁敢为天下先，杀掉就是了，君权是什么？首先就是镇压之权！

但是，这个充满长生求仙等迷信思想的专治皇帝却最怕"天"。他能登上天子之位，他认为这是天意，他绝对相信"君权神授"的思想，否则在他继位之初，为什么会出现彗星竟天长达八十余日的奇异天象呢？在此之后，他消灭了嫪毐和吕不韦集团，紧接着他又以武力统一了天下，这不是天意让他除旧布新吗？"天意在我"使他在精神上受到了极大的鼓舞，当想到"天意在我"时，他做起事来就充满了信心。为了报答上天的恩赐，他经常举行隆重盛大的祭典，向上天虔诚地献上丰厚的牺牲。

转眼三十余年过去了，他由一个被权臣挟持的无为之主变成了雄踞天下的千古一帝，此时本该心想事成、万事如意，本该天从人愿、吉星高照，然而，何以搞得人咒天谴、四维不宁！一个巨星陨落了，化而为顽石，难道这里真有什么新的天意？难道我真的会死？难道真的是"始皇死而地分"？

这些疑问像阴影似的笼罩着他，怎么也无法驱散，他终日闷闷不乐，郁郁寡欢。无论如何得走出这令人压抑的精神低谷，他突然想到焚书坑儒前，那个卢生对他说的那番鬼话，他说我不是"入水不濡，入火不爇，陵云气，与天地长久"的"真人"吗？那我怎么会死呢？应该把这件事迅速告知上天，然后告知天下人，让上天继续保佑我，让天下人别存非分妄想，从而也别让自己再有什么精神负担！想到这儿，他立刻命令周围的一批御用文人赶制"仙真人诗"，写成后，令乐工四处传唱。历史上一些所谓的伟人就是这么幼稚可笑，他们常常玩弄一些自欺欺人的滑稽把戏来愚弄自己，这是因为在他们坚强的外表后面，往往有一个十分脆弱的精神世界，从秦始皇的作为中，我们还没有证实这点吗？

这件事总算应付过去了。

但是一波未平，一波又起。这年秋天，朝廷派出的使者郑容在从关东地区回京的路上，夜深时分，经过西岳华山附近的平舒道，只见黑暗之中，有个人站在暗处，手持一块璧玉，上前拦住郑容，对郑容说："替我把这块璧玉交给滈池君。"顺便又说："今年祖龙死。"郑容听到这些话有些摸不着头脑，想问问缘故，就朝那人走去，但那人突然消失在黑暗之中，只有那块璧玉放在地上。

郑容对此事哪敢怠慢，回到咸阳，他立刻把这次神秘的际遇原原本本报告给秦始皇，并且献上那块璧玉。秦始皇听完郑容的话，百思不得其解，于是陷入漫长的沉思中。"滈池君"是谁？他突然想到京师西南有滈池，莫非滈池君是影射我？那么"今年祖龙死"又是什么意思？秦始皇苦思良久，内心顿时沉重起来，"祖，始也。龙，人君之象"，这不明明在指我吗？难道我的死期已到？这些分析如霹雳击顶，使他有些支持不住了。不过他不愿意相信这是事实。为了证明这件事的毫无根据，他立刻派人到皇家仓库中印证这块璧玉是哪里来的，经过查对，乃是在二十八年他南巡渡江时献给江神的那块璧玉。他听到左右人员带回来的证词，又是一声霹雳击来，看来这一切都不是无稽之谈了。难道真是天意如此？不过他绝对不想接受这个结论。此时他心乱如麻，各种念头一齐涌了上来。他艰难地从沉默中挣扎出来，自言自语地说道："郑容所见大概是山鬼吧！如果是这样，山鬼只不过知道一年内的事情，今年已经快过去了，我不是很健康地活着吗？"但此事决不可疏忽，他急召太卜，命他就此事进行占卜，占卜的结果是："游徙吉。"秦始皇决定按卦意办事。这下老百姓又遭难了，为了应卦意，秦始皇下了两道命令，一是把内地民众三万家迁到北方边境北河（今陕西北部某地）、榆中（今甘肃金城西北）一带；二是决定明年再次出巡，以向天命挑战。

公元前 210 年（秦始皇三十七年）十月，一次更大规模的巡游开始了。左丞相李斯是主要随从，右丞相冯去疾留守咸阳，秦始皇把小儿子胡亥也带上了，他是秦始皇二十几个儿子中最被宠爱的一个。

巡游的队伍在路上走了两个来月，来到了烟波浩渺的洞庭湖。秦始皇到洞庭湖来，并非为了玩乐，他的目的是要检验天意是否应验。传说"五帝"时的虞舜，曾南巡天下，路上死于苍梧之野，葬在洞庭湖附近的九嶷山（今湖南蓝山西南），今天他也要到这里来走走，看看天意对他如何！在九嶷山他举行了隆重的典礼，祭祀虞舜。之后，顺长江而下，经过籍柯、海渚、丹阳（皆在今安徽当涂县境），直抵钱塘（今浙江杭州）。赶到钱塘江，观看那里名闻天下的海潮。观潮之日，风起浪涌，潮如千军万马，发出炸雷般的响声，像一面滚滚而来的白色水上长城，扑向这个人间威严的君王，这使秦始皇很不恰意。他感到自己在自然的伟力面前竟然显得如此渺小，这种自然伟力与帝王权力的反差在围观的民众面前似乎使他大丢面子。更让他万万没有想到的是，就在人头攒动的人海中，还隐藏着后来灭亡秦朝的盖世豪杰——项羽。这位项羽是楚国名将项燕的孙子，项燕为秦将王翦所杀。项羽小时，学文化，没学好；去学剑，又没学成，他的叔叔项梁很生气，项羽说："学文化不过能记个姓名，学剑只能战胜一个敌人，没学头，我要学习战胜万人的真本领。"于是项梁开始教他兵法。项梁非常高兴，知道他有远大的志向。这次秦始皇到钱塘江前来观潮，叔侄二人也混在人群中，项羽看到秦始皇的身影后，竟脱口说："这家伙我可取代他！"项梁听后大惊失色，急忙捂住他的嘴说："别瞎说，让别人听到，要灭我们三族的！"但幸好谁也没听见这大逆不道的话语。

　　秦始皇对钱塘潮没什么兴致，为了避开凶恶的水势，秦始皇一行西行一百二十里，从狭中（今浙江富阳）渡过富春江，登上会稽山（今浙江绍兴境内），祭祀大禹，面对南方的大海，建立石碑，歌颂秦德，以与大禹一比高低。碑文当然由李斯撰写，他的文采、书法自不用说是独绝当世，更主要的是李斯最能领会秦始皇的意图，所以这项能使皇帝名垂千古的大文章实在是非他莫属了，像历次撰写碑文那样，要歌颂，要尽其所能地歌颂，但又不能太空洞，于是李斯针对秦始皇对吴越这种蛮荒之地的厌恶感又加进了新的内容，他是这么写的：

　　　　皇帝伟大，一统天下，功德恩惠，源远流长。三十七年，亲巡天下，视察远方。登临会稽，观览风俗，百姓安康。群臣歌颂，追寻原因，何以如此。秦皇神圣，治国安邦，弘扬传统，法令划一。职责清楚，永为规范。六国反此，贪婪残暴，拥兵自强，横行霸道，仗力骄蛮，争战不已。暗中勾结，联合抗秦，内怀诈谋，侵我边疆，挑起祸端。我方恃义，平定暴乱，自取灭亡。皇恩浩荡，普天之下，皆受其益。

这段文字毫无奇处，与以前的碑文一样，极尽阿谀奉承之能事，让人很难读下去。但下面的碑文，李斯却写出了些特殊的东西，那就是他们君臣对东南这块曾是蛮夷居住的土地施行的特殊同化政策，他写道：

统一之后，皇帝勤劳，兼听万事，远近皆治。研究问题，考核事实，名符其实。贵贱分明，是非显然，没有隐情。隐恶扬善，弘扬道德。有子改嫁，不是贞妇。内外有别，严禁淫泆，男纯女洁。男若偷情，杀之无罪，男始正派。妻奔他家，子不认母，妇道清廉。大治之后，风俗清纯，天下承风。皆遵法度，和谐相处，无不顺从。百姓端正，人同此乐，太平在望。后来之人，敬奉此法，长治久安，国家安定，从臣歌颂，请刻此石，永垂不朽。

李斯在这篇文章的后段，主要谈以中原文化同化吴越文化的问题。吴越传为禹后，但风俗与中原迥异，男女无别，两性关系比较随便是其突出特点，这在中原人看来是十分野蛮落后的，所以，秦统一之后要对这里进行移风易俗的改造，使江南地区建立起中原地区的道德伦理准则。李斯的这些观点体现了秦始皇的大一统思想，因此得到了秦始皇的肯定。

秦始皇对吴越地区抱有很深的成见还不仅是觉得这里文化落后、风俗野蛮，其中更有一个令他烦恼的原因是，宫中的望气者曾对他说，东南方有天子气，所以他要借此行压一压这里的气势！到了金陵（今江苏南京），有人说这里有"王者之势"，他立刻命令把金陵改为秣陵，并凿断北山的地脉，以此断绝"王者之势"。

从会稽山北行，经过檇李（今浙江嘉兴西南），这里是越王勾践战败吴王阖闾的古战场，有人说这里也有"王者之势"，秦始皇立刻让李斯调来十余万囚徒在这里进行一番彻底的破坏，然后给这里改了个难听的名字，叫"囚拳"。

到了长江边上的朱方（今江苏镇江），又有人说这里有天子气，秦始皇让李斯派遣囚徒三千人凿破一道长岭，更其名曰"丹徒"。

然后，他们从江乘（今江苏句容北）渡过长江，沿海岸到琅邪（今山东胶东），再到之罘（今山东烟台北）。他是走一路，凿一路，不断地走，不断地凿，简直发疯了，他发誓要把天子气给压下去！

到了琅邪，当他碰到了为他寻找长生仙药的徐市，狂乱的心境才稍有缓和。他追问徐市，入海求仙药的事办得怎么样了？徐市搞了好几年，多方搜求，花费资财不可胜数，然而一无所获，这次见到秦始皇，心中万分恐惧，为了躲过不测之祸，一不做，二不休，就扯了个弥天大谎说："蓬莱仙山可以搞到仙药，但是常为大鲸鱼所阻拦，因此我们的船队无法到达那里。我恳请派些神箭手与我们同行，见到鲸鱼前来阻拦就射死它。"

秦始皇心情越来越恶劣，他觉得今年什么事情都那么令人沮丧，令人发狂！难道那些凶兆确实预示着什么灾祸？这使他总摆脱不了死亡的阴影，他甚至感到这个阴影变得越来越真切，越来越逼近，他心中万分焦虑、万分恐惧。白日所思，夜里化为他的一个噩梦，他梦见自己与海神交战，海神的样子很像人，惊醒之后，他找来占梦的博士，问这是怎么回事。博士说："水神是看不见的，他经常借大鱼蛟龙的躯体显现他的威风。现在陛下祷告时非常虔诚，却出现了这样的恶神，应当立刻想方设法除掉这些大鱼蛟龙，这样善神才能出现。"

对这番鬼话秦始皇却深信不疑。有人说宗教迷信是统治者麻醉人民的鸦片，其实统治阶级更需要这种鸦片，特别是当他们感到自己十分虚弱的时候。

秦始皇不由分说，立刻派人入海，带着捕巨鱼的工具，让人们手持连发弩箭，等候大鱼的出现，然后射死它。这些人从琅邪一直搜索到莱州附近的荣成山，却没见到大鱼的影子。秦始皇一直跟到之罘，总算在那里见到大鱼出现在万顷波涛中，人们万弩齐发，其一被射死，这总算了却秦始皇的一个心愿。

这出闹剧结束后，大队人马簇拥着始皇沿海岸线继续西行。这时他们在路上已经走了近十个月，秦始皇的精神越来越坏，他感到心劳力瘁。沿途，他竭尽全力，几乎近于疯狂地与命运挑战，他从不相信有什么超越自己的力量，但是他的一切努力皆收效甚微，不仅如此，他的身体在盛怒和忧郁中又确实日见虚微，这是他不愿看到却又无可奈何的事实！走到平原津（今山东平原附近）时，他终于病倒了。他再次想到"今年祖龙死"的预言，从而陷入极度的恐惧中。李斯和随从的群臣看到这种情况都很焦急，明眼人谁都知道皇帝是要不行了，人们立刻又联想到皇帝一旦晏驾，后事怎么安排？现在还没立太子，国不可一日无主啊！但大家知道秦始皇最憎恶提到有关他死的事，所以包括李斯在内谁也不敢冒这个天下之大不韪，去向他请示死后的安排。

秦始皇的病越来越重，他终于承认自己快不行了，他认识到他根本无法与命运挑战，死亡这个不可抗拒的力量即将战胜他这个人间的最高主宰了，看来自己以前的努力都是徒劳的。他甚至想到，如果没有一次次的胡闹，他真的可以再活些年月，他为自己的愚蠢而后悔。

他想到该料理后事了，就给公子扶苏下了一道诏书，上面写道"与丧会咸阳而葬"。这是什么意思呢？文字既简单又模糊，谁应当是合法继承人？这是最重要的问题，然而却只字未提！只是命令公子扶苏赶到丧所，与巡行的车队同到咸阳安葬他，那又将怎么样？根据这句话每个人都会做出不同的解释，因此也会为任何人所利用。秦始皇做完一生中最后一件蠢事，命人把诏书封好，把它交给中车府令兼符玺令赵高，让他盖上玉玺，然后发出去。但是，没等诏书发出去，秦始皇就咽气了，时间是公元前210年七月，享年五十岁。他死的地点是沙丘平台宫（今河北平乡）。无独有偶，公元前295年，战国时期赵国的一个杰出君主赵武灵王在一场宫廷政变中也曾饿死于此。这里距离咸阳有一千五六百里之遥，又是炎热的盛夏，怎么处理这一切事务呢？李斯作为丞相开始主持工作。他认为秦始皇死在外面，消息传出后，恐怕会引起诸王子的夺位之争，也怕天下借此出现反秦之举，所以命令任何人不得走漏消息，秘不发丧。他把秦始皇的尸体放到平时休息的辒凉车中，让秦始皇贴身的宦官照旧驾车，每顿饭按时奉上。百官也还像平常那样按时请示、汇报工作，再由宦官在辒凉车中代为传话、答话。在随行的人群中除李斯之外，只有胡亥、赵高和几个宦官知道秦始皇真的死了。

天热路远，秦始皇的尸体开始发臭，令人恶心。随行人等为此都感到很奇怪，李斯又想了个主意，叫人搞来一石臭鲍鱼放在车中，诳人说车中传出的是鲍鱼的臭味。李斯为此可以说是费尽心机，但秦始皇哪里知道他的龙体已经与鲍鱼杂然相陈，并且借助鲍鱼的臭味来掩盖一具腐尸的臭气！

秦始皇的死，顿时造成了一个难以填补的权力真空，这往往是封建专制政治最紧张的时刻，因为，在最高权力的诱惑下，一些野心家、阴谋家都会借机蠢蠢欲动，各派政治势力也要开始较量，觊觎皇权的嫡庶王子们也无不摩拳擦掌、跃跃欲试。当这些丑恶的欲望汇聚在一起时，经常要酿成一场场你死我活、惊心动魄的大厮杀，闹得污血四溅、尸横于庭。所以李斯的担忧和警惕是有道理的，何况新的皇帝人选对他李斯个人的兴衰荣辱更是个至关重要的问题，俗语说："一朝天子一朝臣。"新帝嗣位，是否与自己的利益一致，他能否重新得到宠信，这从来都是个未知数。这个问题不搞明白，他李斯半生辛苦得来的荣华富贵顷刻间就会付之东流！为了避免这类事情发生，他必须利用丞相手中的大权，干预皇位继承问题，使之向有利于己的方向发展。

别人又何尝不在这么考虑问题呢？就拿随行的胡亥来说吧，他是秦始皇的第十八个儿子，按封建皇权嫡长子继承制规定，他根本没有继承皇位的资格。但秦始皇生前对他情有独钟，很是宠爱；赵高这个深通法律的宫廷奴隶，作为他的启蒙教师，又培养了他对专制政治的极大兴趣。父皇做皇帝的威风，他目睹之余，颇为垂涎，父亲的死，他自然也会做起皇帝梦，但他现在实在还找不到实现这个梦想的途径。

至于赵高，他出身极低贱，母亲是个官奴婢，按当时的法令，他生下来就注定是个奴隶的命运，他似乎成不了什么气候。但是社会生活并没有一个固定的公式，赵高虽是奴隶，却处于最高权力所在的宫廷之中，他可以随时接触到皇帝，而皇帝又是随时可以改变他命运的主宰力量。他力大无穷，精通法令，所以很受秦始皇的赏识，从此他由宫廷奴隶一跃而成为中车府令（九卿之一太仆的属官，管理皇帝的车驾），又被任命为秦始皇爱子胡亥的老师，相处之中，两人臭味相投，并且结为死党，经常活跃于秦始皇的左右。赵高想，现在老皇帝死了，靠山没了，只有胡亥当皇帝对自己最为有利。赵高长期生活于宫廷，已经习惯了铁幕掩盖下的无耻倾轧，想到这里，一个大阴谋的轮廓被他勾画出来。

赵高擅自把秦始皇给公子扶苏的诏书扣下，然后去找胡亥，他跟胡亥说："皇帝已晏驾，没给诸子任何封赐，却单给长子扶苏一封诏书，长子扶苏赶到，肯定要立为皇帝，到那时你胡亥连一寸一尺之地也没有，你该怎么办？"

这番话正击中胡亥的心病，胡亥无可奈何地说："你说的话肯定会变成现实，但我听说，英明的君主最了解臣下，英明的父亲也最了解自己的儿子。现在父亲死了，只封扶苏，不封诸子，我能有什么话说呢？"胡亥此刻很想听听赵高的意见。

赵高说："不对。眼前天下存亡之权可以说就在你我和丞相李斯的掌握之中，希望你好好考虑考虑。再说统治别人与被人统治，控制别人与被别人控制，怎能同日而语呢？"

胡亥说："废兄而立弟，人们会说这是不义之举；不遵父命而怕死，这是不孝之行；能力低下靠别人帮助而成事，这是无能的表现。这些都是违背道德的行为，天下人不会折服的，搞不好自己也要遭到极大的危险！我即使当了皇帝，国家的命运也不会长久。"胡亥对篡权夺位仍然没底。

赵高进一步诱惑胡亥说："我听说商汤和周武王杀了他们的国君，天下人无不称赞这是正义的行为，绝没人说他们不忠诚；春秋时卫国的君主杀死他的父亲，卫国人却称赞他的功德，孔子还把这件事记载在《春秋》中，不能算不孝。再说能成大事的人决不谨小慎微，行大德的人也用不着讲究谦让，不同阶层的人有不同的办事方法，你就别考虑太多了。一个人因小失大，必有后患，犹豫不决，必然后悔，当机立断，鬼神都不敢挡路，所以能事事成功，希望你马上采取行动！"

胡亥叹了口气，说道："今天先帝尚未发丧，丧礼还没着落，这时怎么好意思打扰丞相呢？"

赵高说："时机啊时机，容不得我们再拖延了，现在就是你整装急发，还恐怕会错过了眼前这千载难逢的大机遇呢！"

胡亥思前想后，终于打消了顾虑，决心与赵高搞一次政治赌博。赵高见胡亥决心已定，就说："这样的大事不和丞相李斯合谋，恐怕难以成功，我决定为你去说通丞相。"

李斯此时也正处在焦虑中，他在考虑如果扶苏当了皇帝将会如何。扶苏信奉儒家思想，常替百姓和知识分子说好话，因此先帝不太喜欢他。但他是嫡长子，现在又有先帝遗诏，将来的帝位恐怕非他莫属，如果这样，秦国传统的法家路线就要变成儒家路线，那他这个按法家思想办事的丞相不就成了个政治废物！再说公子扶苏还有大将蒙恬兄弟做他的坚强后盾，三十余万大军手中在握，到时扶苏若想清除他们这些追随先帝的老臣简直易如反掌，到那时自己能有什么作为呢？人在此时往往是越想越不着边际，越想越没有出路。

正当此时，赵高突然来找李斯。

赵高对李斯说："先帝已去世，在弥留之际赐长子扶苏一封诏书，命令他会葬之后，继承皇位。现在这封诏书我还没发出去，先帝不在，谁也不知道此事。先帝赐给扶苏的诏书还有先帝的玺符都在胡亥手中，如今立谁为太子就在我和你的一句话了，你看这事怎么办？"

李斯听完赵高这番单刀直入的话，大惊失色，立刻很严厉地指责赵高说：

"你怎么可以口出这种亡国之言？这不是臣子应该议论的事情！"

赵高镇定自若，并不惊慌，仍旧不动声色地对李斯说："我只想问问你，你估计一下你与蒙恬哪个能力更强？哪个功劳更大？哪个更有谋略？哪个无怨于天下？哪个更受扶苏的信任？"

赵高这一步紧似一步的逼问，句句刺到李斯的要害之处，这正是李斯极力回避又无法回避的问题，今天赵高却单刀直入、丝丝见血地捅了过来，实在不容你躲闪！李斯这个素以沉着冷静见称的人物，居然变得手足无措，有点失态了。

李斯惶然而怯惧地说："这五方面我都赶不上蒙恬，但你为什么这么穷追不舍地逼我呢？"

赵高见李斯乱了方寸，进而展开攻心战，他说："我赵高不过是个卑贱的宫廷奴隶，因为有点法律知识才侥幸留在宫内。根据我在宫中二十余年的观察，从未见过丞相功臣能够在两代君王中保住禄位而未被罢免的，最终的下场都是被杀！先帝二十几个儿子，这你是知道的。长子扶苏刚毅勇敢，诚心待人，深得人心。他要继位之后，必然让蒙恬出任丞相，那你就很难保住禄位了，罢职回家可能是你最好的结局！我赵高受先帝之命教育胡亥，让他学了不少法律知识，胡亥这些年来未曾犯过什么过错，他性格仁慈宽厚，轻财重义，明事理而不虚夸，礼贤下士，在秦的诸公子中，很少有人超过他。我看他完全可以成为先帝的继承人，希望你好好考虑一下，把事情定下来，怎么样？"

话说到这个份儿上，李斯立刻明白了赵高的全部企图。但他不想让赵高如此顺利得手，再说这种空前的大阴谋风险太大，他还没有玩火的思想准备，这种事搞不好，下场是相当清楚的。想到这里，他又端起了丞相的架子，指责赵高说："请你还是回到你应有的位置上去，不要随便胡说！我李斯坚决遵循先帝诏书的旨意，即使有什么三长两短，那也就听天由命了！有什么值得忧虑的事情？"

赵高早就摸透了李斯的为人，多年的观察，使他深信李斯是个最不讲原则的人，今天又岂能坚持原则，所以他并不怕这位丞相大人突然板起面孔说话。他继续点拨李斯，使之开悟，他说："世上的事情，安可变危，危可变安，自己的安危都定不下来，怎么能算得上是最聪明的人！"

李斯在这咄咄逼人的攻势下，只有招架之功而无还手之力，但他仍不愿让赵高随便牵着鼻子走，他争辩说："我李斯不过是上蔡一个草民，有幸被先帝提拔到丞相的高位，封为通侯，连子孙都位高禄重，先帝所以如此优待我，就是把国家和皇帝安危的重任交给我，我怎能辜负先帝的厚望呢？忠臣应有的节操，就是不怕死；孝子应有的品质，就是临危不惧，希望你不要再多说了，别让我李斯走上犯罪的道路！"

赵高见李斯仅是表白自己对秦始皇的忠诚，并没有怪罪他提出的阴谋，所以并没有听李斯讲什么，而是继续说他自己的："我听说圣人没有一成不变的原则，而是随机应变，看到现象就抓到本质，见到趋势就能识别方向，事情都是如此，哪有包容一切的常规法则存在呢？目前天下最高权力就要落到胡亥手中，我赵高肯定能让他把理想变成现实，到了那时，你再想用相权改变这个现实，就是以下犯上的乱臣贼子了。所以秋霜降临时，草木凋零；春冰融化时，万物复苏，这是必然规律，你怎么这样短视呢？"

李斯仍然顾虑重重，因为这毕竟是关系到李氏家族命运的大事，于是他又列举了历史上的一些例子，试图从反面证明这个阴谋的危险性："我听说晋国改换太子，三代不得安定；齐桓公兄弟争夺君位，下场也很悲惨；商纣王诛杀亲戚，不听劝谏，结果是国破家亡。以上这些人都是逆天而行，后果都是自取消亡。我李斯还算个理智清醒的人，怎么能干这种阴谋诡计！"

赵高知道李斯想的根本不是国家，而是他自己的利益，所以直截了当地说："上下合力，可以长治久安；内外一致，可以为所欲为。你若按我说的做，就可以长有封君之位，又可代代称孤道寡，能像仙人王子乔、赤松子那样长寿永生，像孔子、墨子那样聪明洞达。今天如果抛弃我的计划，不跟我们干，以后将祸及子孙，足以使你寒心的了！高明的人能转祸为福，你打算怎么办呢？"

赵高诱之以利、胁之以祸的谈话艺术终于使李斯投降了。对李斯来说，最重要的是保住个人的私利，是保住眼前的荣誉、地位、财产、权势，其次才是采取何种方法。像赵高这种毒计实在使他感到风险太大，所以他才拖延、推托。但是，这次旅程越接近京师，他就越感到赵高的毒计乃是根本解决问题的方法。不过把自己的政治生命如此廉价地拍卖给一个出身卑贱的宦官，把政治赌注如此轻易地押在一个无功无德的胡亥身上，不禁百感交集，他仰天长叹，流下悔恨的眼泪，只说了一句："唉，谁让我碰上这个倒霉的乱世，既然不能杀身成仁以报答先帝，那就听天由命吧！"

当一个人决心往罪恶的深渊滑下去时，往往是紧闭上眼睛，把命运完全交给魔鬼，一不做二不休地干下去！

赵高降伏了名利场上的老手李斯，立刻跑去报告胡亥，他兴奋地说："我带着您太子的命令去见丞相，丞相怎敢不听命于您！"

赵高在与李斯第一次合作时，就把李斯出卖了。

第十八章

助纣为虐

在秦始皇死后，一个篡夺最高继承权的大阴谋在胡亥、赵高、李斯中间酝酿成熟了。他们决定伪造秦始皇的遗诏，把年仅二十一岁的胡亥推上皇帝的宝座，作为交易，赵高和李斯将各自得到许诺的好处。伪造的遗诏由李斯以秦始皇的口气写成，意思如下：

朕巡游天下，祷祠名山诸神以延寿命。今扶苏与将军蒙恬统率数十万大军戍守边境，已经十有余年了，不思进取，士兵死亡众多，未立尺寸之功。然而却经常上书，直言不讳地诽谤朕之所为。由于未被允许回朝继太子之位，日夜怨恨，扶苏为子不孝，现赐剑令其自裁！将军蒙恬与扶苏长期共事，不能纠正扶苏之错，反而知情不举，蒙恬为臣不忠，现在赐其自尽！立刻把兵权交给副将王离。

这封伪造的诏书写毕，封好，然后由赵高在上面盖上皇帝的玉玺，立刻派胡亥手下的心腹门客昼夜兼程，奔向上郡，以最快的速度把它交给有关的人。

胡亥的门客来到上郡之后，向公子扶苏、蒙恬宣读了伪造的诏书。公子扶苏听后，五内俱摧，如雷击顶，他万万没有想到父亲会如此处置他，但君让臣死，臣不得不死；父让子亡，子不得不亡！君父之命谁敢违抗？沉思片刻，走进屋内，准备自杀。蒙恬对此却十分怀疑，他回忆他与秦始皇的关系，曾多蒙信赖，何以会闹到如今这般地步？即使死，也得问个明白，岂能如此草率死去！想到这里，他上前拦住准备自尽的公子扶苏，对他说："皇帝在外巡视天下，并不曾事先立太子。皇帝让我统率三十万大军驻守边疆，让公子你做我的监军，这是多么重要的任务，是对我们多么大的信任！现在突然跑来一个什么使者，我们就匆匆忙忙自杀，谁能知道其中是不是有诈呢？我看您还是再次请示一下，如果证实确实如此，我们再死不迟！"

胡亥派来的所谓使者岂容他们申辩，为了完成使命，他再三催逼他们赶快按诏书办事。公子扶苏为人善良，他对蒙恬说："父亲让儿子去死，我们还能上哪儿去请示！"随即自杀。蒙恬却拒不自杀，非要弄个明白，使者把他交给狱吏，关在阳周的监狱中（今陕西安定北）。

办完此事，使者赶快赶回咸阳向胡亥等人汇报执行情况，胡亥、李斯、赵高听后，大喜过望，他们万万没有想到他们的阴谋竟如此顺利地实现了！其实，胡亥等人的卑鄙手段所以能如此顺利地得手，并不是他们如何高明，这乃是封建专制主义制度本身致命的缺欠造成的恶果。这种缺欠就是专制主义制度造成的高度集权使任何人都成为绝对服从的奴隶，从而丧失了任何怀疑精神和反抗意志，再加上专制政治的高度封闭性，使任何人都无法了解上层人物活动的内幕，这样就为历史上那些阴谋家、野心家创造了阴谋夺权的好机会。胡亥、李斯、赵高等人不过为阴谋家、野心家们利用专制主义的黑幕大搞篡权夺位开创了一个先例罢了，从此之后，类似的宫廷丑剧几乎代代有之，成为封建专制舞台屡演不绝的节目。

当时，秦始皇的另一个宠臣蒙毅也与李斯、赵高同行。秦始皇在路上得了重病，就命令蒙毅到名山大川去祷告诸神，为秦始皇禳灾祈福。这也为胡亥、李斯、赵高的阴谋篡权提供了难得的机遇。没等蒙毅回来，始皇就病死在沙丘。于是，按照胡亥等人的阴谋，杀了公子扶苏，逮捕了蒙恬。这些事件蒙毅在路上根本不知道，等蒙毅往回返的时候，胡亥他们已派人在路上等候他了。蒙毅走到代郡（今山西东北部及河北蔚县一带），突然被捕，关在当地的监狱中。到此，胡亥篡权的障碍基本被扫清。

他们回到咸阳，立刻发丧，胡亥以太子的身份登上皇帝的宝座；李斯仍为丞相，但权势更为显赫；赵高由原来的中车府令兼符玺令升任为郎中令，就是皇帝的侍卫长，成为秦二世的心腹之臣。

为了埋葬秦始皇，日夜兼程修造的骊山墓极尽人间之豪华。公元前210年九月，葬秦始皇于骊山，秦二世命令后宫凡是没生过孩子的嫔妃宫女，一律殉葬从死。安葬完毕，又把造墓的工匠全部活埋在墓中，以防泄露墓中的机密。十一月，开始动工兴建皇家园林"兔园"，然后由李斯主持讨论增加秦始皇寝庙牺牲和祭祀山川诸神的礼仪。讨论的结果是："古代天子七庙，诸侯五庙，大夫三庙，永远不增不减。现在秦始皇庙应是最高的祖庙，四海之内都要贡献方物，增加牺牲，各种礼仪不可缺一，不许有任何人超越这些礼仪。秦国先王庙或在西雍（今陕西凤翔境内），或在咸阳，从今以后，天子只应祭祀秦始皇庙。秦襄公以下的祖庙全部毁弃，只留七代祖庙。群臣必须按规定的礼仪进行祭祀，以此把秦始皇庙尊为创立帝业者的祖庙。皇帝继续称朕。"

这套烦琐的政治把戏究竟有什么作用呢？归根结底就是肯定由秦始皇创建和确定的以君主集权为核心的封建专制主义的不容置疑的权威性，与此同时也肯定了秦二世继承这套体制的合法性，从此，他就可以以秦始皇合法继承人的身份放心去进行独裁统治了。

由于胡亥纯粹是靠阴谋手段当上皇帝的，所以他始终感到缺乏一种道义的基础。他又是个长在深宫，深受秦始皇娇宠的贵公子，所以他除了想到享乐之外，别无所好。由于他的启蒙教育是在阴谋家赵高手中完成的，所以他又被灌输了一套法家理论中那些最阴暗的东西。这些因素复杂地纠结在一起，必然会把他塑造成一个专横暴戾、桀骜恣睢、自卑自傲、纵情任性的政治怪物。从他上台伊始，他的所作所为就已经暴露出这个政治怪物的若干特点，这些特点又成为李斯、赵高之流谋取私利时常被利用的东西。从此，这些最坏的品格在佞臣们的利诱下开始恶性膨胀，并借助专制皇权的淫威，越发泛滥起来，成为祸国殃民的万恶之源。

胡亥当了皇帝后，心满意足，整日只想着怎样愉快地打发时光，早忘了一件大事，就是怎样处理蒙氏兄弟的案子。李斯与赵高可不同，他们都有丰富的政治经验，过去官廷之中一幕幕触目惊心的权力之争，都是一场场你死我活的惨剧，对于政敌，必须置之死地而后安，所谓"当场不让步，下手不留情"。蒙氏兄弟尚未死，李斯与赵高怎能高枕无忧呢？万一皇帝大发慈悲，念其有大功于先帝，使之重返政坛，岂不可怕！

经过试探，秦二世认为公子扶苏已经死了，蒙恬的军权已被李斯的舍人接管，没谁可以对他的地位造成威胁，所以也就不想追究蒙氏兄弟的事情了。李斯、赵高得知秦二世的意图原来如此，就开始了加紧陷害蒙氏兄弟的阴谋。

他们先通过赵高经常接近秦二世的有利条件，游说秦二世处死蒙氏兄弟。赵高最恨蒙毅，还有一层原因是赵高在宫中犯过大罪，秦始皇命令蒙毅去处理赵高的案子，蒙毅不敢枉法，结果依法判处赵高死刑，削夺他的一切权力，没想到秦始皇认为赵高很有办事能力，就又下令赦免了他，而且让他官复原职，继续为秦始皇办事，从此赵高与蒙毅结下了深仇大恨。如今，赵高大权在握，就凭个人的怨仇，他也要出这口恶气，何况还不止这些呢！

赵高在秦二世的面前挑拨说："我听说先帝早就想挑个贤能的儿子为太子，但蒙毅却百般阻挠，他如果知有贤而不立，这不是有意蒙蔽人主的十分不忠的行为吗？依我之意，不如就此杀了他。"

秦始皇的弟弟子婴是嬴氏家族中头脑比较清醒的人，他见李斯、赵高处心积虑要谋害蒙氏兄弟，就劝阻秦二世说："我听说战国时的赵王迁听信谗言把良将李牧杀掉，然后换上个无能的颜聚；燕王喜误听荆轲的阴谋而破坏了与秦国的友好关系；齐王建错杀忠臣而采用奸臣后胜的坏主意，这三国之君都因误听奸臣之言而身死国灭！现在的蒙氏兄弟是秦国的柱石之臣，一旦除掉他们，对国家将是极大的损失，我认为这么做是十分错误的。我听说轻率处理问题的人不可以治国，独断专行的人不可以保存君位，诛杀忠臣而用奸臣将失去大臣的信任和军队的拥戴，我认为决不能这么做。"

胡亥在李斯和赵高的挑唆下自然听不下这些大道理，对蒙毅阻挠秦始皇立他为太子的话尤其耿耿于怀。所以就派御史曲宫到代郡的监狱中去提审蒙毅，并让他传达秦二世的御旨："先帝想立今上为太子，你却从中阻挠，现在丞相李斯认为你大逆不道，该祸灭三族！朕不忍心这么做，对你宽容，仅赐你一人自尽，这对你是最大的恩惠了，希望你考虑后果！"

蒙毅对使者辩白说："说我违背先帝的意志，阻挠他立太子的说法是毫无根据的。我从小就在先帝之傍，一直因能顺从先帝而深蒙信赖，这点就足以证明我始终了解先帝的意图。至于说我不知道胡亥有能力，劝先帝莫立之，更是毫无根据的。太子胡亥经常单独与先帝巡游天下，远离先帝的其他诸公子，我从何处怀疑他呢？何况先帝立太子是多年考察的结果，我怎么敢从中阻挠呢？今天我不是想文过饰非，逃避死罪，我怕的是不说清事情的真相，有损于先帝的万世英明，希望大夫您能仔细考虑考虑我的话，让我死也死个明白。再说，顺人心、成大业、顾大局才是最高明的治国方略，专靠杀人过日子，这是最坏的办法。过去秦穆公杀掉秦国的三个贤人作为殉葬品，将无罪的百里奚治罪，死后被谥为荒谬的'缪'；秦昭襄王枉杀了名将白起；楚平王杀死伍奢；吴王夫差杀掉功臣伍子胥，结果这四个君主都犯了大错，遭到天下人的指责。由于他们昏庸残暴，所以搞得声名狼藉，常言说：'按正义治国的君主不杀无罪，不罚无辜'，切望大夫能留心我的申诉！"

很多人死到临头总想辩白自己无罪，总想以情感人，以理服人，从而得到一条生路，但他们死而不悟的是，他们面对着一个恐怖的制度，面对着操纵着这个恐怖制度的昏君奸臣，你有何理可讲！你有何话可说！当你成为他们实行暴政的障碍时，你就会被无情地除掉，根本无须证实你有罪无罪。历史上的"莫须有"罪正是封建专制主义滥杀无辜、迫害忠良的常用的手段。

使者曲宫根本听不进这些大道理，他只有一个想法，赶快完成秦二世给他的任务，把蒙毅杀掉！当蒙毅说完之后，刽子手就在代郡狱中把蒙毅处死了。

杀了蒙毅之后，秦二世又派使者到阳周狱中宣布御旨："你蒙恬罪恶难数，你弟蒙毅又因大罪伏法，按秦律你也难逃罪责！"

听完皇帝的御旨，蒙恬也开始对使者极力争辩自己根本无罪，他说："从我们蒙氏家族的先辈直到蒙氏子孙，在秦国积累功劳和信誉已逾三代，我曾统率过三十余万大军，驻守边疆，现在我虽然成了阶下囚，但凭我蒙氏家族的巨大影响，足可以背叛朝廷，我所以明知要被处死却不这么做，是怕辱没先人的教诲，不敢忘记先帝对我的宏恩大德！

"我听说历史上的周成王初立时还是个孩子，周公亲自背着成王上朝听政，终于使天下稳定下来。有一次，成王得了重病，周公剪下自己的指甲把它沉到河里，为成王祈祷神灵说：'成王是个不懂事的孩子，现在是我当政治国，如果得罪了上苍，因而降下大灾大难，全应由我承担！'说完，把祷辞记录下来，收藏在政府的档案库中，这可以说是忠信的典范了。后来，成王长大成人，开始独立治国，有些居心叵测的人造谣说：'周公早就想造反了，王如果不及早防范，可要出大事啊！'成王不加分析，听后大怒，要拿周公问罪，周公只好流亡到遥远的楚国去避祸。后来，成王偶尔在国家档案库中看到周公为自己祈祷的祷辞，十分愧悔，流着感动的眼泪说：'是哪个人污蔑周公要造反！'立刻把那个造谣的人杀掉了，然后把周公从楚国重新接回朝廷。所以记载此事的《周书》说：'遇到任何事情都要进行认真的调查。'今天的蒙氏家族，可以说对朝廷忠心不贰，然而事情却搞到如此悲惨的地步，这里一定有奸臣在拨弄是非！周成王能够有过必改，所以国运蒸蒸日上；但相反，暴君夏桀杀忠臣关龙逄，纣王杀王子比干，却毫无追悔之意，结果身死国亡。所以我坚信正确的意见可以使人觉悟，改过自新可以振兴事业，实事求是地处理重大问题，这些都是明君的法则。总之，我说这些话，不是想以此逃避我的罪责，我只是想冒死说一次真话，让皇上为天下的百姓想一想！"

听完蒙恬的自白，使者只是冷冷地回答说："我是奉诏来宣布你的死刑的，因此没义务把你这番话传达给皇上！"

蒙恬知道自己的死期已到，仰天长叹，自言自语道："我究竟犯了什么罪，难道触犯了天意？竟然无缘无故被处死！"说完，他陷入死一般的沉默中，过了好久，他才若有所思地说："我蒙恬确实该死。修了一条西起临洮、东到辽东长有万余里的长城，其中难免有不碰坏地脉的地方，这大概就是我的大罪啊！"说完，吞下使者递给他的毒药，自杀身亡。

蒙氏兄弟就这么简简单单地被这架恐怖的专制主义机器夺去了生命，令人遗憾的是他们到死也不明白自己到底犯了什么罪。

蒙氏兄弟究竟有罪无罪？如果有罪，他们究竟在谁的面前有罪？对此，我们听听大史学家司马迁是怎么说的。司马迁对蒙氏兄弟的死是这样评论的，他说："我亲自到过北部边境，从直道回到长安，一路目睹了蒙恬强迫民众所修筑的秦长城，看到了那一座座被削平的山峰，一条条被填平的山谷，以及在此基础上修筑的国防公路，如此浩大的工程，使人们可以想象他们是多么随便地在役使民众啊！秦刚刚灭掉六国，天下人心未定，饱经战争创伤的民众还没有从苦难中复原就被驱赶到这苦寒荒凉之地服苦役。蒙氏兄弟不在此时冒死劝阻，停止这种倒行逆施，让秦始皇急百姓之所急，让天下老有所养，孤有所处，把建立和平秩序当成首要任务，而是一味顺从专制皇帝的个人意志，大动干戈，大兴土木，做劳民伤财的事。蒙氏兄弟根据这些罪状被处死，不是罪有应得吗？何以死到临头还以为是自己得罪了什么地脉呢？"

司马迁说得对，蒙氏兄弟是人民的罪人，他们罪有应得。但是，这里需要补充的是，赵高、李斯、秦二世同样是人民的罪人，而且是更大的罪人，蒙氏兄弟之死，不过是这些害人虫之间残酷火并的一个小插曲，它并不代表人民对他们的审判。

蒙氏兄弟被除掉后，秦二世、李斯、赵高都如释重负地松了口气。就在此时，另一项庞大的计划又出台了，为了树立秦二世的威望，他们要以秦始皇为榜样，巡游天下。秦二世说："朕年少登极，在天下百姓心目中还没有影响，先帝曾巡游天下，以此确立权威，使四海之内无不服从，今天我若不学先帝那样巡行天下，这就让天下太小看我了，这样怎么去统治天下呢？"究竟怎样在天下树立自己的权威性？是为老百姓办些实事，急民之所急，以此来赢得天下人的好感，还是耀武扬威，跑到各处向天下人示威？对此，不同的人、不同的阶级有不同的看法。李斯的看法自然属于后者，他认为像秦始皇那样示威于天下人是条很好的政治经验，值得继承和发扬，所以对秦二世此行十分支持，从而成了这次巡游的鼓吹者和支持者。

公元前 209 年春，秦二世巡游的队伍浩浩荡荡地开出了咸阳城，直奔东方各郡县而去，李斯紧跟秦二世之后，是这次巡游的主要负责人。这次巡游的路线极长，主要是踏着始皇的足迹前进，其政治意义在于向天下人宣示秦二世是秦始皇的合法继承人，当然的统治者。这么做，也是可以理解的，因为一个人越是非法取得的东西，他就越需要有一件合法的外衣作掩护，以此来换取舆论的承认，同时也使自己能够心安理得，历史上的统治阶级尤其如此。

秦二世及其群臣首先到了东海岸的碣石山，然后沿海南行，越黄河，跨长江，南到会稽，至此又返回极北的辽东，最后回到咸阳。其间重新登上了秦始皇曾奠祭过的名山，如峄山、泰山、琅邪台、之罘、东观、碣石、会稽山。为了千古流芳，秦二世命令李斯在秦始皇立过的石碑之后，刻上此次随行人员的姓名，说是为了弘扬先帝的丰功伟业，实际是借此宣扬自己的威望。李斯对此心领神会，他挥笔写下了如下的话：

皇帝（二世）说："金石刻辞，全是始皇帝的杰作。今天我继承了皇帝位，而在金石刻辞中不称呼始皇帝，等待年代久远之后，有人会以为是后来人的作品，怎么显示始皇帝的丰功伟绩呢？"丞相臣李斯、臣冯去疾、御史大夫臣德冒死言："臣等恩请把诏书原原本本刻在石碑上，从此事情的原委就明白了。"皇帝说："可以。"

当年四月，巡游的队伍返回咸阳。秦二世抖足了威风，内心确实振奋了不少。但深居宫中，百事烦心，巡游换来的愉快心情很快消沉下来，秦二世对赵高说："人生一世，就像六匹骏马从一个小缝隙前突然闪过那样飞快。我现在既然已经当了天下第一人，我想最大限度地满足我的各种欲望，达到最高限度的快乐，以度过我的一生，你有什么办法吗？"

赵高急忙回答说："这正是明君所能实行而昏君乱主所严加禁止的东西。虽然是这个理，但要实现陛下的主张，还有很大的障碍，请让我说一说：我们在沙丘搞的阴谋，诸贵公子和大臣都起了疑心；诸贵公子都是先帝的兄弟，大臣又都是先帝所任命的。现在陛下刚刚登极，这些家伙都怏怏不快，不愿服从陛下，我怕因此要闹出乱子来；臣每天战战兢兢地活着，唯恐活不到头，陛下上哪去找寻那种理想的快乐！"

沙丘之谋不仅是秦二世的一块心病，而且也是赵高与李斯的心病，他们确实得为他们的罪恶付出沉重的代价，那就是总是生活在恐惧、疑虑之中，战战兢兢地挨着日子，说他们求快乐而不可得，绝对是真实的。所以当赵高捅到秦二世致命的痛处之后，秦二世绝望地说："那该怎么办？"

赵高说："陛下必须实行严刑酷法，让有罪的人互相株连，想方设法消灭大臣和宗室成员；然后网罗一批忠于我们的新人，让那些穷困的富起来，地位低贱的贵起来，把先帝的旧臣全都清除掉，换上陛下提拔起来的新人，这样一来，他们都会对你感恩图报，对你的威胁将被除掉，而阴谋将被堵塞。群臣到那时没有不感受到你的宏恩大德的，陛下也就可以高枕无忧、纵情享乐了。我看没有比这更好的办法。"秦二世觉得赵高说得很有道理，从此开始利用法律手段，大搞恐怖政治，让赵高罗织大臣和贵公子的罪状，然后论罪惩罚。

血腥的内部清洗运动开始之后，最先被开刀的是宗室贵族，当时有公子十二人在咸阳被砍头，公主十人在杜邮（今陕西西安西）被五马分尸，他们的家产全被没收充公，受株连而被逮捕的人不可胜数。

公子将闾兄弟三人被关押在皇宫内，最后才想到定他们的罪。秦二世派使臣向将闾宣布处理结果："公子你有谋反之心，应处死刑，我现在来执行法律的判决！"

将闾说："朝廷的礼数，我从未敢于违背司礼官员的规定；祭祀的顺序，我从未敢于僭越；回告皇上的询问，我从未敢于说过错话。怎么说我有'不臣'之心呢？我愿意听完定罪的证据再死不迟！

使者说："我不想过问你是否有罪，我是奉命办事的！"

将闾乃仰天呼号："天啊！我没有罪啊！"兄弟三人哭作一团，然后拔剑自杀。血腥的屠杀，使宗室的全部成员都陷于震惊和恐惧之中。

公子高想要逃跑，又怕全族人被杀，就给秦二世上了一道奏章说："先帝还在时，我只要入宫，先帝就赏赐我食物，外出时，就让我同车而行，御府的衣物曾赐我用，宫中的宝马曾赐给我骑。先帝去世，我本应陪同殉葬，但却没这么做，作为人子来说这是不孝，作为人臣来说这是不忠。不忠不孝的人，没脸活在世上，我请求从先帝于地下，情愿葬在骊山脚下。希望皇上可怜我的一片诚心！"

奏章到了秦二世手中，他看后非常高兴，把赵高召来，递给他看这份奏章，并说："你看，这可以称得上使他们无地自容了吧？"

赵高兴奋地说："这帮人整天担心着死亡的降临，哪还有空想谋反呢？"

秦二世批准了公子高的请求，赐给他十万钱作安葬费。

还是同年的四月，秦二世这帮迫害狂一边疯狂地杀人，一边掀起新的大兴土木的高潮。秦二世说："先帝认为咸阳朝廷规模太小，所以营造阿房宫，没等阿房宫全部竣工，先帝就谢世了，我们只好把工程暂时停顿下来，抢修骊山墓，骊山墓大体完工，现在我们放弃阿房宫工程，再不把它修好，这是有意暴露先帝办事有过错，我命令继续修筑阿房宫，并且还要准备继续对外用兵，全按先帝的既定方针办。"

秦朝的统治者是决心一条路走到黑了。皇帝命令一下，李斯等政府官员自然得想尽办法落实这一切，封建官僚体系在这方面尤其显示出它的效率性。于是一场全国性的劳役、兵役大征调又开始了。

在修筑阿房宫和对外备战的同时，又抽调五万壮丁到咸阳来服兵役，加强首都的保卫工作。当时皇家养了许多狗、鸟、珍禽、异兽，使供应发生困难。李斯下令征调各郡县，向咸阳运送粮食、饲料和柴草，规定运输的人都必须自备食物；又下令咸阳三百里内的粮食，人民不得食用，必须上缴政府。

自从秦二世上台后，在李斯、赵高的协助下，没做一件好事，却做了一连串误国害民的坏事，他们在做每一件坏事的时候，想的都是他们个人的利益，想到的是如何享乐、如何立威、如何打击异己，他们甚至想到了他们豢养的珍禽异兽，但就是没想到人民的死活！因为他们的头脑中从来就没有"民"的概念，在他们看来，"民"不过是些供人驱使的活的工具，无足轻重。只要他们掌握着国家权力，任何反抗都会被无情地粉碎！但是他们想错了，人民对暴政的忍耐是有一定限度的，当人民无法再存活下去时，反抗暴政的烈火必然会熊熊燃起，而残暴的统治者所做的每件坏事都是向即将燃起的反暴政烈火中添加的干柴，事态的发展很快证实了这点。

第十九章 官逼民反

古代中国是以农业为本的社会，所以，农业生产是社会存在和稳定的基础。秦始皇统一中国后，曾宣称把"上农除末，以农为本"作为基本国策，这给久经战乱之苦，盼望和平生活的广大民众，特别是千百万个体农民带来了莫大的希望。所以，人们从心里拥护秦王朝的统一。

然而，这个不可一世的独裁皇帝及其追随者们很快就背弃了他们在民众面前许下的诺言，为了满足他们无止境的私欲，他们重新把战争、苦役、沉重的剥削等苦难强加到广大民众的头上。同时，为了强制推行其穷兵黩武、大兴土木、灭绝文化等野蛮的害民政策，镇压人民的不满和反抗，能够随心所欲地驱使千百万民众为他们建筑一座仅供他们享乐的封建专制主义大厦，他们把严刑酷法当成了唯一行之有效的统治武器。

秦王朝当时大约有两千万人口，然而在短短的十五年统治中，却动用了如此骇人听闻的民力！

一、移民四十万，北筑长城防匈奴。

二、发天下刑徒七十万，建阿房官，造骊山墓。

三、南戍五岭五十万。

四、修驰道五十万。

五、迁移人口至关中一百万。

这是仅就其几笔最大的数字而言，其他动用民力之处尚未计算在内。总之，当时长年从事非生产性强制劳动的民众不下三百万人，约占全国人口的百分之十五！值得注意的是，这些长年从事非生产性劳动的民夫几乎都是每个家庭的主要劳动力！轻用民力到如此严重的地步，这个社会还谈得上什么正常的生产和生活，还吹嘘什么"男乐其畴，女修其业"！

秦王朝从建国之初就强制推行各种非生产性害民政策，结果必然是彻底地破坏了社会赖以存在的基础——农业生产。

搞如此大规模的非生产性活动，不仅需要大量的人力，而且需要耗费巨额的社会财富。这些财富从哪里来，当然要靠残酷地剥削民众而来。据史书记载，秦王朝对民众的剥削可以说达到了敲骨吸髓、竭泽而渔的程度。《汉书·食货志》说秦的剥削"力役三十倍于古，田租口赋、盐铁之利二十倍于古"，于是出现了"男子力耕，不足粮饷，女子纺绩，不足衣服，竭天下之资财以奉其政"的悲惨现象。

苦难的劳役、兵役，沉重的剥削、压榨，已把广大民众推到水深火热的生死线上！

但是，秦王朝的统治者始终是暴力万能论的信仰者。他们认为暴力既然可摧毁一个旧世界，那么也可以建立一个新世界，他们相信恐怖的国家机器一开动，什么人间奇迹都会创造出来。所以，他们根本不相信民众的忍耐是有限度的，根本不相信民众会有什么力量可言，民众只是也只应该是任他们驱使的工具！

在他们暴力万能论的意志的统治下，长城不是筑起来了吗？阿房宫不是筑起来了吗？骊山墓不是筑起来了吗？四通八达的驰道不是把五湖四海沟通起来了吗？焚书坑儒的壮举不是封住舆论的嘴巴了吗？那么，还有什么人间奇迹制造不出来呢？

但是，唯我独尊、自以为是的统治者往往过高地估计了自己的力量，他们万万没有想到，这些倒行逆施的害民政策已经把广大农民、手工业者、商人、知识分子等各个社会阶层推到了这个政权的反面，阶级矛盾已经尖锐到了不可调和的程度。随着阶级矛盾的激化，统治阶级内部也陷入互相倾轧的泥潭中，从此，整座封建专制主义大厦的基础已经动摇了，这种情况到了秦二世的时候就更加严重了，这时，只要迸出一颗火星，就会立刻点燃早已待燃的愤怒的烈火，把这个罪恶的王朝葬送！

这样的事情果然发生了。

公元前209年，也就是秦二世元年的七月，贫苦的农民阳城（今河南登封东南）人陈胜、阳夏（今河南太康）人吴广在蕲（今安徽宿县）揭竿而起，第一个举起了反抗秦朝暴政的正义之旗。

当时，秦王朝征发贫苦的农民到北部边境渔阳（今北京密云）地区戍边。陈胜、吴广领着九百民夫途经大泽乡（今安徽宿县南），遇上大雨，道路无法通行，使他们无法按期到达指定地点。但是，当时苛刻的法令规定，不按期到达指定地点，一律处以死刑！陈胜、吴广为了死中求生，利用大家对暴政的痛恨心理，领导大家杀掉押解他们的秦朝军官，然后号召大家说："我们因误了行期，都要被处死，就算到那里能饶过我们一死，但在荒无人烟的边境当戍卒，十有八九也活不到回家的日子！反正都是死，大丈夫不死则已，要死也得死个轰轰烈烈，那些王侯将相难道是天生的吗？"这番话打动了每个人，使走投无路的农民立刻团结在陈胜、吴广的周围，与秦王朝的暴政展开了殊死的斗争。

陈胜、吴广都是名不见经传的普通农民，在政治领域中没有权威性，为了提高起义军的号召力和声望，他们决定打出公子扶苏和项燕的旗号。公子扶苏曾为民众说过好话，又理应继承帝位，在人民的心目中有很高的威望；项燕是楚国的名将，在反秦战争中英勇战死，陈胜等人都是楚国人，自然也很尊崇项燕。

起义军筑坛誓师，自称"大楚"，陈胜自立为将军，吴广为都尉。他们首先攻占了大泽乡，然后又攻陷了蕲。此时，陈胜命令符离（今安徽宿县）人葛婴带兵向东方进军，这支起义军连克铚城（今安徽宿县）、酂城（今河南永城）、苦县（今河南鹿邑）、柘城（今河南柘城）、谯城（今安徽亳县）。他们边战边扩大队伍，等打到陈丘（今河南淮阳），已经有战车六七百辆、骑兵千余骑、步兵万余人，经过一场厮杀，起义军又攻占了陈丘，从此，陈胜把陈丘作为起义军的指挥中心。

当此之际，全国各地无不切齿痛恨秦朝的暴政，听说陈胜已举起反秦的义旗，纷纷争先恐后杀掉当地的秦朝官吏，积极响应陈胜的反秦号召，从此，在关东广大地区起义的事业如火如荼地开展起来。

秦二世的使者有人从东方回到咸阳，急忙把陈胜起义反秦的消息向秦二世如实做了汇报，昏庸无比的秦二世听完汇报之后，竟然大为震怒，认定这个使者是有意耸人听闻，造谣惑众，立刻命人把这个说实话的人打入大牢。这样一来，后来从东方回来的人就谁也不敢说实话了。如果秦二世问起东方的情况，回来的人就扯谎说："闹事的人都是些鼠窃狗偷之辈，地方官吏早就把他们收拾干净了，何劳陛下担忧。"秦二世这家伙听到这些假话反倒很高兴。

然而，实际情况与秦二世听到的消息却截然相反，起义军继攻占陈丘之后，实力越来越强大，并且以陈丘为中心开始向全国各地进军，陈胜已自称为楚王，国号更为"张楚"。

陈胜封吴广为代理楚王，以他的名义监督诸路将领，向西挺进，攻击通往关中的门户荥阳（今河南荥阳）。

他命令陈人武臣为将军，邵骚为护军，张耳、陈余为左右校尉，攻取赵地。命令汝阴人邓宗向南挺进，攻取九江郡。命令周市攻取魏地。命令周文直接西进，打入关东，去灭亡秦朝。

单说周文这支队伍，沿途一边战斗，一边征集兵马，壮大自己的队伍。当打到函谷关（今河南灵宝境内）时，已有战车千辆、士兵十万人。这支大军一气推进到戏水（今陕西临潼东），此地离咸阳仅百里之遥！

此时此刻，秦二世才如梦方醒，始信天下人已经造反了，而且发现起义军的先头部队已经打到自己的脚下，进攻咸阳已是指日可待的事情了！色厉内荏的秦二世被这突如其来的事件吓得魂飞魄散，失声说道："怎么办？"满朝文武也是大惊失色、噤若寒蝉，唯恐皇帝问到自己头上。这时，只有少府（九卿之一）章邯挺身而出，提出建议说："强盗们已经杀到国门之外，声势又如此之大，目前立刻征调首都附近的兵力看来是来不及了，现在骊山还有许多刑徒，在此紧急关头，恳请陛下赦免他们，发给他们武器，让他们去打仗，不知陛下怎么看？"秦二世此时已顾不了许多了，马上发布了自秦始皇以来少有的大赦令，派遣章邯集结骊山的刑徒和奴隶去迎击起义军。周文带领的起义军遭到秦军主力的突然攻击，被打得大败，不得已，周文开始率军后撤。

周文退出函谷关，驻扎在曹阳（今河南灵宝南）。两个月后，秦将章邯军赶到，双方再战，起义军失利，又向东退至渑池（今河南渑池），十多天以后，秦将章邯军又尾随而至，大败起义军，周文自杀，这支西进的起义军就此瓦解了。

当时，吴广军正围攻荥阳，李斯的儿子李由是三川郡（今河南洛阳）郡守，坚守着荥阳。吴广屡攻荥阳不下，引起部下的不满。吴广手下的将领田臧背着吴广与其他人商议说："现在周文军已经被打败了，秦军很快就会赶到，我们久围荥阳城而不下，秦军来到，腹背受敌，必然大败。不如留少数兵力围荥阳，集中全部力量与秦军决一死战，给秦军个迎头痛击！"但吴广过于骄傲，又不懂军事，田臧等人觉得没必要跟他商量此事，如果让他知道此事，说不定计划就要泡汤了。于是竟假称陈胜的命令把吴广杀掉，然后将吴广的首级献给陈胜。陈胜无奈，只好承认这种既成的事实，并派遣使者赐给田臧丞相印信，任命他为上将。

田臧于是派手下的将军李归继续围困荥阳，自己率领精锐部队西进迎击秦军。双方激战于敖仓（今河南荥阳西北黄河沿岸），起义军大败，田臧战死。章邯乘胜打到荥阳城下，起义军又败，李归等阵亡。

章邯军连连得手，为了尽快平定叛乱，秦二世增派长史欣、董翳，帮助章邯镇压起义军。十二月，在形势极为不利的情况下，陈胜来到汝阴（今安徽阜阳），在返回陈丘的途中，在下城父（今安徽亳县）被车大庄贾杀死，庄贾随之投降秦军。

陈胜领导的起义仅六个月就失败了，但是由他燃起的革命火种不仅没有熄灭，而且已成燎原之势。不过，由于秦军的大规模镇压和起义军尚未锻炼成熟，特别是革命领袖陈胜的牺牲，确实使革命形势陷入空前的低潮。

在陈胜被杀之后，反秦的项梁败走，魏咎被灭，原楚地的起义军被各个击溃，这些消息传到咸阳之后，秦二世和当朝大臣们兴奋异常，他们无不忘乎所以地陶醉在胜利的气氛中，认为天下无忧矣！此时李斯的头脑还算比较清醒，没有达到热昏的地步。在陈胜、吴广刚刚起事之初，李斯曾借机劝谏秦二世凡事应稍有收敛，免得激发更大的民变，但都被秦二世拒绝了。现在秦军虽然节节胜利，可是时局却不容乐观，再说农民大起义的风暴也确实使李斯认识到了"民不畏死"究竟意味着什么。这个法家学说的信徒，从政几十年从来没把民众放在眼里，在他的心目中，历史乃是秦始皇和"英雄"人物创造的。现在面对着反抗暴政的熊熊烈火，他第一次感到恐惧。即使现在暂时度过了一场严重的政治危机，他仍然感到大地在动摇，权力的宝座在倾斜，心有余悸之余，他觉得身为当朝丞相应该对秦二世的所作所为有所规劝。

此时，深宫之中歌舞沉沉，秦二世正陶醉在甜软的靡靡之音中。李斯谦卑地走到秦二世的身边，夯着胆子，以极其诚恳的语气对秦二世说："陛下放弃诗书的教诲，留恋于声色的享乐，这是商纣王时的忠臣祖伊所忧惧的事情，小错将铸成大过，陛下不分昼夜，耽于享乐，这是商纣王亡国的原因啊！"

秦二世听后，大为扫兴，觉得这些话从这个焚书的主谋、反儒的干将口中突然说出来，实在有点别扭，再说东方的盗贼已被打得落花流水，何来亡国之祸？简直是无知妄说！

站在二世身旁的赵高把这一切都看到眼中，立刻反驳李斯说："我听说'五帝''三王'的音乐各有其独特的名称，所以如此，以示互不承袭之意，没有什么绝对悦耳的音乐。上至朝廷，下至民众，一致的认识是只要某种音乐能够使人感到悦耳动听，令人兴奋，那就是好音乐。"

赵高的这番话说得秦二世很开心，他觉得还是赵高深得其意。此时，秦二世突然想到，你李斯身居丞相之职，却让盗贼闹到如此猖狂的地步，现在天下刚刚安宁，自己心境稍有振作，你却跑到这里教训起自己来，难道闹到亡国的地步，你李斯没有责任吗？想到这儿，秦二世用叱责的口气，大为不快地对李斯说："我听你的同学韩非说：'唐尧有天下时，住的是三尺高的矮房子，房椽子连砍都不砍砍，苫房草连剪都不剪剪，即使今天的小旅店也比它强！他冬天穿的是鹿皮衣，夏天穿的是麻布服，粗米饼当干粮，百叶子当羹汤，用土甂盛饭，用土铏盛汤，今天看大门的人的生活也比他强。大禹治水凿龙门，使大夏通畅，疏浚许多河流，筑起许多堤防，把洪水导入大海，辛苦劳作，把大腿的皮磨没了，把小腿的毛磨光了，手脚长满了老茧，面孔晒得黝黑，最后累死在外面，葬在江南的会稽山，现在奴隶的劳动也没有这么辛苦！'你李斯认为像我这样贵有天下的君主，难道也应该学习他们，苦形劳神，住没好住，吃没好吃，像奴隶似的不停劳动吗？我看唐尧也好，大禹也好，他们干的都是下等人的事。一个统治天下的君主，他应该想方设法让全天下的人为他服务，使他能够为所欲为，这才是享有天下的可贵之处。所谓聪明人，就是高居天下之上统治百姓的人。现在连自己都捞不到什么好处，那统治天下又有什么用？所以我希望能够纵情享乐，满足我所有的欲望，但又不致发生祸害，你看应该怎么办？"

秦二世这番不软不硬的话，说得李斯哑口无言，他知道秦二世在以子之矛攻子之盾。你李斯自称是法家人物，那就让你听听真正的法家人物是怎么说的吧！最后，秦二世又给他出了个题目：按照法家的理论，他秦二世应该怎么做？

李斯回到家中，心情非常恶劣，今天不仅让赵高占了上风，而且还得回答秦二世出给自己的难题。这个题目的答案，如果按正常人的理智去回答，那只能是一句话：该是悬崖勒马的时候了！但今天的遭遇已经明确地警告李斯，这么说是危险的。他知道引起秦二世对自己的不满将意味着什么，他也知道赵高会利用皇帝对他的不满做出什么可怕的文章！再说，自从陈胜起事之后，形势对他李斯极为不利，身为一国之相，竟然把天下搞到大乱的境地，秦二世已多次流露出谴责之意。还有些更令他不安的坏消息，朝廷风传说群盗吴广等人西进时，正经过他儿子驻守的三川地区，李由却不加禁止，致使烽火烧到咸阳附近。李斯还听说在章邯大败吴广等的队伍之后，曾不断派使者到三川去调查李由的失职问题。如果调查的结果证实李由罪名成立，按秦法规定，这将意味着什么呢？这点李斯比谁都清楚！

李斯再次站到人生的十字路口上。每当此时，他的原则就是怎样保住自己的切身利益。离开荀子时如此，出卖吕不韦时如此，陷害韩非时如此，促成始皇暴政时如此，谋杀公子扶苏、蒙氏兄弟时更是如此。如今国家处于生死存亡之秋，他凭着仅存的一点儿责任感，想说些真话，以此挽救危局，然而听到秦二世的那些责备，想到赵高的威胁以及眼前的困境，他仅存的一点儿责任感和政治良心立刻被无情地泯灭了。恐惧感、权势欲以及对荣华富贵的贪恋使他再次向罪恶的深渊跳下去。

经过苦思冥想，他竭尽才智，构思了一篇取悦秦二世却丧尽天良的长长的奏章，奏章中说："我认为称得上是贤主的人，应该是懂得全面贯彻'督责之术'的人。贯彻实行'督责之术'，臣下就不敢不尽心竭力为君主服务了。君臣之间的名分确立了，上下之间的义务明确了，天下人无论愚智都不敢不顺从君主的意志，于是君主就可独制天下而无人敢于控制君主了。"

这是李斯这篇奇文的开头。在这里，他拿出了法家尊君抑臣的看家本事，为秦二世设计了一套所谓"督责之术"的新手段,以取悦于秦二世这个独夫民贼。这也充分地暴露了李斯在黔驴技穷之际,为了个人的私利,坚决要与人民为敌到底的决心。

他接着说:"过去的法家人物申不害说过'富有天下而不能为所欲为,却把天下当成束缚自身的刑具'这样的话,所以如此,原因就在于不能实行'督责之术',而只是苦苦去考虑百姓的利益,历史上的唐尧、大禹就是这类人,结果手中的权力成了束缚他们的刑具。一个人不掌握申不害、韩非的权术理论,贯彻执行'督责之术',不专门把天下当成享乐的工具,而苦身劳神,献身于百姓,那就成了服苦役的平民,而不是天下之君了,这还谈得上什么尊贵!

"让所有人都为一个人的利益而牺牲,那才能达到己贵而人贱;为别人牺牲个人的利益,那就变成己贱而人贵了,只有让别人为自己着想的人才是贵人,从古到今无不如此。所以,向来人们都尊重贤人,那是因为他们有权有势;人们都蔑视没出息的人,那是因为他们地位低贱。唐尧、夏禹是为百姓而牺牲自己利益的人,却获得了尊敬,依我看这就违背了真正尊贤的原则,错误到了极点!说天下成为束缚他们的刑具,不是很恰当的吗?他们错就错在不能运用权术控制臣下!"

这段话是李斯为迎合秦二世提出的"什么是真正的君主"这个问题所做的答案。这里的中心思想是"真正的君主"应该让天下人为自己做出牺牲,而不应为天下人着想。这种颠倒黑白的谬论从李斯口中说出并不奇怪。从法家的人性恶的观点看,人生来就是自私自利的。从法家的君主集权理论看,君主理应把天下视为自己的私产,供他纵情享乐。当然,李斯也把他秘而不宣的人生哲学融入这种极其阴暗的理论中,他的人生哲学的要义就是一切为了自己,所以他这种哲学缺乏应有的道德感，他只讲目的，不择手段，为了自己，他可以铤而走险，可以背师杀友，可以苟媚取容，可以助纣为虐！现在他把这套利己主义的哲学奉献给秦二世，实际还是为了自己，为了他自己，他已经堕落到饮鸩止渴的地步。

写到这里，他意犹未尽，继续讲下去："韩非说'慈母手中出败家子，严厉的家法下没有敢不听话的奴仆'。这是什么原因呢？这主要是看你能否运用必要的惩罚手段。商鞅有条法令，随便在路上倒垃圾的人，要受肉刑的惩罚。随便倒垃圾不过是小错误，却受到肉刑的惩罚，这似乎太重了，但韩非认为只有明君才会运用轻罪重罚的督责手段。既然轻罪都要重罚，何况重罪了！使用轻罪重罚的手段，谁都不敢轻易犯法了。韩非对此曾说，寻常的一块布头，一般人抢着不放手，百两黄金放在眼前，大盗却不敢轻易去动，这是什么缘故呢？当然不是一般人太贪心，布头有什么厚利，也不是大盗欲望小，更不是大盗清廉，不把黄金放在眼里，而是抢黄金将严惩不贷，所以大盗不敢轻举妄动，而抢布头却构不成犯罪，所以庸人们抢着不放手！再举个例子，仅五丈高的城墙，即使是登高能手也望而生畏，千尺高的泰山，瘸脚的牧童却常在上面放羊，难道登高能手以登五丈之墙而犯难，而瘸脚牧童却以登泰山为易吗？当然不是，那是因为城墙是笔直耸立着的，而泰山却是斜坡形态的。明君圣王所以能够长期高高在上，大权在握，独占天下之利，并无别的诀窍，只是因为你能独断专行，加强督责，严于用刑，使天下人不敢冒犯你罢了！现在如果不讲求怎样使别人不敢冒犯你的方法，却去学那慈母养败家子的手段，那就是太不理解圣人的理论了。不搞圣人的法术，反去为天下人服苦役，这难道不是很可悲吗？"

法家理论包括法、术、势三个部分。李斯给秦二世讲完了"术"，在这里又讲了"势"，"势"就是权势，就是政治地位，李斯建议秦二世要以势压人，其手段就是运用镇压之权，让人们俯首帖耳地当奴隶！李斯在此时此刻大谈法家的"势"，与韩非当年谈"势"还有区别，韩非当年谈"势"是在鼓吹用封建制代替奴隶制，所以还有他的进步意义，李斯是在遍地燃烧着反抗暴政的烈火时大谈镇压之权，大谈轻罪重罚，显然是妄想用高压政策平息人民的革命运动，维持摇摇欲坠的罪恶政权，因此，这时的法家理论再也没有什么进步性可言了。

最后，李斯说道："主张节俭仁义的人在朝任职，靡靡之音就要中止；主张理性正义的人在君主身边，纵情享乐的志向就要被阻挠；杀身成仁的人受赞扬，荒淫无耻的生活就要被抛弃，所以明君必须排斥这三种人，独操权术控制臣下，用严刑酷法维持局面，这样才能身尊而势重！

"我认为，凡是明君，都必须与世俗的观点背道而驰，按自己的意志办事。这样，活着才能顶天立地、尊贵无比，死后也能流芳百世、永享美名。明君能独断专行，大权才不会旁落，才能消灭所谓的仁义之人，封住劝谏之口，抑制烈士之行。塞住耳朵、蒙上眼睛，只凭内心去判断，才能不被仁义烈士的高尚行为动摇，才能不被各种意见建议迷惑，才能逍遥自得、随心所欲而无人抵御！做到这些，然后才称得上真正掌握了申不害、韩非、商鞅的法术，而掌握通晓法术理论的人却使天下一片混乱，那是不曾有过的事情。

"所以说，王道是简单易行的，但只有明君才能实现它。真正贯彻执行'督责之术'，臣下就不会有邪念；臣下无邪念，天下才能安定；天下能安定，人君的权威才高；要想人君的权威高，就必求之于'督责之术'。'督责之术'

执行则所求必得，所求必得则国家富强，国家富强则人君极乐无穷！因为执行好'督责之术'，群臣百姓救过尚且不暇，哪还敢图谋不轨呢！掌握这些，就具备了做帝王的要领，把这些理论搞通搞熟，就是申不害、韩非复活也不过如此。"

李斯翻来覆去地讲了一大通法家的权术理论，用一种违背人类理性和社会常识的奇怪逻辑编造了这么个任何人都接受不了的君主集权学说。这当然是为了投秦二世的独裁癖之所好，但更主要的目的是设计一架更为残忍恐怖的专制主义的绞肉机，用以镇压人民此起彼伏、汹涌澎湃的反抗浪潮。但是，他万万没有想到，当这架机器疯狂旋转到了失控的地步时，掌握这架机器的操作者也将被其无情地吞噬掉！然而这已经是后话了。

这封洋洋洒洒数千言的奏章传到秦二世的手中，秦二世看毕，大悦。他认为李斯的答卷很合格，特别是"督责之术"，正是他要找的武器。从此，秦二世开始用"督责之术"办事了。

在"督责之术"的威逼下，秦朝的官吏变得比任何时候都更凶残。那些能向人民榨取重税的官吏被称为高手，那些杀人如麻的官吏被称为忠臣，更加严酷的法令使路上的行人一半是囚徒，广场上每天都堆积着很多尸体，然而秦二世却沾沾自喜地对群臣说："这么做可以说是会督责了吧！"

李斯的"督责之术"固然给民众带来了更大的苦难，但也为以秦二世、李斯、赵高为首的黑暗势力掘好了埋葬自己的坟墓。

第二十章 自取灭亡

在秦王朝的黑暗统治被人民反抗的怒潮冲击得摇摇欲坠之际，李斯给暴君秦二世设计了一套"督责之术"，让秦二世大胆地抡起屠刀，对外、对内齐头并进地展开血腥的杀戮，来苟延这个令人诅咒的王朝的命运。作为交易，李斯也因此度过了一次政治危机，暂时又赢得了秦二世的赏识和信任。用千千万万人的血泪和尸骨换取自己政治地位的巩固，这正是李斯所要达到的目的。

然而，另一个大阴谋家赵高也不甘示弱，他不希望李斯借助皇帝的权势凌驾于自己之上，造成对自己利益的严重威胁。再说，他赵高在当郎中令时，曾借助能经常接触皇帝的有利条件，干了不少公报私仇、陷人于死的坏事，与他结下深仇大恨的人实在太多了。现在这些人如果与李斯联合起来，利用皇帝搞掉自己，他赵高的末日岂不是临近了吗？所以，必须想方设法把秦二世这个昏聩残忍的皇帝控制在自己的手中，搞掉反对派，独霸朝政。

于是，他利用秦二世的唯我独尊和昏聩糊涂，给秦二世出了个所谓保护自己的坏主意。他对秦二世说："天子所以尊贵，是由于群臣只能听到他的声音，却见不到他的面，因此才称为'朕'。况且陛下现在很年轻，未必什么事都通晓，如今面对群臣坐在朝廷上，处理问题有不当之处，就会被群臣轻视，这绝不是向天下人显示您神圣英明的好办法。陛下不妨拱手深居禁宫之中，和我及左右那些熟悉法律的贴心人在一起，等大臣把事情奏上来，我们认真研究后再处理，这样，大臣就不敢拿难办的事来麻烦陛下了，天下人都会称赞陛下是神圣的君主了。"

　　秦二世竟然采纳了赵高的坏主意，从此深居宫中，不在朝廷接见大臣。赵高借常在秦二世左右侍奉的机会，恃宠弄权，尽干坏事。人们也许感到奇怪，秦二世居然昏庸到如此地步，听任赵高这个坏蛋的任意摆布？情况当然不完全是这样，秦王朝的君臣，特别是秦二世、李斯、赵高这些最高决策者，都是法家理论的信仰者，他们事事都以法家理论作为其行为的根据，法家理论最阴暗的一面就是对阴谋权术的肯定和赞扬，对一切道德行为的否定，而秦二世这帮人更把法家理论中那些阴暗的东西推向一个极端，用以维持秦王朝危机四伏的统治。赵高这套东西并不是他的发明，而是从《韩非子》中抄袭来的。在《韩非子》建立君主独裁的理论中就曾倡导过："君道在于使臣下无法琢磨，君主的意图应使臣下无法了解，君主不要轻举妄动，而要把自己隐避在暗处，去观察臣下的过错……"《韩非子》的这套东西秦二世自然也十分熟悉，因此二人一拍即合。但有讽刺意味的是，韩非用以巩固君权的一套办法却变成了赵高谋权篡位时的阴谋诡计！政治实践证明，法家的理论，特别是有关权术的理论，即使对于统治者也是十分危险的，因为这套阴暗的东西从本质上说就是反人性、反道德、反人民的，因此谁玩弄这些东西，也许暂时得计，但最后必然落得个玩火自焚的下场！

　　赵高通过这种办法把秦二世控制到自己手中，这使身为丞相的李斯大为不满，从此二人之间的关系开始恶化，为了争权夺利，他们展开了尔虞我诈的斗争。

　　李斯的"督责之术"对人民的反暴政斗争并没有奏效。在章邯军渡河镇压赵地的起义军时，以项羽和刘邦为首的起义军又开始活跃起来，使革命事业逐渐由低谷转入高潮。这样的形势发展使李斯内心十分惊恐，他深知，倘若起义的声势再次壮大起来，身为丞相的他是难辞其咎的，到那时秦二世怪罪下来，自己拿什么塞责呢？再说屠杀和镇压果真有效吗？形势的发展不是最好的说明吗？此时此刻，但凡有点理智的人也应该知道怎么做了，李斯几次想向秦二世面陈形势的发展情况，劝谏他能够对民众做出点让步，以便挽救王朝的命运。但是，他一想到过去在这个问题上栽的跟头，想到政敌赵高很可能再次利用他的失误借机陷害自己，他就犹豫不决，裹足不前了。

赵高知道李斯对自己把皇帝控制在手中极为忌恨，同时也看透了李斯此时那种无限焦虑的心情，于是心生一计，主动找到李斯，跟李斯十分诚恳地说："现在关东群盗越闹越厉害，皇帝却加紧征发劳役去修阿房宫，搜罗狗马之类的无用玩物。我想去劝谏，但是人微言轻，不会被重视。这可真是您的责任啊，您为什么不劝劝皇帝？"

李斯没想到赵高和自己竟想到一块儿去了，顿时心中有了底，但又不无顾虑地说："本来嘛，我早就想说了，可是皇帝目前深居宫中，不到朝廷办事，我要说的话根本无法传达进去，想见到他的面实在没有机会。"

赵高一片真心诚意地对李斯说："您如果真想进谏皇帝，我可以替您找个皇帝空闲的时间，然后通知您来。"

赵高于是设下个圈套，单等秦二世拥抱着许多美女在深宫中寻欢作乐时，派人通知李斯说："皇帝正闲着，可以进宫面圣了。"

李斯听后很高兴，觉得赵高还真是个办事的人，为了利用这次难得的机会，也为了使事情显得更为郑重，李斯又联络了右丞相冯去疾、将军冯劫一起进宫。到了宫内，大门紧闭，李斯与宫门使者再三通报有要事面见皇帝。秦二世在宫中闻知李斯等人在他娱兴正浓之际前来奏事，已是大为不快，迫于无奈，只好撤走女乐，宣李斯等三人进入寝宫。三人上前说道："现在关东群盗并起，我们发兵前去镇压，杀的人也不算少了，但仍然难以把他们镇压下去。现在盗贼越来越多，都是因为戍边、运输等劳役太沉重了，再加上沉重的赋税，使民众实在受不了啦！我们恳请陛下下令停止阿房宫的修建工程，减免全国戍边和运输等劳役，不知圣意如何？"

秦二世本来就一肚子气，又听了这番逆耳之言，更是怒从心头起，他痛斥李斯等三人说："你们知道什么是万乘之主吗？万乘之主得有他至高无上的尊严，我必须有车驾千辆，随从万人，这才称得上万乘之主。再说先帝起自诸侯，一统天下。天下既定，又外攘四夷，安边拓土。修建阿房宫之类的宫殿，就是要显示先帝的伟大，你们却要求停建！这是什么意思？先帝的功业搞得井然有序，这是你们亲眼所见的，可轮到我当皇帝还不到两年，就闹得群盗并起，你们连个办法都拿不出，现在却想出个停止先帝未竟之业的坏主意！你们这是上不想报答先帝对你们的恩德，下不想为我尽忠尽力，如果这样，你们有什么资格占据你们现在的位置？"

秦二世的一席话直骂得三人目瞪口呆，不知所措，木然站立片刻，恐惧地退了出去。

秦二世仍余怒未消，愤愤地说："我空闲的时候多的是，丞相不来，我正在娱乐休息，他偏偏来找我议事，难道他不把我放在眼里，故意叫我难堪吗？"

赵高暗自高兴，趁机说道："事情太危险了！我们在沙丘的计谋，丞相是参与者。现在陛下当了皇帝，而丞相的地位却没什么提高，他的意思是想裂土封王。陛下不问我，我不敢说。丞相的大儿子李由当三川郡守，楚地的强盗陈胜等人都是丞相的老乡，所以敢于公然横行。他们经过三川，李由不肯出兵攻击，我听说他们有文书互相往来，因为还没有摸清底细，所以没敢向陛下报告。而且丞相在外面，权力比陛下还大呢！"秦二世对赵高的话信以为真，想立刻惩办李斯，但又苦于没有确凿的证据，为此就派人去调查李由与盗贼相勾结的情况。事情传到李斯的耳朵里，他是又恨又怕，恨的是他竟然让赵高给耍了，怕的是秦二世真要下手搞掉自己。怎么办？此时只有下定决心，除掉赵高，否则吉凶难保。

当时，秦二世常在甘泉宫住，沉浸在摔跤和杂耍等娱乐活动中，这使李斯难得见到他。李斯只好上书秦二世，揭发赵高的短处。书中说道："我听说，臣子跟君主的权势相等，没有不危害国家的；侍妾跟丈夫平起平坐，没有不危害家庭的。现在有人借陛下之权发号施令，和陛下简直没什么两样了，这是很不正常的。过去，司城子罕在宋国做相，擅自使用惩罚之权，借国君之威办事，一年之间就挟制了宋君；田常为齐简公之臣，但地位却国内无人可比，私产与公产相等，他擅行恩惠，收买人心，下得百姓爱戴，上得群臣欢心，暗中篡夺了齐国的政权，当廷杀了大臣宰予，然后又杀齐简公于朝廷之上，最后窃取了齐国的政权。这些事天下人都知道得很清楚。现在赵高怀有奸佞之心、逆乱之行，与子罕相宋时毫无两样，个人财产之富有，可与齐国的田氏相比。他兼有田常、子罕的不臣之心，又借陛下的权威以行其志，他的心意跟奸臣韩玘相韩时所作所为一样。陛下如果不早有准备，我怕他要作乱！"

秦二世接到李斯攻击赵高的这封奏章，立刻召见李斯，指责他说："你这是什么意思？赵高，不过是个宦官，但他没因为生活安逸而胡作非为，也不因时局艰危而动摇忠心。他注意自己的言行，培养美好的品德。他所以能有今天的地位，是由于他忠心耿耿而被提拔，由于讲究诚信而保住职位，我确实很赏识他，你却怀疑他，这是为什么呢？而且我年纪轻轻就失去父亲，什么都不明白，也不知道如何治理百姓，而你年纪又大了，如果没有赵高的帮助，我真怕要和天下人断绝关系了。我不依靠赵高，又依靠谁呢？何况赵高为人精明强干，下面懂得人情，上面能够了解我的心意，希望你不要再怀疑他！"

李斯反驳说："不对。赵高不过是个出身卑贱的人，根本不懂道理，贪得无厌，求利不止，权势仅次于人主，欲望永远不会满足，我深知此人十分危险。"

秦二世早已将赵高当成心腹之人，自然听不进李斯的劝告，他又害怕李斯借故把赵高杀掉，暗中把这一切情况都告诉了赵高。赵高听完这些事情，恨不得立刻把李斯置于死地。

赵高悻悻地说："丞相的眼中钉只有我赵高一人，我要被他害死，他就真会像齐国的奸臣田常那样谋权篡国了！"说完，又把一些望风捕影的罪状栽到李斯身上，竭力煽起秦二世的仇恨。

秦二世果然信以为真，再说他早就讨厌这个自以为是的老家伙了，于是下了一道命令："把李斯交给郎中令法办。"事情牵连到右丞相冯去疾和将军冯劫，二人仰天长叹说："身为将相，不愿受辱！"双双自杀。只有李斯还想寻找一线生机，苟全其性命，甘当赵高的阶下之囚。

赵高负责审理李斯的案件。李斯被拘捕起来，戴上刑具，关在监狱中。李斯绝望已极，仰天而叹："唉，太可悲了！无道之君，怎么能替他人打算呢！过去暴君夏桀杀忠臣关龙逄，商纣王杀王子比干，吴王夫差杀伍子胥，这三个人，难道不都是忠臣吗？然而却难免一死，他们虽然是尽忠而死，但所忠者却非其人。今天我的智慧虽然赶不上这三个人，但秦二世的无道却超过了桀、纣、夫差，我因尽忠而死，也算死得其所了。现在秦二世岂不是胡乱治理国家吗？以前杀死他的哥哥扶苏而自立为皇帝，现在又杀害忠臣而提拔低贱的人，修建阿房宫，横征暴敛于天下。我并非没有劝谏他，他不听我的话啊。凡是古代的名君圣主，饮食都有一定的节制，车辆用具都有一定的数量，宫殿也有一定的规格，下令办事，浪费资财，损害人民利益的举动一概禁止，因此才能长治久安。现在他对亲兄弟都倒行逆施，根本不考虑后果；乱杀忠臣，也不考虑灾难的来临；大修宫殿，榨取民脂民膏，不爱惜国家的资财，这三件坏事他都办了，天下人是绝对不会答应他的。现在反叛的人已经拥有半个天下了，他却仍执迷不悟，反以赵高这样的奸臣为亲信，我一定会亲眼看到盗贼打进咸阳，京师变成废墟，只有野兽在这里走来走去的下场！"

李斯由高高在上的丞相突然变成赵高手下的囚徒，其悲痛、怨恨、恐惧和求生的心情是可想而知的，然而此时此刻他为什么要说这番多余的话呢？他怨恨秦二世昏庸残暴，诅咒他是历史上最可恨的暴君，然而是谁把这个暴君推上皇帝的宝座呢？是谁助纣为虐，帮助这个暴君干尽了坏事呢？他李斯不是这个暴君的帮凶吗？他怎么敢于厚颜无耻地把他与那些为民请命的忠臣相提并论？他根本没有资格谴责秦的暴政，因为他李斯正是秦王朝两代暴政的主要设计者，他是真正的罪人，遗憾的是他这个罪人理应受到反抗暴政的民众的审判，然而审判他的却是一个与他一样的罪犯——赵高。但有一点算是他有远见，那就是他断定秦王朝一定会在起义者的打击之下彻底消亡。

在秦二世的支持下，赵高不费力气地就找到了李斯的罪状，罪状是李斯与其子李由谋反。罪名一定，李斯整个家族和手下的宾客全都被捕。

李斯坚决不服其罪，赵高哪里肯饶过他，自然是大刑伺候，指使人打了他一千多棍，李斯实在熬不住酷刑，只好屈打成招认了。李斯之所以没像冯去疾、冯劫那样自杀了之，显然是想活命，他自以为凭着他能言善辩的口才，一定会为自己洗清强加于身的罪名。他认为他有大功于当朝，根本没有谋反的企图，这一切全都是无端诬陷，他想找机会奏明秦二世，盼望秦二世能够回心转意而赦免他。

从这点看，李斯确实没有冯去疾和冯劫聪明，李斯当过负责司法的廷尉，亲身搞过多少冤假错案，那时他是怎么干的？谁逃脱过他李斯的手掌？再说他不熟悉秦的严刑酷法吗？为什么还要亲自尝尝它的滋味呢？尤其可笑的是，他刚刚骂完秦二世是暴君，现在何以又突然对这个暴君产生了幻想呢？这些疑问真是让人百思不得其解。

李斯不想坐以待毙，他还在做最后的挣扎。为了辩白自己冤枉，他在监狱里写了份奏疏，其中说："我当丞相治理百姓，已经三十多年了。当初我到秦国时，秦国土地狭隘，先王时秦地方不过千里，甲兵不过数十万。是我李斯竭尽微薄之力，谨慎地按法律办事，暗中派遣谋臣，让他们带着金玉资财，去游说诸侯，又积极主张扩充军备，整顿政治，奖励军功，尊崇功臣，给予他们高官厚爵，因此终能威胁韩国，削弱魏国，攻破燕、赵，夷平齐、楚，最后兼并六国，俘获其王，立秦王为天子，这是我的第一条罪状。秦王朝的版图并非太小，我又力主北征匈奴，南定百越，以显示秦的强大，这是我的第二条罪状。尊重大臣，提高他们的爵位，巩固他们与皇室的关系，这是我的第三条罪状。起立社稷，修筑宗庙，以彰扬君主的贤能，这是我的第四条罪状。变更一切不合理的标识，统一度量衡和文字，颁布命令于天下，以树立秦的声望，这是我的第五条罪状。修驰道，筑宫殿，以此显示君主的功绩，这是我的第六条罪状。减轻刑罚，降低赋税，以此满足君主争取民心的要求，使万民热爱君主，至死不忘君主的恩德，这是我的第七条罪状。像我李斯这样的臣子，犯了这么多罪，早就该死了。幸蒙皇帝使我尽其才能，才能活到今天，希望陛下加以考察。"

李斯的这份奏疏是一篇为自己评功摆好的申辩书，但他却有意把功说成是过，是罪状，这么做，无非是让皇帝注意到对他李斯的处理是何其荒谬，多么可笑！提醒皇帝赶快制止这种荒唐的游戏，幡然醒悟，为其平反昭雪，念其大功在身，重新任用。李斯这份奏疏也是他一生的总结书，从他入秦之后写到他现在，他认为自己共计做了七方面有功于国、有功于民、有功于君的大事，这些大事足可以载之竹帛，名垂青史。我们必须承认，李斯确实是个激荡时代的风云人物，也确实以其独有的才智，利用时代给予他的机遇，做了一些符合历史发展要求的大事。然而，把这七方面的功劳毫不客气地全部据为己有，则未免有贪天之功、不自量力的味道了！历史究竟是谁创造的？他当然不懂，因此他最后也为历史所嘲弄，这是自然而然的事情。此外，他竟然在疏中把自己说成是个爱民模范，是他减轻了人民的负担，缓和了阶级矛盾，到此，他已经堕落到了伪造事实的地步，秦二世有的话说的是对的："你李斯身为丞相，怎么使盗贼猖獗到如此严重的地步！"促成秦王朝的暴政，难道你李斯能推卸掉这件罪责吗？

奏疏本想送交秦二世，但怎么过得了赵高这一关呢？在赵高的指使下，奏疏被狱吏扣押下来，赵高说："犯人哪有权利上奏疏！"所以这份奏疏秦二世根本没看到，即使看到又能怎样呢？恐怕也无助于李斯囚徒的命运。

赵高为了折磨李斯，命他手下的门客十多人假称为朝廷的御史、谒者、侍中，轮番审讯李斯。只要李斯向他们申辩实情，他们就命令狱吏严刑拷打他。后来，为了最后定案，秦二世亲自派人复审李斯，李斯以为又是赵高要折磨他，始终没敢改口供，再次承认自己谋反是事实。秦二世的使者把李斯的亲口供状呈交上去，秦二世看后，高兴地说："没有赵高，我险些被李斯出卖了！"秦二世派到三川郡调查李由罪状的使者，到了三川郡之后才知道起义军的项梁早已把李由给杀了。调查的使者回来，李斯已经被赵高控制起来，无从对证，赵高为了证明李斯有罪，硬是把李由确实谋反的谎言上报给秦二世。

公元前 208 年七月，定李斯受五刑（先在脸上刺字，二削鼻，三砍下双脚脚趾，四用鞭捶死，五斩首，剁成肉酱），在咸阳市上拦腰斩断。

李斯被押出监狱，此时他已是七十多岁的老人了，在严刑之下，他被折磨得遍体鳞伤，血肉模糊，但他的神志仍然非常清醒。此时此刻，他能想什么呢？他想到人生的价值，当他在上蔡当小吏时，他认为人生最有价值的就是要做人上人，要让万人仰慕，万人敬畏，要让他人在自己的喜怒下苟活。为此，他在名利场的惊涛骇浪中大胆弄潮，靠自己的好身手终于达到人生权力的顶峰，圆了年轻时代的富贵梦。但是，在今天，在通往刑场的路上，面对着潮水般涌来观看的民众，面对着那一双双愤怒、兴奋、好奇、快意的目光，他突然感到自己的渺小、卑微，感到富贵和权力给他带来的奇耻大辱和灭顶之灾。一股强劲的悔恨的感情从心底猛涌上来，他多么留恋人生啊！自己为什么要走上这条危险之路呢？想到这儿，他猛然回过头，对跟在他后面的二儿子说："我真想跟你们手牵黄狗，肩上架着苍鹰，一同走出老家上蔡的东门，去打猎捉兔，可还能办得到吗？"说完父子抱头痛哭。到了刑场，李斯的三族亲属也都绑在那里，号令一下，李斯和他的三族亲属在惨叫中全都倒在血泊中。

李斯死后，秦二世任命赵高为中丞相，不论大小事情都由赵高决定。赵高干尽坏事，如今又集大权于一身，恐怕群臣不服，就独出心裁地搞了个政治测验。有一天，他向秦二世献上一只鹿，却对秦二世说："我献给陛下一匹马。"秦二世感到很可笑，就对赵高说："丞相你错了，怎么把鹿说成了马？"赵高若无其事地说："陛下请问问周围的人。"跟随左右的人有的沉默不语，有的说是鹿，更多的人为了给赵高拍马屁，都说是马。赵高暗中把说是鹿的人记下来，强加上罪名进行迫害。从此，群臣都怕赵高，谁也不敢说他的坏话。

这件事也弄得秦二世目瞪口呆，他怀疑自己是不是神经出了毛病，就把太卜召来，让他算一卦。太卜怎敢得罪赵高，就胡乱说道："陛下每年春秋两次祭天，奉祀祖宗鬼神，都不虔诚斋戒，所以会搞得如此神志不清。陛下可以按照以往贤君的行事，虔诚地做一次斋戒。"

正当朝廷的政治被赵高搞得一片黑暗、乌烟瘴气之际，天下的局势却发生了巨大的变化，反抗暴政的农民战争已经掀起了新的高潮。

首先，起义军的一个领袖项羽率军二万人准备渡过漳河，去解钜鹿之围。项羽与章邯军接触后，取得初战的胜利，切断了章邯与王离的运粮道，使王离军陷入缺粮的困境。然后，项羽又带领全部兵马渡过漳河，过河之后，破釜沉舟，烧掉营帐，仅带足三天的粮食，全体将士立下了不成功则成仁的必胜决心，直到包围了王离军。双方经过九次会战，项羽大破秦军，章邯只得引兵退却。项羽在战斗中杀死秦将苏角，俘虏了大将王离，秦将涉间不肯投降，自杀身亡。钜鹿大捷使秦军的优势不复存在，战场的主动权转到起义军的手中。

　　与此同时，另一起义军的领袖刘邦趁项羽和秦军主力决战之机，又开辟了另一条战线。刘邦的路线是沿黄河南岸西进。刘邦收编了陈胜、项梁的溃兵，从砀邑（今安徽砀山）打到城阳（今山东濮县）、杠里（今山东武城县境），破秦两军。公元前207年十一月，刘邦率军抵达栗邑（今河南夏邑），又收编武刚侯军四千余人，跟魏将皇欣、武满军会合，大败秦军。公元前207年二月，刘邦进攻昌邑（今山东金乡），跟另一起义领袖彭越相遇，从此彭越率领他的军队追随刘邦。昌邑难攻，刘邦弃而西进，抵达高阳（今河南杞县）。在高阳人郦食其的帮助下，使陈留（今河南陈留）归附。三月，刘邦进攻开封（今河南开封），攻之不克，继续西进。在白马（今河南滑县）跟秦军将领杨熊发生遭遇战，然后又在曲遇（今河南中牟）以东大败杨熊军，杨熊军败守荥阳，秦二世派使臣诛杀杨熊。四月，刘邦南下攻下颍川（今河南禹州），屠杀全城人。刘邦又北攻平阴（今河南孟津），进而进攻洛阳东境，但战场失利。又南下与秦军战于肇邑（今河南鲁山县境），大破秦军。刘邦用招抚的办法说降宛城（今河南南阳）以西许多城池，大军所过地区，禁止掳掠，秦地人民无不欢欣喜悦。

　　再说章邯被项羽在巨鹿击败后，退守棘原（今河北平乡南），与项羽对垒而阵，相持不下。因为秦军屡败，秦二世派人责备章邯。章邯十分恐慌，就派长史司马欣专程回首都陈述军情，请求指示。司马欣来到咸阳，被滞留在司马门达三天之久，没有见到赵高，他看出赵高对他已经起了疑心。司马欣很害怕，急忙向军中赶去，他不敢走来时的路。赵高果然派人抓他，但没赶上。司马欣回到军中，汇报说："赵高现在大权在握，朝中没有说了算的人。现在即使我们打胜了，赵高必然嫉妒我们的功劳；打败了，免不了被处死。希望将军好好考虑考虑！"

这时，名士陈余也给章邯写了封信，信中说："过去白起是秦国的名将，南征鄢郢之都，北坑长平之卒，攻城略地，不可胜计，最后却被赐死。蒙恬也是秦国名将，北逐匈奴，开辟榆中（今甘肃兰州东）地区数千里，竟在阳周（今陕西安定）狱中处死。何以都落到这种下场呢？就是因为功劳太多，秦不能一一封赏，因此借用法律消灭他们。现在您担任秦将已经三年了，在您手中损失了几十万人，然而造反者却越来越多。赵高这家伙一贯靠谄媚皇帝过日子，今天局势危急，他也怕秦二世杀他，因此他就会想方设法杀您来搪塞责任，并派别人代替您的职务来逃避灾祸。将军您长久在外，朝廷之内矛盾重重，现在你是有功也得死，无功还得死。况且，老天要让秦朝灭亡了，无论什么人都看得很清楚。现在将军对朝廷不能直言劝谏，在外却是个亡国之将，形单影只却想长久地活下去，这种想法难道不可悲吗？将军为什么不调转枪头与造反者联合，约定共同灭秦，然后裂土封王，南面称孤呢？这比起身处重刑、妻儿被杀，哪种命运更好呢？"

章邯仍举棋不定。此时，项羽命令蒲将军连日带兵渡过漳水渡口三户（今河北磁县境内），与秦军交战，再败秦军。项羽紧接着带领全部人马在汙水附近全线进攻秦军，大败之。章邯走投无路，投降了项羽军，秦国主力到此彻底覆灭。

过去赵高欺骗秦二世说："关东的强盗没什么大作为。"等到项羽俘虏了王离，而章邯等军屡战屡败，救急文书不断传到朝廷，自关以东几乎全成了起义军的天下，特别是章邯投降了起义军，而刘邦的数万大军又攻下通向咸阳的门户武关时，赵高才慌了手脚，他怕秦二世因此杀了他，从此装病不出，不再朝见秦二世了。

秦二世做了个梦，梦见一头白虎把他车驾左边的马咬死了，醒来之后，心里很不高兴，把占梦之臣找来，问是怎么回事。占梦卜者说："泾水之神在作怪。"听到这儿，秦二世跑到望夷宫沐浴斋戒，准备亲自祭祀泾水之神，以四匹白马沉到泾水中，作为礼物。秦二世由此凶兆又联想到关东险恶的局面，对赵高非常不满，于是派人责问赵高关东盗贼如此猖獗究竟是怎么回事。赵高很害怕，预感灾难要轮到自己头上了，就暗中与他女婿咸阳令阎乐和弟弟赵成策划说："皇上不听劝谏，今天局势危急了，却想嫁祸于我。我想废了他，让子婴当皇帝。子婴仁慈节俭，百姓都很爱戴他。"商议完毕，开始行动，让宫中的郎中令做内应，诈称有大股盗贼来了，又命令阎乐召集官吏发兵追赶。赵高怕阎乐中途变卦，把阎乐母亲劫持到赵高家当人质，派遣阎乐带领千余人到秦二世住的望夷宫门前，把警卫长绑起来，阎乐责问警卫长说："强盗已进入宫中，为什么不制止他们？"警卫长说："周围防守得相当严密，哪里来的强盗，即使有，他们怎么能进得了宫内呢？"阎乐哪听那套，挥手斩了警卫长，带着手下的人冲进宫去，他们一路逢人便杀，逢人就射，气势汹汹。宫中的警卫和宦官都大惊失色，有的逃跑，有的反抗，反抗的被杀数十人。做内应的郎中令和阎乐合在一起又往里冲杀。有人用箭射中秦二世的御帐，秦二世大怒，急忙召集左右的侍卫，但左右侍卫在恐慌中都逃跑了，只有一个宦官还在秦二世身旁，没敢离去。秦二世问他："你怎么不早告诉我有人要谋反，使我落到这个地步？"这个宦官说："我正因为没敢说真话，才活到今天；假如我早把真相告诉陛下，我早就成了刀下之鬼，哪还能活到今天！"

阎乐捕到秦二世，数说他的罪行说："你骄横残暴，滥杀无辜，天下人都背叛了你，你现在快点想想该怎么办。"秦二世说："我可以见见丞相吗？"阎乐说："不行！"秦二世说："我情愿当一个郡王。"阎乐说："不行！"秦二世又说："我愿意当个万户侯。"阎乐说："不行！"秦二世最后哀求说："我情愿与妻子儿女去当普通老百姓，比照王子的待遇。"阎乐说："我按丞相的命令，要为天下人杀了你，你说得再多，我也不敢传达你的话！"在阎乐等人的逼迫之下，秦二世这个独夫民贼走投无路，被迫自杀了。算起来，秦二世仅比李斯多活了一年。

公元前 207 年九月，赵高命令子婴斋戒沐浴，按规定的日子去祖庙，接受皇帝的玉玺。子婴斋戒五日，心里很担忧，坐立不安，就和自己的两个儿子商量："赵高在望夷宫杀死秦二世，他怕群臣杀他，才假称公义，把我推上宝座。我听说赵高与东方的造反者约定，灭亡秦朝，他在关中称王。现在让我斋戒，拜见祖庙，是想在祖庙中把我杀掉。我现在抱病不去，赵高一定亲自来找我，他要来，就杀了他！"赵高多次派人催促子婴上路，子婴就是不动。赵高果然亲自来找子婴说："祭祀宗庙是国家大事，大王怎么不动身呢？"还没等赵高觉悟，子婴等人乘机在宫中把赵高刺死，然后发布命令，灭赵高三族！这个坏家伙仅比秦二世多活了几天，也落得个李斯的下场。

子婴继位三个月后，刘邦率军攻入咸阳，秦国的群臣都作鸟兽散，抛弃了子婴。子婴和他的妻子儿女把丝带捆在自己的脖子上，赶到咸阳西北的轵道旁去投降。沛公把他交给官吏。后来项羽到了咸阳，把子婴全家杀掉，秦朝就此灭亡，时间是公元前 206 年十月。

第二十一章 尾 语

　　李斯死后两年，秦朝也随之灭亡了。然而，秦的灭亡却为后人留下了一桩争论不休的公案：如何评价这个十五年就灭亡了的短命封建王朝？一个虎视天下、横扫六国如卷席般的强大王朝，何以在其功成名就后不久就灰飞烟灭了？如何评价秦始皇这个历史人物，他的功过是非如何？直到今天也是纷纷纭纭，没有定论。在这里，我们不想参与上述问题的讨论，只想就秦王朝的主要设计师之一，我们书中的主人公李斯说几句话。掩卷之后，我们如何去看李斯这个历史人物呢？其人善耶？恶耶？这就涉及一个对历史人物的评价问题。

　　评价历史人物与评价一切事物一样，需要有个标准。这个标准怎么定？很多人说，这个标准一定要尽量客观，这似乎无可非议，但实际这仅是人们长期以来一厢情愿的幻想而已。因为从古到今，标准都是人定的，人可制定它，也可随意地改动它，客观性何在？一个秦始皇，骂他暴君的有其人，封他为革命家的也有其人，直到今天也没搞明白。何以会出现如此咄咄怪事呢？这是因为评价一个历史人物不仅仅是一种事实判断，从根本上说，它应是一种价值判断。事实判断普遍适应于对物理世界的评价，它要解决的仅是个真伪的问题。如果我们从事实判断出发去评价人物，事情就好办了，我们可以说秦始皇是存在的，李斯确有此人，他们做过的事也是真的，事情到此也就完满地结束了。然而我们得到了什么呢？我们可以说我们什么也没有得到。因为我们评价一个人物，主要的目的还不是要搞清他的真伪，而是要通过评价人物这种工作，搞清人这种特殊的动物他的本质究竟是什么，他是在什么样的动机支配下活动的，这种动机从何而来，他的活动对社会群体产生了怎样的影响，我们对这种影响应该怎么看，它是否有永恒的意义，类似的问题接踵而来，要求我们作出回答，然而这就不是事实判断所能解决的了。于是，我们只好把一个人物放到价值判断领域中去衡量，不仅要确定其真伪，而且要确定其善恶、美丑，还他以社会人之真面目。但是，价值世界却要比物理世界复杂得多，在物理世界中居主导地位的因果律、逻辑律，到了价值世界就失去了它的主导地位。因为价值世界不仅受到客观规律的支配，而且更受到人的主观世界的支配：人的意志、感情、欲望、冲动、直觉在支配着一个人的行为；人的社会地位、财产、声望、出身、民族、性别、年龄在支配着一个人；人所处的时代、传统、风俗、文化模式在支配着一个人；而难以捉摸的偶然性和必然性更在支配着一个人。所以找出一个人在历史上的准确坐标谈何容易！说到这里，一定有人会说，那么评价人物只能公说公有理，婆说婆有理了？我们觉得这句话问得似乎没必要，因为不管你多么讨厌这种没有是非标准的相对性，实际它始终在制约着古往今来人们的评价活动。请翻翻那些评价秦始皇的大大小小的文章吧，我们不难从中看到秦始皇在学者们的笔下是如何变来变去的。即使是同一个学者，也常常是始骂之、终捧之，甚至后来又复骂之，对此人们已经见怪不怪了。

所以，当我们要对李斯说几句话时，还是走我们自己的路吧。首先声明，在这里，我们不想对李斯作纯粹道德理性的评价，因为从道德律看李斯，他一无可取。他自私自利、背师杀友、卖主求荣、欺君枉法，然后自取消亡，罪有应得，实在应该把他牢牢地钉在道德的耻辱柱上。但是，我们却打算让李斯走下道德的耻辱柱，使他复活，给予他我们要作的评价。为此，我们制定了两条评价标准：第一是时代性；第二是人民性。

首先讲时代性。制定这条标准的目的是要把李斯放到他那个时代中去考察，不要使之现代化。李斯生活在战国时代，这是个什么样的时代？从历史的表象看，这是个"上无天子，下无方伯，力攻争强，胜者为右，兵革不休，诈伪并起"（《战国策书录》）的战乱时代。但是，问题并不如此简单。因为，中国的历史进入到奴隶制国家之后，经过夏、商两代，发展到西周时代，可以说达到了一个高峰阶段。不过，日中则移，盛极必衰，公元前771年，西周灭亡，中国社会陷入到"礼崩乐坏"这种亘古未有的空前混乱状态中。这意味着什么呢？意味着中国的奴隶制社会已经走到了它的尽头，然而新的社会模式究竟是个什么样子？在一个相当长的历史阶段中，这还是个未定之天。春秋时代的大混乱持续了三百余年，并没有解决这个问题。但是到了战国时代，我们将看到旧制度在剑与火的洗礼中发生了根本的变化：以血缘关系为基础的古老的传统文化，在旷日持久的暴力斗争的冲击和震荡下，已经导致了结构性的崩解，井田制破坏了，宗法组织瓦解了，亲贵合一的大一统局面消亡了，地缘政治诞生了，小农经济确立了，贫富分化加速了，新的观念出现了。这些社会因素，必然使人们的价值观念、心理状态和行为取向普遍发生反传统的深刻变化。这种深刻变化一方面使旧的伦理文化无力规范社会生活中新的人际关系，建立新的稳定的社会秩序，致使传统的权威性和神圣性在当时人们的心目中一落千丈。另一方面，在摆脱传统观念的束缚之后，由于新观念的多元化趋势和尚未定型，使人们的行为陷入无所适从的混乱中，这两方面社会力量的结合，就使赤裸裸的利害关系成了支配人们社会行为的动力，于是争夺相杀激化了社会各个层面的矛盾。与此同时，在旧文化的废墟上，新的封建社会的生产关系不同程度地在当时各国中确立起来，不仅如此，更进一步的是新的封建生产关系代替旧的奴隶时代的生产关系这一过程，逐渐成为不可逆转的时代大趋势。但是怎样顺应这种时代的大趋势，在各国纷争的局面下构建起一座崭新而牢固的封建大厦呢？当时的情况告诉我们，和平之路是走不通的。相反，以暴力为手段，以法律为准绳的集权政治文化模式则是当时人们加速结束战乱，实现在新的生产关系基础上统一的最理想、最实用的武器。而这种政治化模式首先在秦国建立起来，于是为新时代开辟道路的重任就理所当然地落到秦国的肩上。

如果我们把李斯放到这样的时代背景中去考察，他身上的很多道德问题就容易理解了。

我们首先应该看到，李斯在入仕之初急欲摆脱贫贱地位，改变自己社会地位的冲动，正是古老的宗法制度解体之后，那些长期蛰伏于社会底层的贫寒之士的普遍心态，并非李斯个人所独有。从积极的意义讲，这种单纯追求个人解放的冲动，表明长期处于宗法集体主义重压下的个体，终于发现了自身的价值，从而第一次产生了个人的自觉意识，产生了实现自身价值的强烈追求，以及对实现自身价值的执着探索。这对于一个处于动乱、变革中的社会来说，无疑是一种急需的个人品格，因为这种由"私"欲爆发出来的人的主体精神有助于社会摆脱恶性运行从而走上良性运行的发展道路上来，所以，此时的社会是欢迎具有这样品格的人出现的，战国时代的历史有力地证明了这点。

在战国时代，像李斯这类从社会底层崛起的贫寒之辈所以被称为"进取之士"，就在于这些人具有这样的突出特点：强烈的功利主义追求和强烈的反传统道德倾向。这种突出的特点恰恰又与战国时代的大趋势合拍。这种情况从纵横家苏秦与燕昭王的对话中看得很清楚。

苏秦对燕昭王说："假如我在道德品质上像曾参那样以孝闻名，像尾生那样以信义闻名，像伯夷那样以廉洁闻名，即使有攻击我的人，他能够不惭愧吗？"

燕昭王说："当然会感到惭愧。"

苏秦说："我用孝、信、廉这样优秀的道德品德为大王服务，您会满足吗？"

燕昭王说："当然会满足。"

苏秦说："大王满足了，我却不能为大王服务了。试想，我要像曾参那样以孝闻名，就离不开父母来为您服务了；我要像尾生那样讲信用，就不会欺诈，为您搞政治阴谋了；我要像伯夷那样廉洁，就不会鼠窃狗偷，为您搞那些见不得人的政治交易了。我认为诚信不能使人达到目的，讲仁义与称王称霸也两不相容。"

燕昭王说："难道仁义道德就不要讲了吗？"

苏秦说："怎么不要讲呢？人不讲诚信达不到目的，国家不宣传仁义，您也难当好这个国王。问题您得明白，讲仁义干什么？它不过是达到个人目的的工具，不是真为别人考虑。所以传统那种修身求善的人生追求，不是今天的进取之道。我是进取之臣，不事无为之主。"

这段话正似李斯在上蔡吏舍中的真实心理，也是他辞别老师荀子时那段议论的最好补充。

在战国时代，正是这些只讲目的、不讲手段，只讲功利、不讲道德的进取之士成了推动历史车轮的主要角色。李斯为秦始皇实现统一而推出的种种政策，除了用暴力手段消灭敌人外，就是用阴谋手段去搞垮敌人，别无其他。然而事实证明这些手段都是最有效的。因为它使数百年来人们翘首以盼的统一实现了，这里面不能不说有李斯的一份大功劳，因此我们似乎也很难用道德的尺度去评价他。因为，不管他的动机多么自私，手段多么卑鄙，当李斯站在历史的伟大转折点上，他毕竟顺乎潮流，作出了难以泯灭的贡献。从这里我们也应看到人类很难摆脱的一种两难处境，即每当历史在大转变的关键时刻，就好像有一种不可抗拒的力量迫使我们在道德方面付出沉痛的代价！

说到对人物评价的人民性标准，需要说明的是我们并不想把古人无原则地拔到"为人民服务"的高度，这个高度即使今人也很难达到。我们在这里确立的人民性，应植根于中国的文化传统。考之中国文化传统，有的不是"民主"精神，而是"民本"精神。何谓"民本"？一句老话概括得很好，即"民惟邦本，本固邦宁"。意思是说民虽不是国家的主人，但却是国家的基础，基础牢固了，国家才能安宁，统治阶级才能稳坐江山。我们的人民性标准只能停留在这个水平上。从历史上看，有些人认识到当统治阶级为了满足本身利益而进行统治时，也要兼顾民众的利益，并且认识到只有兼顾民众的利益，他们的利益才能满足，而少数人则在此基础上，还考虑到为了本阶级的长远利益，甚至应暂时放弃眼前的某些局部利益，去满足民众最急切的要求。当某些历史人物有了这样的仁心仁术时，我们就应该承认他有了"人民性"。我们拿这种"人民性"去评价中国的历史人物，那是因为在五千年的中国史中，即使最优秀的人物也没有超乎这个标准之上。

那么，这种人民性的核心是什么？对此，也有不同的理解。有人指人民性就是与暴政相对的仁政，有人说人民性就是在客观上为人民做了好事，还有人说凡推动历史前进的人就有人民性。我们认为这些说法都没有抓住问题的本质。考之中国史，几千年来人民的基本愿望是什么？在封建社会中，中国的民众从来就没有参政议政的愿望，没有当家作主的愿望，也没有平等自由的愿望，在经济上也没有公平竞争、发展商品经济的愿望，因为在封建专制主义的重压下，摆在大多数人面前的只能是如何活下去的问题。战国时代的大思想家孟子抓住了这个问题的要点，他说民众的最高愿望不过是"仰足以事父母，俯足以畜妻子；乐岁终身饱，凶岁免于死亡"。用我们今天的话说就是生存权。数千年来，中国民众争的仅是一个生存权，别无其他！因此历史人物的人民性只能用生存权这一标准来衡量。我们认为凡承认民众有生存权，并为保障民众生存权做过努力的历史人物就有人民性，反之，就没有人民性。这可以说是一个人物，甚至是一个政权的道义基础，有了这个道义基础，一个人物、一个政权就立得住，就被大多数民众肯定，就被后世怀念，诚如鲁迅先生所言："我们从古以来，就有埋头苦干的人，有拼命硬干的人，有为民请命的人，有舍身求法的人……虽是等于帝王将相作家谱的所谓'正史'，也往往掩不住他们的光耀，这就是中国的脊梁。"

以此道义基础去衡量李斯，他决不在此列。不错，李斯是个"进取之士"，但他进取的仅是个人的荣华富贵。这从他起步之日起就是如此，他认为世界分仓中之鼠和厕中之鼠是天经地义的，问题是自己如何避免厕中之鼠的厄运。他经过个人奋斗，确实摆脱了卑贱贫困的地位，到此，他唯一想到的是如何在名利场中立于不败之地，至于别人的死活他从未考虑过。特别是在天下统一之后，秦始皇、李斯以及其他统治阶级中的人物，因赫赫武功而更迷信于暴力，认为政权在手，我何惧哉！根本就忘掉了民众的生存权，忘掉了民众忍受巨大牺牲，支持统一战争的最终目的是要赢得一个有利于生存的环境，希望新政权能够省刑罚，薄赋敛，使民以时，抚老养幼，让民众过上没有战乱威胁的日子。然而，秦的统一给民众带来的却是苦难，这种苦难甚至比分裂时代的战乱更让人难以容忍，那么这种统一还有什么意义呢？难怪当时人们喊出了"始皇死而地分"的诅咒，民众对这种统一已经完全失望，宁愿回到过去的分裂中去！因为他们的生存权被彻底否定了。

面对着秦始皇无限膨胀的欲望，李斯又在干什么呢？凭着李斯的智慧和理性，他本该看到秦始皇在沿着错误的道路滑下去，他本该像鲍白令之等人那样舍身求法，为民请命，为秦王朝的长治久安着想，给予民众生存权。遗憾的是，李斯天生就缺乏道德观念，缺乏对自己之外的事物的责任感和使命感。过去，他不择手段地对付敌国，时代容忍了他；现在统一了，他又不择手段地对付民众，他认为时代还会容忍他，因为在他眼中民众比敌国更软弱，更容易对付。此时，他唯一的兴奋点就是"治驰道，兴游观，以见主上之得意"。就是想方设法讨秦始皇的欢心，以此谋求自己的私利。在这点上他确实做到了"埋头苦干""拼命硬干"，但绝对不是为了民众。在他的手中，一项项剥夺民众生存权的重大决策纷纷出台了，但他始终没觉得这会带来什么恶果。

一个没有道德基础的人，是什么事情都能干出来的。秦始皇尸骨未寒，他又背叛了秦始皇，与更黑暗的势力串通一气，不仅变本加厉地压榨民众，而且用手中之权诛杀异己，大搞恐怖统治。李斯何以要如此地向罪恶的深渊滑下去呢？原因很简单，他只想到了他自己的生存权。大思想家老子说："民不畏死，奈何以死惧之！"秦王朝的倒行逆施终于把民众逼到忍无可忍的境地，为了争生存权，陈胜、吴广点起了反暴政的烈火，开始与秦的恐怖统治拼命！李斯此时又在干什么？他的一篇《论督责书》出笼了，千言万语，归根结底一句话，对待不驯服的民众，唯一的办法就是更多地杀人！残暴的秦二世也真的这么干了，更加残酷的大镇压开始了，神州大地出现了"刑者相半于道，死人日积于市，杀人众者为忠臣"的血腥场面。

但是，当起义的烈火眼看要烧毁秦王朝这座大厦之际，李斯才突然醒悟，原来镇压、屠杀只能激起民众更为猛烈的反抗。他这才想对百姓做点让步，建议停修阿房宫以此挽救灭亡的命运。这就像一个恶贯满盈的罪犯，为了逃脱正义的惩罚，不得不做点忏悔，但是这不仅为愤怒的人民所不容，而且也为黑暗势力所不容。李斯终于被自己人押上了刑场，处以极刑。临死前，李斯的价值观念突然来了个一百八十度的大转变，他回忆起上蔡时的布衣生活，觉得那才是真正的幸福。但这种念头实在是多余的，因为死神已经不再允许他去投机生活了。

李斯之死，我们不应仅仅将其看成是个人的悲剧，从本质上说，这是一个制度造成的悲剧，一个恐怖政治造成的悲剧，这个制度不仅吞噬了李斯的生命，它也吞噬了更多无辜的生命！这场封建社会初期所发生的悲剧教训是深刻的。

代替秦王朝的西汉王朝的统治阶级，在建国伊始就对秦的灭亡展开了讨论，统治阶级究竟应该走怎样的路才能长治久安？让我们听听汉高祖刘邦与臣下陆贾是怎么说的。陆贾是个知识分子，常常引经据典讲道理，刘邦骂他说："老子靠骑马打仗得来的天下，要书本知识干什么？"

陆贾说："骑马打仗得天下，难道能用骑马打仗的方法去治天下吗？过去，商汤、周武王用武功夺取政权后，却用文治守天下，文治武功两手抓，这才是长治久安之术。过去历史上的吴王夫差、智伯迷信武力导致灭亡，秦朝专任严刑峻法不知变通，终于毁灭了自己。如果秦得天下之后，推行仁义，效法汤武，陛下今天能有天下吗？"

刘邦听了很惭愧，但总算有所醒悟，没敢履亡秦之覆辙，对人民开始推行休养生息的政策，保障了民众的生存权，从此社会才走上正常运行的轨道。

这些事情，难道不令人深思吗？

李斯生平大事年表

公元前 280 年（秦昭王二十七年、楚顷襄王十九年） 1 岁

李斯约于此时生于楚国上蔡。韩非也约生于此时（此从钱穆《先秦诸子系年考辨》说）。荀子 49 岁（此从刘蔚华《荀况生平新考》）。吕不韦 11 岁（此从钱穆《先秦诸子系年考辨》说）。

公元前 260 年（秦昭王四十七年、赵孝成王六年、楚考烈王三年） 21 岁

李斯为楚国上蔡郡小吏，约在此时，李斯自称上蔡布衣，此时李斯因见厕中之鼠与仓中之鼠境遇不同，发誓摆脱贫困，谋取个人富贵。此年，秦赵大战于长平，赵将赵括为赵奢之子，是个纸上谈兵的将军，被秦名将白起大破之，白起把四十余万赵降卒活埋，举世震惊。

公元前 255 年（齐王建十年、楚考烈王八年） 26 岁

春申君相楚八年，为楚北伐灭鲁。荀子因在齐遭人诽谤，由齐入楚，楚春申君命荀子为兰陵令。李斯由上蔡到兰陵，决心向荀子学"帝王之术"。

公元前 254 年（楚考烈王九年、赵孝成王十二年） 27 岁

荀子在兰陵。有人在春申君面前说荀子的坏话，春申君于是辞谢荀子，荀子与李斯等弟子入赵，赵以荀子为上卿。荀子在赵王前与武安君议兵，李斯也

参与此事。事后李斯对荀子的仁义之兵的主张持反对意见，遭到荀子的批评，从此师生之间出现公开的思想裂痕。

公元前 251 年（赵孝成王十五年、楚考烈王十二年） 30 岁

此年赵平原君卒。赵封相国廉颇为信平君。楚国此时又有人在春申君面前称道荀子，荀子由赵返楚，再为兰陵令。

公元前 249 年（秦庄襄王元年） 32 岁

吕不韦为秦相。吕不韦为阳翟大商人，在邯郸经商，认识了当时秦国在赵国的质子异人，吕不韦觉得奇货可居，可以利用异人的贵族身份做一笔大的政治交易，于是倾其家产，为异人活动，终于使异人成为太子。秦孝文王死后异人成为秦王，吕不韦从此登上秦国政治舞台。

公元前 247 年（秦庄襄王三年、楚考烈王十六年） 34 岁

李斯不听荀子劝阻，执意入秦，试图在秦国一展才华。当时，秦庄襄王死，大权落在吕不韦和太后手中，双方出自夺权需要，广招宾客，李斯成为吕不韦的舍人，从此参与了与太后集团的斗争。这年以魏信陵君公子无忌为统帅的五国联军败秦军于河外。

公元前 246 年（秦王政元年） 35 岁

秦王政被立为国君（后来的秦始皇）。他是庄襄王子，生于赵国邯郸，实际是吕不韦的私生子，他立为国君后，尊吕不韦为"仲父"。

公元前 241 年（秦王政六年） 40 岁

春申君联合赵、魏、韩、卫，以楚王为合纵长，共同攻秦，大败而归。吕不韦与李斯等众门客撰写成《吕氏春秋》这部巨著，为吕不韦夺权作舆论准备。李斯被吕不韦推荐为郎，成为秦王政的随从。李斯初见秦王，献上"统一

天下论"，深得秦王政赏识，被秦王政任命为长史。

公元前238年（秦王政九年） 43岁

秦王政到雍城行冠礼，嫪毐发动政变，准备除掉秦王政。嫪毐曾是吕不韦的门客，吕不韦为了摆脱太后的纠缠，将嫪毐扮成宦官，献给太后，嫪毐得宠后，势力恶性膨胀，阴谋夺取王位，结果兵败被杀。

楚考烈王死，李园杀春申君，荀子去职，居于兰陵，教授生徒，年91岁。

公元前237年（秦王政十年） 44岁

秦王政亲政。追究嫪毐叛乱案，牵连到吕不韦，吕不韦被免相，李斯投靠秦王政。但此时郑国间谍案发，秦王政在宗室大臣的煽动下，掀起排外浪潮，下令逐客，李斯也在其中。李斯为了挽救自己的命运，上《谏逐客令》，使秦王政幡然悔悟，排外浪潮停止。大军事家尉缭来秦，与李斯力劝秦王政对敌国进行间谍战，李斯从此成为秦王政的谋主。

公元前235年（秦王政十二年） 46岁

吕不韦饮鸩自杀。

公元前233年（秦王政十四年） 48岁

秦军大举攻赵，被赵国名将李牧打败。李斯反对攻赵，上《亡韩论》。李斯同学韩非得知李斯意图，在韩国上书秦王政，力劝其存韩攻赵。李斯亲自入韩，游说韩王安入秦。韩王安在韩非劝说下，拒见李斯，使李斯计划落空。韩非亲自入秦，游说秦王存韩，被扣留，又被李斯、姚贾毒死。李斯被拜为客卿。

公元前232年（秦王政十五年） 49岁

秦国实行全民总动员，武力统一天下的战略开始实施。燕太子丹曾与秦王政在邯郸有旧交，后又成为秦的人质。秦王即位后，对燕太子丹很不友好，燕太子丹深恨秦王政，逃回燕国。

公元前 230 年（秦王政十七年） 51 岁

秦内史腾灭韩。虏韩王安，设置颍川郡。

公元前 228 年（秦王政十九年） 53 岁

李斯等在赵行反间计成功，使赵杀掉良将李牧。秦将王翦破赵，虏赵王迁，秦王政亲至邯郸，坑杀旧仇家。赵残余势力公子嘉逃至代郡，自立为代王。

公元前 227 年（秦王政二十年） 54 岁

燕太子丹患秦军攻燕，暗派荆轲谋刺秦王，失败，荆轲被杀。秦将王翦攻燕。

公元前 226 年（秦王政二十一年） 55 岁

燕都城蓟陷落，燕王喜杀太子丹求与秦和，秦不听。燕王喜退保辽东。

公元前 225 年（秦王政二十二年） 56 岁

秦将王贲攻魏，虏杀魏王假，魏国灭亡。秦在此设置东郡。同年，秦开始攻楚。

公元前 224 年（秦王政二十三年） 57 岁

秦王命王翦代李信攻楚，王翦杀楚将项燕。

公元前 223 年（秦王政二十四年） 58 岁

王翦、蒙武破楚，虏楚王负刍。

公元前 222 年（秦王政二十五年） 59 岁

秦将王贲攻燕辽东地，虏燕王喜。还军攻代，虏代王嘉。王翦南定楚江南地，降越君，置会稽、辽西、辽东郡。五月，举国同庆统一战争胜利。

公元前 221 年（秦始皇二十六年） 60 岁

李斯等人在齐反间成功，齐不设防。秦使王贲攻齐，虏齐王建，天下统一。秦王政称皇帝。李斯力排众议，反对分封制，主张郡县制，得到秦始皇支持。李斯负责统一文字，统一度量衡，为秦始皇修宫殿群。李斯为廷尉，主持司法工作。

公元前 220 年（秦始皇二十七年） 61 岁

秦始皇第一次巡游陇西等地。李斯负责修驰道。

公元前 219 年（秦始皇二十八年） 62 岁

秦始皇东巡郡县，上邹峄山，命李斯刻石作颂。封禅泰山，命李斯刻石记功。登之罘山，命李斯刻石作颂。至琅邪台，命李斯刻石作颂。遣徐市发童男女数千人入海求仙人。还过彭城，去衡山、南郡，浮江至湘山祠。自南郡由武关归。

公元前 218 年（秦始皇二十九年） 63 岁

秦始皇第三次巡游，至博浪沙遇刺，刺客为张良等人。登之罘山，命李斯刻石记功。

公元前 216 年（秦始皇三十一年） 65 岁

使黔首自实田。秦始皇微服出行，逢盗兰池，关中大搜捕二十日。

公元前 215 年（秦始皇三十二年） 66 岁

秦始皇第四次巡游。登碣石山，命李斯刻石记功。派燕人卢敖求仙人羡门、高誓。坏城郭，通决堤防。派韩终、侯生等人求长生不老药。秦始皇巡视北疆，从上郡回咸阳。命令大将蒙恬发兵三十万人北击匈奴，攻取河南地。

公元前 214 年（秦始皇三十三年） 67 岁

秦始皇命尉屠睢等率领五十万大军进攻南越。命蒙恬渡黄河取高阙、陶山，筑亭障以逐戎人。

公元前 213 年（秦始皇三十四年） 68 岁

筑长城，戍南方越地。秦始皇置酒咸阳宫，博士淳于越再次建议实行分封制，遭到李斯激烈反对。为了结束战国时代自由议政的遗风，李斯提出《焚书令》《禁书令》《禁止言论自由令》《以吏为师令》，得到秦始皇批准。在此之前李斯已为丞相。

公元前 212 年（秦始皇三十五年） 69 岁

李斯加紧为秦始皇修阿房宫、骊山墓。秦始皇下令坑儒。

公元前 211 年（秦始皇三十六年） 70 岁

有陨石坠于东郡，至地为石，百姓刻其石曰："始皇死而地分。"秋，使者郑容回京咸阳，路遇一人持璧拦路说："今年祖龙死。"迁北河、榆中三万家。

公元前 210 年（秦始皇三十七年） 71 岁

秦始皇第五次巡游。登会稽山，命李斯刻石颂德，回路，秦始皇病死沙丘平台，享年 50 岁。胡亥、赵高、李斯串通一气，伪造秦始皇遗嘱，枉杀公子扶苏、蒙恬兄弟，立胡亥为皇帝。葬秦始皇骊山墓。

公元前 209 年（秦二世元年） 72 岁

胡亥称秦二世，赵高专权。春，秦二世出巡全国，命李斯在秦始皇时的刻石后面刻上自己的诏令。继续兴造阿房宫。七月，陈胜、吴广起义。李斯上《督责书》，建议严厉镇压一切反抗者。

公元前 208 年（秦二世二年） 73 岁

反抗秦暴政的烈火已成燎原之势，李斯建议秦二世暂停阿房宫工程，以纾民怨，结果被杀。

公元前 207 年（秦二世三年）

赵高杀秦二世，立子婴为帝。子婴杀赵高。

公元前 206 年

项羽攻入咸阳，杀子婴，秦亡。

后　记

　　《大一统规划师：李斯》是在很多年前我写的《李斯大传》基础上修订而成的，这本历史人物传记，我几乎把它忘记了，原因何在？是我主动抛弃了这一研究主题，转移了自己的研究方向？那倒不是。我的科研方向始终聚焦在先秦史的研究上，没有发生过任何重大的偏移。之所以为我所忽视，那是由于两个原因，首先是随着研究工作的深入，我开始撰写一部涵盖更大历史空间的著作《秦始皇传》，《秦始皇传》出版后，我觉得李斯的大部分历史活动已经融入到《秦始皇传》之中了，因此，再提李斯似乎有重复之嫌。

　　不过，这时我仍然觉得有些意犹未尽的味道：毕竟秦始皇是秦始皇，他是个专制帝王，而李斯不过是一个为专制帝王服务的宫廷奴仆。但他却又不是一个一般意义上的宫廷奴仆。把他放到中国古代的数千年历史长河观之，李斯乃是中国历史上真正的第一代平民知识分子，我觉得这点很重要。李斯所处的战国时代应该说是中国历史上的"高光时期"，具体讲，这是个政治上大变革、军事上大征战、思想上大争鸣、人才上大流动、经济上大转型的关键历史时期。这个"高光时期"之所以出现，固然与很多重要因素有关，然而当时平民知识分子借助战国时代独有的大舞台，以其先知先觉的特殊身份和意气风发的

337

进取精神，确实在中国历史演化的关键时刻贡献出他们的不可或缺的力量。可是结果如何？

就李斯而言，这个出身社会底层的平民知识分子、缔造秦王朝的总设计师，最后却落得个身首异处、祸灭三族的悲剧下场。我常想：李斯的悲剧命运是偶然的呢，还是历史的必然？为此，我曾发表过一篇论文《论中国古代知识分子的历史轨迹》，试图深入讨论之。紧接着又曾应某出版社之邀提交了《中国古代知识分子研究》的专题研究提纲。然而由于种种原因，让如上的设想最终也都束之高阁了，从而李斯也就成了被我几乎遗忘的人物。

今天校对完书稿，李斯这个人物再次栩栩如生地浮现在我的眼前，而且似乎觉得李斯的在天之灵要我对他说上几句话。这时我突然想到黑格尔说的那句名言："中国没有历史。"他的意思很简单，无非是说中国的历史是个循环往复的过程，没有升华和跃迁。我不完全认同他的结论。我认为循环往复不也是一种特殊的历史形态吗？问题是到了 21 世纪的今天，人类在面临着一个类似战国时代的新的大格局时，是否有必要对我们那几千年来循环往复的历史能够站到反思的高度去进行再认识？古人说得好："以史为鉴，可以知兴替。"其实，秦始皇也好，李斯也罢，这些历史人物离我们并不遥远。就此而论，对于李斯悲剧命运的反思未尝不是一件颇有意义的事情。

最后，我必须感谢能让我这部尘封已久的著述再次面世而付出努力的各位朋友，本来我由于身体原因不认为能够完成这项重要的工作，然而在大家的支持和鼓励下竟然没有辜负各位的期望，为此我要再次说声谢谢！

李元于黑龙江大学寓所

2023 年 9 月 2 日星期六